国家社科基金一般项目"农村社会养老保险制度创新研究"（项目批号：13BSH096）结项成果

聊城大学学术著作出版基金资助

国家社科基金丛书
GUOJIA SHEKE JIJIN CONGSHU

农村社会养老保险制度创新研究

An Innovative Study of the Social Endowment
Insurance Systems in Rural China

公维才 著

人民出版社

目　录

前　言

我国农村社会养老保险制度自 1992 年起试行,分别于 2003 年、2009 年探索和试点地方性新农保和全国性新农保,到 2014 年形成全国统一的城乡居民基本养老保险制度。各阶段标志性文件分别是《县级农村社会养老保险基本方案(试行)》《劳动和社会保障部关于认真做好当前农村社会养老保险工作的通知》《国务院关于开展新型农村社会养老保险试点的指导意见》《国务院关于建立统一的城乡居民基本养老保险制度的意见》。纵观制度变迁可以发现,农村社会养老保险制度建设遵循着自上而下、国家主导,先易后难、循序渐进,从无到有、政府担当,由少及多、普惠民众,由虚到实、夯实基础的路径不断前行。截至 2020 年年末,参加城乡居民基本养老保险人数 54244 万人,增加 978 万人。① 广泛的参与性、及时的受益性、普遍的期待性体现着民众对制度的认可,也为制度有序推进奠定了基础。

一、研究视角

农保制度的有序运行并不意味着制度的完善,农保制度仍需创新,其创新视角有狭义与广义之分。狭义的视角仅限于农保制度本身,以《国务院关于

---

① 国家统计局:《中华人民共和国 2020 年国民经济和社会发展统计公报》,见 http://www.stats.gov.cn/tjsj/zxfb/202102/t20210227_1814154.html,2021 年 2 月 28 日。

开展新型农村社会养老保险试点的指导意见》和《国务院关于建立统一的城乡居民基本养老保险制度的意见》为政策根据,侧重于农保制度基金筹集、养老金待遇、基金管理、基金监督和经办管理服务等内容。广义的视角则是将农保制度置于时代背景、保障主体多元化等基础上对农保制度加以研究。两种视角各有优势:前者有利于问题聚焦、研究的深入,后者有利于拓展研究视野、丰富研究内容。本书将二者结合起来予以详述。

狭义的视角首先基于对新农保制度性质的认识。由于中央规定的基础养老金最低标准相同,且完全源于政府,加之制度运行初期基础养老金的享受与个人账户的"捆绑"性,故新农保制度并非真正的社会保险制度,而是"无差别普惠制养老金"+"强制性个人账户"制度。然而"无差别普惠制养老金"偏离农村老人年龄和区域实际,难以满足老年人的基本生活需求;"强制性个人账户"也存在公平性缺失、保值增值困难、保障能力有限等"软肋"。基于对新农保制度的上述认识,其创新在于将农保制度建设成为"梯度普惠制养老金"+"自愿性个人账户"制度。"梯度"意味着"有差别的平等","自愿"则应排除显性或隐性强制。"梯度普惠制养老金"+"自愿性个人账户"农保制度的确立,需要各级政府职能的转变。由此,狭义视角的创新主要有三:一是以"梯度普惠制养老金"取代"无差别普惠制养老金",即对农村不同年龄的老人和经济发展不同地区的农民实行有差别的普惠制养老金待遇。二是以"自愿性个人账户"取代"强制性个人账户",实现农民基础养老金待遇享受与个人账户"脱钩"。三是明确各级政府的不同责任:"梯度普惠制养老金"由中央、省级财政负担;"自愿性个人账户"的保值责任由县级财政贴息,个人账户增值及安全则是各级政府共同的责任。其关系如图 0-1 所示。

狭义的视角虽然有利于对农保制度本身的具体分析,但不利于问题普遍性的考察,故还应将新农保制度置于广义的视域——"新四化"时代背景和养老保障主体多元化基础上,以拓展研究思路、丰富研究内容,详见"研究框架"

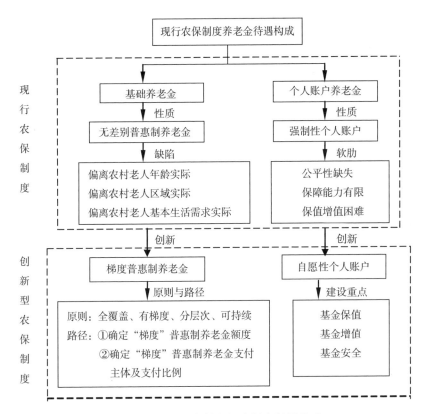

图 0-1　农村社会养老保险制度创新关系

部分。

二、研究框架

基于广义的视角,本书将内容分为上篇——理论与实践篇、下篇——理念与创新篇,各篇章关系如下:

上篇包括第一章至第四章,遵循由抽象到具体、逻辑与历史相统一的研究方法,内容可分为三个层次。

第一层次,即第一章"我们需要什么样的社会保障制度",是对我国社会保障制度特征的整体认定,即应建立"以人为本、全覆盖、保基本、多层次、有弹性、可持续"的社会保障制度。农村社会养老保险制度作为社会保障制度的组成部分,自然也应体现这些特征。

第二层次,即第二章"农村社会养老保险的理论基础",是对本书所依据理论的说明,体现了农村社会养老保险的经济学、政治学和社会学的学科性质。

第三层次,即第三章"农村社会养老保险制度历程、变迁路径及绩效"、第四章"农村社会养老保险实施状况调查",遵循逻辑与历史相统一的研究方法,对我国农保制度历程、变迁路径及绩效进行分析,并通过新农保制度实施状况的个案调查,归纳问题,总结经验。

下篇包括第五章至第十一章,体现了研究的时代背景与保障主体的多元化,其内容也分为三个层次。

第一层次,即第五章"农村社会养老保险制度创新的背景与理念",是下篇的统领,该章阐明农保制度创新的时代背景——"新四化"——工业化、城镇化、信息化、农业现代化同步发展,及其与农村社会养老保险的关系,尤其重点阐明了农业现代化以保障小农为目标,对农民养老兜底保障作用;另外则是新农保制度创新的理念——社会公正,并具体化为自由、平等、合作。当前的新农保制度既与自由、平等、合作相适应,又存在自由度偏高、平等性不足、合作性不够的缺陷。这就要求以"自由"为理念建立自愿性个人账户,以"有差别的机会平等"为理念实施梯度普惠制养老金,以"合作"为理念取消个人账户继承制。

第二层次,即第六章至第九章,是对第五章的展开。其中第六章至第八章是对"工业化、城镇化、信息化"与农保制度创新的详细阐述(鉴于第五章已对"农业现代化"与农保制度进行了具体阐述,故不再涉及),第九章是对农保制度自愿性个人账户及基金管理创新的分析。如果将养老保障内容分为经济支持、生活照顾和精神慰藉,则第六章"工业化与梯度普惠制养老金"、第九章"农保自愿性个人账户及基金管理模式创新"侧重于经济支持,也是前述狭义视角的农保制度创新的体现;第七章"城镇化与易地社会养老"、第八章"信息化与农村社区养老服务"分别侧重于生活照顾和精神慰藉,是对养老服务的分析。

第三层次,即第十章、第十一章是养老保障主体多元化的体现。农保制度的保障主体虽为"社会",但又不可能脱离传统。我国的养老传统是家庭养老,以孝文化为根基;同时,无论社会养老还是家庭养老,并没有完全消除被保障个体的责任,老年人尤其是低龄老人应践行新养老理念——积极老龄化。由此,构成了第十章"孝文化与家庭养老"、第十一章"积极老龄化与个人养老"。

三、研究创新

(一)研究视角创新

本书将农保制度置于"新四化"的时代背景和养老保障主体多元化视角下,所以在研究架构上不再局限于农保制度本身及其经济支持功能,而是以"梯度普惠制养老金+自愿性个人账户制度"为经济支持,以"易地社会养老""社区养老服务"为生活照顾和精神慰藉,并辅之以家庭养老和个人自我养老,建立起综合性养老保障体系。

(二)研究内容创新

一是对新农保制度性质的再认识。当前的农保制度并非真正的"社会"养老保险,而是"无差别普惠制养老金+强制性个人账户制度",且二者都存在一定的缺陷和偏差,因此在制度架构上应以"全覆盖、有梯度、分层次、可持续"为原则,建立"梯度普惠制养老金+自愿性个人账户制度",确定不同年龄、不同地域老人的养老金额度,明晰各级政府在制度建设中的责任。

二是分类构建农保制度。城镇化必然伴随着农民的分化,分化为种养农民和农民工。如果说"梯度普惠制养老金+自愿性个人账户制度"主要针对种养农民的,那么农民工的养老保险制度应有所区别。应采取既区别于职工基本养老保险制度,又不同于农保制度的"中间道路"。其关键在于对参保实际缴费年限低于15年的农民工应支付一定比例的基础养老金,而不是"个人累计缴费年限不满15年的被保险人,不发给基础养老金"。

三是实行易地社会养老服务。根据农村老年人自愿,将其转移至城镇集中安置,实行有效照顾,以化解农村养老困境。其内涵有二:一是"易地",即改变养老地点,由农村转移到城镇;二是实行社会化养老,让老人走出原有家庭环境,实现养老服务的社会化。其利为:具有规模经济优势,顺应社会分工趋势;有助于弘扬中华传统养老模式优势;可促进养老服务业发展;可传承社会主义核心价值观并体现中国共产党长期秉持的优秀价值理念。

四是建立自愿性个人账户制度。按农民收入的一定比例(如8%)缴费而不是按现在的固定档次缴费;取消个人账户继承制,以体现社会公正"合作"理念要求。个人账户的存在必然形成基金积累,为了基金保值增值,必然需要对基金投资,由于养老基金源于职工、用人单位、农民、集体、政府等多元缴纳主体,所以应由他们的代表构成"基金缴纳者代表委员会",代表全体缴纳主体拥有对基金的占有权,并委托省级人民政府对基金进行管理。

上 篇

理论与实践篇

第一章　我们需要什么样的社会保障制度

中华文明具有五千多年的发展史,在古代埃及、古代巴比伦、古代印度、古代中国四大文明古国中,唯中华文明迄今独存。在古代,人们有这样的向往:"大道之行也,天下为公。选贤与能,讲信修睦,故人不独亲其亲,不独子其子,使老有所终,壮有所用,幼有所长,矜寡孤独废疾者,皆有所养。"①对于这种状态,鉴于当时各种条件的限制,无论就覆盖的人群、保障的水平,还是小范围和低层次的,人们更多的是"向往"。随着社会的不断发展,各国社会保障制度的不断实践、探索、补充、完善,这种状态在一些国家得以初步实现。例如,第二次世界大战后,以英国、瑞典、荷兰、挪威、法国、意大利为主要代表的福利国家,建立起了"从摇篮到坟墓"的社会保障制度,其保障对象由最初的在城镇化过程中因无法适应机器大生产而导致的贫困人员,逐步过渡到现实社会中有需要的全体社会公民;其保障内容也由最初的扶危助困、化解生存危机,逐步上升到保障人们的生老病死等基本生活内容,满足人们体面的生存。

纵观这种状态的实现,起初源于人们的慈爱之心,是一种道德约束;进而是国家通过立法予以保障,使保障行为由施舍逐步上升为人的基本权利。如在英国制度保障上,从1601年对受助者带有屈辱性的《伊丽莎白济贫法》(简称《济

---

① 胡平生、张萌译注:《礼记·礼运第九》(上),中华书局2017年版,第419页。

贫法》),到 1834 年《济贫法修正案》(又称《新济贫法》),再到 1942 年的《社会保险及相关服务》(又称《贝弗里奇报告》),制度不断完善。正因如此,"社会福利发展的历史就是从慈悲到正义之路,慈悲是善心、是情操,正义是制度化公理,前者无法持久,而后者却可以长久运行"。① 也使该制度真正成为"人"的制度,具有了"人"的尊严,实现了人们由生存需要、发展需要,到享受需要的跨越。

尽管在社会保障发展过程中出现过多种社会保障的实践,研究者也作出过不同的概念界定,但"社会保障是各种具有经济福利性的、社会化的国民生活保障系统的统称"这一内涵式的概念界定②,得到了我国学界更广泛的认可。其包含了三个必备要素:"一是具有经济福利性,即从直接的经济利益关系来看,受益者的所得一定大于所费;二是属于社会化行为,即由官方机构或社会中间团体来承担组织实施任务,而非供给者与受益方的直接对应行为;三是以保障和改善国民生活为根本目标,包括经济保障与服务保障等;凡同时符合上述三个条件者均可归入中国社会保障体系。"③在其外延上,"社会保障则是各种社会保险、社会救助、社会福利、军人保障、医疗保障、福利服务以及各种政府或企业补助、社会互助等社会措施的总称"。④

第一节　我们需要"以人为本"和
"全覆盖"的社会保障制度

一、我们需要"以人为本"的社会保障制度

"制度"二字具有名词性和动词性两重含义。就名词性含义而言,主要指

---

① 郑功成:《社会保障学——理念、制度、实践与思辨》,商务印书馆 2000 年版,第 123—124 页。

② 郑功成:《社会保障学——理念、制度、实践与思辨》,商务印书馆 2000 年版,第 11 页。

③ 郑功成:《社会保障学——理念、制度、实践与思辨》,商务印书馆 2000 年版,第 11 页。

④ 郑功成:《社会保障学——理念、制度、实践与思辨》,商务印书馆 2000 年版,第 10 页。

在一定历史条件下形成的法令、礼俗等规范。"天地节而四时成。节以制度，不伤财，不害民。"①制度是大家共同遵守的办事规程或行动准则，包括一定范围内统一的、调节人与人之间关系的一系列习惯、道德、法律、戒律、规章等的总和。就动词性含义而言，其基本含义是制定法规。无论作为何种词性，"制度"都呈现其约束性，要求人们在一定的范围内行事。而这种约束本身就是一种自由，是对人的一种解放，"任何一种解放都是把人的世界和人的关系还给人自己"。②

制度的建设与完善离不开人，其制定主体、实施主体都是人，其实施对象也是直接或间接为人。随着社会文明程度、民主程度的不断提高，主体直接或间接参与度也就越高，这是制度向"人"的回归，即"以人为本"。

"以人为本"的最早提出者是春秋时期齐国名相管仲，其对齐桓公成就霸业时指出："夫霸王之所始也，以人为本。本理则国固，本乱则国危。"③意为霸王的事业之所以有良好的开端，是因为以人民为根本的；这个本理顺了国家才能巩固，这个本搞乱了国家势必危亡。这里的"人"是"人民"。而唐朝吴兢在《贞观政要·择官》提出："治天下者，以人为本。欲令百姓安乐，惟在刺史、县令。"④其意为治理天下，要以选择好的辅佐人员为根本大事。选贤人，则尽善事；选庸人，则误政事；选恶人，则办坏事。这里的"人"指的是"官"。

作为现代意义上的"以人为本"，其"人"是指"民"而非"官"。以人为本的社会保障制度，不仅强调制度的制定主体，而且实施主体、实施对象都应是"民"，制度保障的也是"民"，即全体人民，而非部分群体。

在哲学上，"以人为本"至少有两方面含义。一方面是哲学本体论，即在人、神、物三者之间，何者为"本原"？是以人为本、以神为本，还是以物为本？

---

① 郭彧译注：《周易·节》，中华书局 2016 年版，第 314 页。
② ［美］约翰·罗尔斯：《政治自由主义》，万俊人译，译林出版社 2000 年版，第 298 页。
③ （唐）房玄龄注、（明）刘绩补注，刘晓艺校点：《管子·霸言第二十三》，上海古籍出版社 2015 年版，第 171 页。
④ 骈宇骞译注：《贞观政要·择官第七》，中华书局 2010 年版，第 190 页。

显然"以人为本"是反对其他二者的,但在中西方思想史上侧重又有所不同。西方早期人本思想,主要针对以神为本,强调把人的价值放在首位,以人性、人权反对神性、神权。而中国历史上的人本思想,主要针对以物为本,即"天生万物,唯人为贵"①,以此否定"天命论",因为天虽然能生长万物,但却不可主宰万物,万物之中,唯"人"具有灵性,并能改造"天";东汉哲学家、政论家仲长统也指出"人事为本,天道为末"。另一方面是指哲学价值论,即人、神、物三者之中,何者为"根本"? 其与"末"相对。这里的"以人为本",突出"人"是最根本、最重要、最值得关注的。

二、我们需要"全覆盖"的社会保障制度

任何制度都有一定的适用范围,有些制度可能是针对某个群体的,所以其适用对象可能仅是一部分人,甚至是极少数人;而有些制度则是针对全民的。无论是针对部分人的制度,还是全民的制度,实际上都可以理解为是保障对象的全覆盖。针对全民的制度,其"全覆盖"是不言而喻的;而针对部分人的制度虽然看似仅仅是针对特殊群体,不是全覆盖,但制度设立的初衷是保障社会中可能遇到风险的群体,至于谁会遇到风险,则存在偶然性;而其必然性则存在于所有社会成员中,即每个人都可能遇到类似的风险。由此可理解为:即便实际只能覆盖部分人的保障制度,只是由于保障对象的不确定性,因此也具有全覆盖的性质。如城乡最低生活保障制度主要是针对"矜寡孤独废疾者",看似是特殊群体,因为他们都是社会上的弱者,是"天下之穷民而无告者"②,但由于所有人都可能面临这种风险,即便当下并未被列为保障对象,但只要达到这种风险,也应是全覆盖的保障对象。

此外,"全覆盖"的保障制度还应包括保障内容的全覆盖。随着社会的不断进步,保障条件、保障基础的改善,保障内容也不断充实,应使"国民生活"

---

① 叶蓓卿译注:《列子·天瑞》,中华书局 2015 年版,第 13 页。
② 方勇译注:《孟子·梁惠王下》,中华书局 2015 年版,第 29 页。

得以保障。正如党的十九大报告所指出，要"在幼有所育、学有所教、劳有所得、病有所医、老有所养、住有所居、弱有所扶上不断取得新进展"，这里主要涉及教育、薪酬、医疗、养老、住房等内容，也是个体现实生活中所必需的。

当然，由于我国幅员辽阔且发展不平衡，因此虽然制度相同，但保障水平可能会有差异，经济发达地区的人们也理应分享发展成果，毕竟发展的目的是为了人们生活得更美好。相反，经济落后地区的人们可能与发达地区人们的待遇存在一定差距，这也是另一种意义的平等——有差别的机会平等。

事实上，在新中国成立后的社会保障制度发展史上，由于经济条件的制约和认识上的片面性，一段时期内我们无论在保障对象上还是在保障内容上都与"全覆盖"有差距。以社会养老保险为例，制度碎片化、多轨制，机关事业单位人员长期处于国家—单位保障之下，保障水平较高；企业职工则在单位保障之中，其保障待遇因单位而不同。2014 年社会养老保险制度改革后，才实现了社会养老保险制度机关事业单位职工、企业职工养老保险的"一轨制"。而针对城乡居民，实行居民基本养老保险制度，采取普惠制，由财政支付全部基础养老金。所以，就城镇机关事业单位职工、企业职工，以及城乡居民群体而言，现有制度只是对符合条件的公民实现了保障对象的全覆盖，但由于两种制度性质的差异，导致保障水平事实上的不平等。

在实行制度"全覆盖"之前，我们还有过"广覆盖"的称谓，这既反映了制度推进的决心，也反映了制度制定与执行者的态度。囿于经济条件，在不降低部分群体保障水平的情况下，只能采取待条件具备后才能将其纳入保障范围，以实现"全覆盖"。诚然，由于制度的推进是渐进的，在一定时间内达不到"全覆盖"而不得已"广覆盖"，如无论《国务院关于开展新型农村社会养老保险试点的指导意见》，还是《国务院关于开展城镇居民社会养老保险试点的指导意见》，其保障范围都是"广覆盖"，只有到了 2014 年，《国务院关于建立统一的城乡居民基本养老保险制度的意见》才将"广覆盖"变为"全覆盖"，这不仅是保障范围的改变，更是保障理念的转变。这在党的十八大报告中也得以体现，要"全面建成覆盖城乡居民的社会保障体系"。

第二节 我们需要"保基本"和"多层次"的社会保障制度

一、我们需要"保基本"的社会保障制度

"保基本"反映的是社会保障制度的保障水平。"社会保障水平是社会成员享受社会保障经济待遇的高低程度。它是社会保障体系中的关键要素,直接反映着社会保障资金的供求关系,并间接反映着社会保障体系的运行状况。"①根据社会保障支出额与不同的参照系的比照,可以分为社会保障的工资比重系数、财政支出比重系数、国内生产总值比重系数等不同的比重系数。

社会保障的工资比重系数是一种小范围的社会保障水平测定指标系数,它是测度企业、事业单位社会保障水平与工资支付额之间关系的重要指标,既反映保障水平,也反映单位负担水平及承受能力。其表达式为:

社会保障的工资比重系数＝社会保障支出额/工资总额　　　　　(1-1)

社会保障财政支出比重系数是测定一个国家或地区政府对社会保障投入程度的指标,直接反映一个国家对社会保障的重视程度,也间接反映一个国家国民受保障的程度。其表达式为:

社会保障财政支出比重系数＝社会保障支出额/财政总支出　　　(1-2)

与社会保障的工资比重系数侧重企业、事业单位的微观视角相比,这里侧重宏观分析,但这并不表明公平程度,即虽然一个国家社会保障财政支出比重系数可能较高,但并不表明全体国民的保障水平都较高。

社会保障国内生产总值比重系数是一种测定和表达社会整体保障水平的

---

① 穆怀中:《社会保障国际比较》,中国劳动社会保障出版社 2007 年版,第 111 页。

指标。它集中反映一个国家或地区的经济资源用于居民社会保障待遇的程度,也称为"总体社会保障水平"或"社会保障总水平"。其表达式为:

社会保障国内生产总值比重系数＝社会保障支出总额/国内生产总值

$$(1-3)$$

与前两个比重系数相比,该指标更为重要,原因在于:其一,它是一种国际通用指标,有利于不同国家或地区之间横向比较;其二,在实际统计分析中,由于数据的易得性,因而更有利于广泛应用;其三,该指标能够更准确地从总体上集中反映出一个国家或地区的社会保障总水平。

由于社会保障水平直接反映社会保障程度的高低和社会保障资金需求的大小,因此这一指标被高度关注,如何确立适度保障水平极为重要,因为保障水平过高,会对财政支出及企业、事业单位造成一定压力,影响效率;而保障水平过低,又不利于人们分享社会发展成果,背离社会发展的初衷。所以,如何确定一个既保障公民的基本生活又促进国民经济健康发展的社会保障适度水平指标就极为关键。根据穆怀中的研究,综合考虑社会保障的供给条件——国内生产总值、居民收入和储蓄、财政收入、社会保障资金增值、国有固定资产、社会捐助等,社会保障需求条件——享受保障人数、社会保障项目、社会保障程度等,是确立适度保障的前提,其测定模型为:

$$S = Sa/W \cdot W/G = Q \cdot H \qquad (1-4)$$

其中,S 为社会保障水平;Sa 为社会保障支出总额;W 为工资收入总额;G 为国内生产总值;Q 为社会保障支出总额占工资收入总额的比重,又称社会保障负担系数;H 为工资收入总额占国内生产总值的比重,又称劳动生产要素投入分配比例系数。据此,我国 2010 年适度保障水平的上限为 13.73%,下限为 11.86%;而到 2020 年上限为 15.03%,下限为 13.17%;2050 年上限为 26.57%,下限为 24.70%。[①]

―――――――――

[①] 穆怀中:《社会保障适应水平研究》,《经济研究》1997 年第 2 期。

除上述社会保障水平侧重于量的分析外，"保基本"还有其质的描述，如"基本生存""基本生活"，甚至"保障基本福利"①。如《城市居民最低生活保障条例》规定"城市居民最低生活保障标准，按照当地维持城市居民基本生活所必需的衣、食、住费用，并适当考虑水电燃煤（燃气）费用以及未成年人的义务教育费用确定"。《国务院关于在全国建立农村最低生活保障制度的通知》规定"农村最低生活保障标准由县级以上地方人民政府按照能够维持当地农村居民全年基本生活所必需的吃饭、穿衣、用水、用电等费用确定"。这里虽然使用了"基本生活"一词，但由于针对的是低保群体，且保障标准较低，因此可理解为维持"基本生存"。《国务院关于完善企业职工基本养老保险制度的决定》明确"确保基本养老金按时足额发放，保障离退休人员基本生活"。《国务院关于建立统一的城乡居民基本养老保险制度的意见》强调"2020 年前……与社会救助、社会福利等其他社会保障政策相配套，充分发挥家庭养老等传统保障方式的积极作用，更好保障参保城乡居民的老年基本生活"。这里明确提出通过社会养老保险要保障离退休人员或城乡居民的老年"基本生活"。因此，虽然同为"基本生活"，但其实际保障水平并不完全相同。

二、我们需要"多层次"的社会保障制度

作为国民生活的保障系统，社会保障包括社会救助、社会保险、社会福利、社会优抚等。四者之中，社会救助是最低层次，社会保险属于核心层次，社会福利属于最高层次，而社会优抚是针对军人及其亲属的特殊层次。

社会保障的多层次，源于人们需求的多层次。根据马斯洛的需要层次理论，人的需要可分为生理需要、安全需要、社交需要、尊重需要、自我实现需要五个层次。在这五个层次中，至少前三个层次都与社会保障密切相关。生理需要是指衣、食、住、空气、睡眠等人类最原始、最基本的、赖以生存的需要，如

---

① 劳动和社会保障部社会保险研究所组织翻译：《贝弗里奇报告——社会保险和相关服务》，中国劳动社会保障出版社 2004 年版，第 3 页。

果这些需要得不到满足，人类就难以生存。最低生活保障即属于该层次。安全需要是指人们寻求保护与免遭威胁和伤害，从而获得安全感的需要，包括生命安全、健康、财产安全、职业安全及生活稳定等。养老、医疗、工伤、失业保险等可归为此列。社交需要主要包括爱的需要和归属感，人们希望得到友情、亲情和爱情，也希望归属于某一组织，如家庭、单位等。社会保障中的服务保障、精神保障可划归此列。

　　社会保障的多层次还可以按保障主体的不同加以分类。如我国农村养老保障可根据保障主体的不同分为五个层次，即自我养老保障、家庭养老保障、补充养老保险、政府养老保障、社会养老保险，后三个层次属于社会保障的范畴。①

　　第一层次是自我养老保障。它具有两方面含义：一方面是通过参加养老储蓄或商业养老保险，为养老提供资金准备；另一方面是通过自我服务的积累，为未来的生活照顾与精神慰藉做准备。在该层次，无论是养老储蓄，还是商业养老保险，参与主体都是自愿的。依靠商业养老保险并不是解决养老的国际惯例，也不符合我国的国情，但它适合于那些收入较高，为了年老后得到更舒适生活待遇的农民。自我服务的积累，则需要集体，特别是社区的引导与支持。因为，养老不仅仅是经济上的供养，生活上的照料与精神上的慰藉同样重要。在该层次，政府的作用主要为农民自我养老服务提供支持和引导。

　　第二层次是家庭养老保障。家庭养老保障作为我国农民的养老保障模式，延续数千年。2013 年《国务院关于加快发展养老服务业的若干意见》提出，到 2020 年"全面建成以居家为基础、社区为依托、机构为支撑的，功能完善、规模适度、覆盖城乡的养老服务体系"。在该层次，政府及社区都可以发挥职能。政府的主要职能在于支持农民家庭养老，努力放大家庭养老保障功能。如颁布相应法律，对有能力赡养而不赡养，甚至虐待老人的行为加大惩罚

---

① 公维才：《中国农民养老保障论》，社会科学文献出版社 2007 年版，第 209—214 页。

力度;同时继续营造尊老爱幼的氛围,加大宣传力度,弘扬家庭养老美德。社区的职能是实施服务,协调家庭养老中出现的矛盾与冲突,制定弘扬家庭美德的措施,组织尊老爱老的评比活动,鼓励人们家庭养老。

第三层次是补充养老保险。这主要是针对有条件的集体、企业而言的,是由集体、企业为农民举办的养老保险。其实施主体或者是集体、企业自身,或者是与农民一道共同来承担经济责任。[①] 在该层次,政府的作用在于鼓励、引导,而不是干预集体或企业提供补充养老保险。因此,这种养老保险具有自愿性。不过,基于农村集体经济组织的实际,农民补充养老保险的实现较为困难。基于此,农村社区可以在更大程度上发挥服务保障功能,为急需生活照料的老年人提供帮助,以缓解家庭养老服务保障的不足。

第四层次是政府养老保障——最低生活保障。这不是权利与义务对等的养老保障,而是公民基于宪定权的保障,即凡中华人民共和国的公民都有权享受。我国宪法规定:"中华人民共和国公民在年老、疾病或者丧失劳动能力的情况下,有从国家和社会获得物质帮助的权利。国家发展为公民享受这些权利所需要的社会保险、社会救济和医疗卫生事业。"该保障的目标是维持农民的最低生活水平。如果将生活水平划分为生存线、温饱线、发展线和享受线的话,仅靠最低生活保障制度,农民处于生存线之上,温饱线以下。

总体来看,我国目前已对全体农民提供了这种保障,那就是给予农民土地使用权,土地起到了最低生活保障功能。农民温饱水平,甚至小康水平的实现并非完全源于土地收入,而是收入来源渠道多元化的结果。从收入构成看,主要有农业纯收入、牧业纯收入、工资性收入、外出务工收入、财产性收入、转移性收入等。

对于老年农民,由于其劳动能力的下降,甚至完全丧失,仅靠其自身无法完全实现经济自给与日常生活自理。因为土地仅是一种生产资料,仅具有潜

---

① 公维才:《中国农民养老保障论》,社会科学文献出版社 2007 年版,第 212 页。

在的保障功能,而将其变为现实的保障,必须依靠劳动力加于其上,即"劳动是财富之父,土地是财富之母"。① 因此,在老年农民失去劳动能力时,在其自愿前提下,老年农民的土地可由政府或集体收回,并提供相应的经济支持。这种支持的经济来源,一部分来自收回土地的产出,另一部分来自税收。

第五层次是政府补贴的社会养老保险。理论上,这是权利与义务相结合的养老保障,即缴费义务在先,保障权利在后,但这种养老保险要体现政府的责任,包括经济责任与行政责任,即通过提供基础养老金和补贴养老保险个人账户,在适龄农民中发展养老保险事业。在该层次,政府并不是唯一的责任主体,还应包括集体与农民个人,即社会养老保险应由政府、集体、个人三方共担经济责任。集体的经济责任主要表现为补助农民的养老保险个人账户,而其能否补助,关键在于集体经济的财力。

就社会养老保险本身属性而言,既具共济性,又有强制性。一方面,共济性特征决定了要建立养老保险统筹账户,这就要求政府的经济责任除贴补农民的个人养老账户外,还要与集体一道建立社会养老保险统筹账户,以协调地区平衡。农民所缴纳的全部保险费,与政府补贴、集体补助部分共同构成农民的个人账户,专门用于农民的个人养老。个人账户储存额,在农民达到规定的退休年龄之前,不得挪用与支取。另一方面,强制性特征既体现为对政府及集体或企业与雇主的强制,也体现为对参保者个人的强制,以避免个人的短视。通过社会养老保险,其目标应是使参保农民的老年生活达到温饱线以上,满足农民的基本生活需求。

以上几个层次,对于有些农民可能是全面的,而对于有些农民则可能是不全面的。但无论采取怎样的组合,其目的都是通过发挥政府在养老保障中的兜底作用,以提高老年农民晚年生活质量。虽然农民养老保障以五个层次形式存在,但政府的作用贯穿其中,且经济责任主要在于第四、第五层次。

---

① [英]威廉·配第:《赋税论》,伦敦出版社 1667 年版,第 47 页。

第三节 我们需要"有弹性"和"可持续"的
社会保障制度

一、我们需要"有弹性"的社会保障制度

弹性在经济学上是指"衡量需求量或供给量对其某种决定因素的反应程度的指标"。[①] 其中,价格无论对需求方还是供给方都是重要影响因素,据此可分为需求价格弹性和供给价格弹性。"如果一种物品的需求量对对价格变动的反应很大,就说这种物品的需求是富有弹性的。如果一种物品的需求量对价格变动的反应很小,就说这种物品的需求是缺乏弹性的。"[②]经济学上的弹性概念同样可应用到社会学领域,实际反映的是两个变量之间的因果关系,作为原因的变量通常称为自变量,作为结果的变量通常称为因变量。在现实社会中,根据辩证唯物主义的观点,联系具有普遍性,即事物之间都具有一定因果联系,其"因"可称为自变量,其"果"可称为因变量,因变量相对于自变量的变化程度,即为弹性。

具体到社会保障领域,之所以建设社会保障制度,就是因为保障对象可能面临各种社会风险,这些风险可看作自变量,风险对保障对象的冲击结果可看作因变量,冲击程度可看作弹性。如果一种风险对所有社会成员都具有影响,且影响幅度大,则说明弹性大;相反,一种风险只对极少数人具有影响,则说明弹性较小。对于弹性大的社会风险,通过一定的社会机制,如社会保障制度可以化解这种风险,从而实现或维持社会的稳定,减少风险对社会的冲击,发挥保障对社会的"减震器"的作用。

---

① 曼昆:《经济学原理》(微观经济学分册),梁小民、梁砾译,北京大学出版社 2009 年版,第 99 页。

② 曼昆:《经济学原理》(微观经济学分册),梁小民、梁砾译,北京大学出版社 2009 年版,第 99 页。

在社会保障的核心组成部分——社会保险中,养老和医疗保险制度的建立是最为迫切的,因为人人都可能面临老年和疾病所带来的风险,因此人人都对二者具有很大的需求,"老"和"疾病"是因,社会保险需求是果,由于需求弹性大,所以亟须建立这两种制度,以有效免除或缓解老年和疾病所带来的痛苦。以社会养老保险为例,"有弹性"的制度安排应至少考虑退休年龄、保险缴费、保险待遇三个方面的弹性。

(一)退休年龄的弹性

"实行弹性退休年龄既是人们的需要,也是经济状况的要求。弹性的退休年龄加上丰厚的养老金,在很多方面提高了人们的快乐水平和富有程度。过早退休并享受养老金既不能也无助于解决失业问题。相反,成年人无所事事的时间越少越好。"①

反观新中国成立以来的相关文件,自1951年始一直规定企业职工和机关干部的退休年龄为男性60岁、女干部55岁、女工人50岁,相应待遇与工龄长短或缴费年限直接挂钩。1997年职工基本养老保险制度规定退休职工的"基本养老金由基础养老金和个人账户养老金组成";2005年《国务院关于完善企业职工基本养老保险制度的决定》改革了养老金计发办法,并强调"缴费年限累计不满15年的人员,不发给基础养老金;个人账户储存额一次性支付给本人,终止基本养老保险关系"。

退休年龄男高女低的政策,对女性利益的影响是双重的,既具积极性,又具消极性。面对这种局面,可采取有弹性的退休制度,即针对不同行业、不同劳动强度规定相应的退休年龄上限,并把提前退休的选择权交给女性。同理,在延迟退休年龄上,也可有一定的弹性。延迟退休的主要目的在于缓解养老金支付压力,因为延迟退休既可以多缴纳养老金,又可以少领数年的养老金,

①　劳动和社会保障部社会保险研究所组织翻译:《贝弗里奇报告——社会保险和相关服务》,中国劳动社会保障出版社2004年版,第63页。

这一"多"、一"少"都可以缓解养老金支付压力。但是,这也有可能因为延迟退休,劳动者的工作效率下降,其实际产出并没有想象的高,甚至有可能由于总体劳动就业岗位的不足,挤占了年轻人的工作岗位。因此,对此也应具有一定弹性,将选择权还给劳动者。①

(二)保险缴费的弹性

作为制度设计的"入口",缴费的弹性主要体现为缴费档次的弹性和缴费补助或补贴的弹性。缴费档次的弹性是指在规定最低缴费档次基础上,再设计不同的缴费档次,以满足不同主体的缴费需求和保障需求。缴费最低档次体现起点公平,而不同缴费档次体现制度激励。缴费补贴的弹性主要是指对特殊困难群体的补贴。由于个体能力的差异,或者在现实中遇到的困难程度的不同,个体的缴费能力实际存在很大差距。尤其是对困难群体应有一定的缴费补贴,以实现制度的全覆盖。在对补贴主体的选择上可以有明确规定,具有强制性,但在补贴的比例上应具有弹性,对不同区域的困难群体给予不同补贴。在缴费档次的选择上也应有弹性,其根据在于区域的差异,由于不同区域的经济状况差距大,个体收入差距明显,政府财力不平衡。因此,无论中央政府还是地方政府,其补贴应有一定弹性。

(三)保险待遇的弹性

保险待遇弹性是前述保险年龄弹性、保险缴费弹性所导致的直接结果。参保年龄有弹性,即意味着个人缴费时间长短不一;保险缴费的弹性意味着个人缴费多少不同。因此,对于社会的贡献、个人账户的积累自然有较大差距,也必然导致退休后领取养老金的差别。因此,基于权利、义务的对等原则,具有弹性的保险待遇反映了"差异性平等"原则。

---

① 马莉:《退休年龄对女性养老金的影响分析及政策调适》,《聊城大学学报(社会科学版)》2016年第6期。

需要说明的是,享受社会养老保障是工业化社会中公民的基本权利,这就要求赋予公民所应得,即享受基本的平等。因此,保险待遇的弹性应是基于满足公民一定保障,即保障基本生活后的弹性,而非"零基础"的弹性。

二、我们需要"可持续"的社会保障制度

任何一项制度都是从"无"到"有",再到"变"的过程。这里的"有"并非"是纯粹的无规定性和空"①,而是"规定了的有"②,即"实有",这种规定性即"质"。某物之所以为某物,正是由于它的规定性。

任何制度都有一定的生命周期。就一个国家或地区而言,这些制度是纵向发展的,是新制度替代旧制度的过程;从一个时代来看,这些制度还在不同国家或地区不同程度地存在。人类社会制度的生命周期性,也必然预示着不同国家或地区的具体制度,有一个从诞生到生长、发展、成熟再到逐步退出历史舞台的过程。制度的生命周期性,亦即制度的可持续性取决于一系列条件,根据制度的演进过程,这些条件总体上可分为制度本身、制度执行、制度支持三个层面。

(一)制度本身的可持续

制度本身的可持续性体现在以下三个方面:

一是制度的科学性。科学性既反映制度制定时的严谨性,也反映出其与制度覆盖主体的贴合度。如果制度本身的科学性程度高,与制度覆盖主体的贴合度高,则主体的参与度自然会高,为制度的可持续性提供了制度基础;反之,制度的可持续性则大打折扣。

二是制度的层次性。主体直接、间接参与的范围广,则表明制度可预期的覆盖面广、层次高,从而使制度的可行性增强,这种层次性具体体现在制度制

---

① 黑格尔:《逻辑学》(上卷),商务印书馆 2001 年版,第 69 页。
② 黑格尔:《逻辑学》(上卷),商务印书馆 2001 年版,第 100 页。

定主体上。如全国人民代表大会制度是我国的根本政治制度,由此通过的法律具有全国适用性,是最高层次;由此向下省级、市级人代会通过的地方性法规则带有地方性、局部性,其覆盖面较窄。

三是条件的变化性。任何制度都是时代条件的产物,制度产生时的条件维持得越长,则制度的可持续性会相应延长;反之,制度则需要调整、修改,原有的制度要么废除,要么需要作出一定调整,以适应变化的外部条件。

撇开制度的科学性和条件的变化性,仅就层次性而言,我国民政部1992年出台的《县级农村社会养老保险基本方案(试行)》就整体上表现为制度的低层次性,影响了制度的可持续性。具体表现为:一是制度颁布主体的低层次——民政部,仅是国务院的一个部门;二是制度统筹的低层次——县级,而根据保险的"大数法则",参与度越高、人数越多,其可行性会越强,而在"县级"层面的统筹,加剧了制度实施的难度;三是缴费的低档次——由最低2元到最高20元,共10个档次,加之纯粹的个人账户积累,并非真正意义上的社会养老保险,制度的可持续性可想而知。

(二)制度执行的可持续

制度的科学性是制度推行的前提,在科学性前提下,制度的执行还受宣传的准确性、执行的规范性、操作的便利性等条件的制约。

一是制度宣传的准确性。能否全面、准确地对有关文件进行解读、宣讲,是制度能否真正落实的关键。这就需要一批既懂文件精神又能通俗易懂地对制度进行宣传的群体,其宣传程度直接决定着人们的接受程度。

二是制度执行的规范性。对于个体来说,社会保障具有福利性,即个体受益程度高于其支出。无论从参与者信息的收集、社会保障经费的收缴,还是保障基金的保值增值、保障待遇的落实,都需要经历严格的程序与环节。如果在执行过程中,因规范性的欠缺,则可能会导致结果大打折扣,甚至是制度的失败。

三是制度操作的便利性。制度的可持续性程度受制度可操作性的影响，如果制度实施的各个环节简便易行，则推广的可能性就较大，可持续性也会增强；相反，如果操作复杂，无疑会增加制度推行的成本，甚至可能导致制度的终结。

（三）制度支持的可持续

制度的可持续性与制度的支持成正比。这种支持概括而言就是人、财、物对制度实施的支撑。

一是人才的支持。这里的人才支持主要体现为制度实施环节中对相关人才的需求的落实程度，包括政策的解读者、管理者，以及与制度客体直接联系的群体，主要包括保险费的征缴者、基金的管理者、待遇的发放者等。

二是财力的支持。由于社会保障制度的福利性，必然存在保障待遇和保障缴费之间的差距。如何弥补待遇和保险费之间的差距？其渠道之一源于保障基金投资收益；当仍存在经费缺口时，政府财政就应起兜底责任。

三是物力的支持。社会保障制度说到底是人们对相应物资的需求得到满足。财力体现的是一种流动性，物力表明的是财力所能实现的程度。有时即便财力充足，也未必就一定能够满足人们的物质需求。二者的差异程度因市场开放程度的不同而有所区别：在市场高度开放的社会中，财力与物力的相似度趋同，但又不完全等同；而在市场开放度较低时，二者的区别会更为明显。

综上所述，制度本身层面、执行层面、支持层面共同影响着社会保障制度的可持续性，是一个统一整体，三个层面互相制约、共同促进。

第二章　农村社会养老保险的理论基础

农村社会养老保险作为社会保险的重要组成部分,进而是社会保障的重要内容之一,其理论基础源于社会保障的学科性质。对于社会保障的学科性质,学界认识尚未统一。"经济学家通常在追求效率的前提下将社会保障视为一种收益分配手段,从而很自然地将社会保障划入经济学范畴";"社会学家则从人类社会发展的终极目标与社会公平的角度出发,将社会保障视为社会学的一个领域";"一些政治学者也会说社会保障属于政治学范畴,因为实践中的社会保障事关国家的政治稳定,甚至关系到党派竞争和政治家个人的前途。""因此,社会保障应当成为一门相对独立的学科,即在经济学、政治学、社会学等多学科的基础上发展起来的一门独立的、交叉的,处于应用层次的社会学科"。①

再者,人类越是走向现代,社会保障的分配规模及所涉及的范围就越是扩大,并在社会经济发展中占有越来越重要的地位;人类越是走向现代,公平与进步便越成为社会成员的普遍追求,社会保障制度安排也越成为整个社会关

---

① 郑功成:《社会保障学——理念、制度、实践与思辨》,商务印书馆 2000 年版,第 35、37 页。

注的焦点。[①] 经济、社会、文化及伦理道德诸因素共同作用于社会保障,经济学、社会学、政治学等学科,又共同构成了社会保障学科的理论基础。如经济学揭示的普遍原理与基本方法,社会学揭示的社会分层与结构功能论,政治学中的多元论等,均可以成为社会保障的理论基础与指导方法。[②] 农村社会养老保险作为社会保障的组成部分,其保障实践也应以经济学、政治学、社会学等学科为理论基础。

第一节　经济学理论基础

社会保障的经济学理论基础随着经济思想的演进,既经历了自由主义、国家干预主义的论争,以及二者弥合的观点,其实质是政府在社会保障中的责任担当程度;也存在对农村社会养老保险是公共物品还是自然垄断物品的分歧,其结论都是由政府提供农村社会养老保险最有效率。

一、自由主义与国家干预主义的论争

从社会保障的发展看,宗教、政府与民间组织都曾经是保障的主体,但在不同时期其地位又各不相同。在现代社会保障制度建立前,宗教团体和个人慈善家举办的慈善救济事业对解决当时的贫困问题担当着重要角色,政府只是配角。但随着西方教权衰落、王权的兴起,政府的作用不断凸显,尽管由于理念不同,政府在不同时期发挥的作用各异,但在现代社会保障制度阶段,政府的角色却是无可替代的。

(一)早期自由主义的保障思想

从 1601 年英国《济贫法》的颁布到 1834 年《济贫法修正案》的出台,这是

---

① 郑功成:《社会保障学——理念、制度、实践与思辨》,商务印书馆 2000 年版,第 49 页。
② 郑功成:《社会保障学——理念、制度、实践与思辨》,商务印书馆 2000 年版,第 49 页。

英国济贫制度时期,也是前社会保障制度阶段。这一阶段,在西方国家中占主流的经济思想是由亚当·斯密(Adam Smith)等倡导的自由经济。斯密的《国富论》作为划时代的巨著提出了市场经济是"富国裕民"的康庄大道,其实现机制就是市场这只"看不见的手"。由此引申的政策含义就是反对国家干预经济事务,主张保护私人产权。因此,斯密极力否定《济贫法》的社会救济作用,认为其阻碍了劳动力的自由流动,不利于满足英国工业对劳动力的需求。具体到社会保障领域,其直接后果就是阻碍了英国社会保障制度的建立,也使英国虽然最早建立了社会保障制度的雏形,但并没有最早建立起社会保障制度。

当然,斯密并未完全排除国家的作用,他认为对"危害社会安宁"的自由,国家必须干预;主张政府应提供必要的"公共物品","建立并维持某些公共机关和公共工程",因为这些工程对一个社会而言具有明显的外部性。

与斯密一样,让·巴蒂斯特·萨伊(Jean Baptiste Say)也主张经济自由主义,但同时不绝对排斥政府的作用,并认为政府的职能之一在于提供各种公共物品。二者的相同之处在于将公共物品限定在道路、桥梁、运河、港口等公共工程,以及促进人民教育的学校和宗教等事业上;区别在于萨伊主张将公共慈善机构费用列入国家财政计划,这是较早地论述政府应在社会保障中履行职责的代表人物。

约翰·穆勒(John Stuart Mill)进一步发展了斯密的公共物品和政府职能理论,指出自由放任是一般原则,而一些"例外"领域则是政府的职能所在,如教育、某些特殊的服务或公共事业等,他尤其提出了对劳动时间的长短以及公共救济等问题,政府必须予以干预,突出了政府在社会保障领域的职能。

综上所述,在早期自由主义者的主张中,自由竞争、减少国家干预是主流的经济思想,这是因为在当时的英、法两国,工业较为发达,产品具有质量与价格的竞争优势,其推行自由竞争、主张自由主义是正常的。尽管如此,他们也并未完全否定政府的作用,尤其在公共物品的提供上政府依然发挥着无可替代的重要作用。尽管这一时期对社会保障的阐述相对较少,涉及的领域也仅局限于公共救济,但正是由于政府相关责任的阐述,才使政府行为逐步向建立现代社会保障制度迈进,政府的保障责任也不断落实。

(二)国家干预主义的保障思想

按照矛盾的观点,自由主义的对立面就是干预主义。因此,在斯密自由主义思想之后不久,以德国历史学派为代表的国家干预主义就登上了历史舞台。瓦格纳(Wagner)指出,国家在那些社会效益不能进行经济估价的领域,如教育、文化、卫生、福利方面的活动会不断增加,必将导致政府规模的扩大和支出的增加。此后,新历史学派更直接提出了与亚当·斯密主张的自由放任不同的政策主张:提倡国家干预经济社会生活,认为国家具有管理社会生活的职能,主张增进社会福利,制定劳动保险法、孤寡救济法。正是在这种理念的指导下,加之当时马克思主义传播,社会主义政党和俾斯麦政府的推动,德国分别于1883 年、1884 年、1889 年制定了世界上第一部《疾病保险法》《工伤事故保险法》《老年和残障保险法》,这标志着世界上第一个完整的社会保险体系的建立。

在德国现代社会保障制度建立后不久,瑞典学派开创了以国家干预实现"充分就业"和"收入均等化"的瑞典福利模式。这种模式在经济形式上实际是私营经济和公营经济的混合体,前者追求经济效率,后者主张社会公平。"充分就业"和"收入均等化"的实现需要国家干预:一方面通过宏观调控平抑经济周期波动以实现"充分就业",另一方面通过收入再分配实现"收入均等化"。

如果说德国新历史学派和瑞典学派的国家干预思想与以英国为代表的自由主义在20 世纪20 年代前并驾齐驱,那么在20 世纪30 年代到70 年代则是国家干预主义一枝独秀。凯恩斯主张通过累进税和社会福利等办法调节国民收入再分配,这有助于提高消费倾向,从而实现宏观经济的均衡。国家干预、提高消费倾向、实现充分就业是制定社会保障制度的主要理论依据,而且充分就业既是凯恩斯理论体系中的重要内容,也是实现有效需求的重要手段,而实现充分就业实际上就是如何实行就业保障的问题,因此就业社会保障是其主要理论观点之一。

以凯恩斯国家干预主义为主导,英国于1944年通过了《贝弗里奇报告》,旨在保护因各种社会风险所导致的贫困人员。该报告以三个假定,即"(1)为15岁以下或在全日制学校就学的16岁以下子女发放子女补贴;(2)为预防和治疗疾病及恢复劳动能力,对所有社会成员提供全方位医疗和康复服务;(3)为避免大量失业而维持就业"为基础,描绘了由三部分组成的社会保障计划:社会保险满足基本需要;国民救助解决特殊情况的需要;自愿保险用于满足超出基本需要的额外需要。[1] 其中,自愿保险是针对高收入群体为满足未来高消费而实行的保险制度,这是一种自由选择保险,类似于现代商业保险,国家的作用在于提供政策支持而非经济支持。以《贝弗里奇报告》为指导,1948年英国首相艾德礼宣布英国第一个建成福利国家。

(三)"第三条道路"的保障思想

20世纪70年代石油危机之后,出现了一种介于传统的左派(社会民主主义)与右派(新保守主义)两个极端之间的中间道路——"第三条道路"。因为在社会保障思想上,左派要求维持最大化的福利国家,将其视为财富再分配的主要手段,认为高度发达的福利体系是正义的体现;右派则要求将福利制度降低到某一个安全阀,认为福利国家是企业的敌人,是市民社会秩序下降的根源。而"第三条道路"认为福利国家需要根本性的变革,将其变为社会投资国家,即将资金尽可能用于人力资源投资,而非直接的福利支出。

---

① 劳动和社会保障部社会保险研究所组织翻译:《贝弗里奇报告——社会保险和相关服务》,中国劳动社会保障出版社2004年版,第135页。

"第三条道路"的保障理念是"无责任即无权利"。① 该理念认为,责任是健全社会的基石,它既是个人的,又属于社会。社会行动的目的不是要用社会或国家的行为代替个人责任,而是通过改善社会来促进公民个人实现自我完善。与此相对应,作为个人都要积极回报社会的关爱,为社会和他人承担义务,真正实现基于现代意义的社会公正——"有予有取",即机会、权利共享,风险、义务共担。② "第三条道路"主张将福利政策变为投资政策,通过在经济、教育、培训等领域的投资,建立一种使福利可以被维护,但享受者须承担相应责任与风险的积极福利政策。其具体措施有三:一是就业导向的转变,将过去追求平等就业目标导向为"创造平等的机会";二是社会养老金支付及养老金来源的调整;三是福利对象与福利内容的扩大。③

这种思想在美国和英国得以落实。在美国,克林顿总统主张政府必须干预经济,尤其是财政干预,以实现充分就业和经济增长的目标;在英国,布莱尔首相主张把效率与公平、自由市场与国家干预有机地结合起来,在经济发展和社会公平之间实现均衡。

二、农村社会养老保险属性分析

物品的属性不同,其提供主体也有差异。典型的物品两极是私人物品与公共物品,其概念于 20 世纪 50 年代被提出。

(一)物品的分类

根据物品的排他性和竞争性,可将物品分为四种类型,详见图 2-1。④

---

① [英]安东尼·吉登斯:《第三条道路——社会民主主义的复兴》,郑戈译,北京大学出版社 2000 年版,第 68 页。

② 王坚红:《托马斯·迈尔谈第三条道路》,《当代世界与社会主义》2000 年第 1 期。

③ 刘波、周敏凯:《战后英国社会保障思想的变迁》,《当代世界社会主义问题》2005 年第 1 期。

④ [美]曼昆:《经济学原理》(微观经济学分册)(第 5 版),梁小民、梁砾译,北京大学出版社 2009 年版,第 232—234 页。

图 2-1　物品的不同类型

1. 私人物品

在消费中既有排他性又有竞争性的物品。如一个冰激凌蛋卷之所以有排他性,是因为一旦它为某人所有,就可以阻止另一个人拥有。一个冰激凌蛋卷之所以有竞争性,是因为如果一个人吃了一个冰激凌蛋卷,另一个人就不可能再吃到它。

2. 公共物品

在消费中既无排他性又无竞争性的物品。也就是说,不能阻止人们使用一种公共物品,而且,一个人享用一种公共物品并不减少另一个人对它的使用。如龙卷风警报器就是一种公共物品,一旦警报器响起来,要阻止任何一个人听到它都是不可能的(即不具有排他性);而且当一个人得到警报的利益时,并不减少其他任何一个人的利益(即不具有消费中的竞争性)。

3. 公共资源

有竞争性但无排他性的物品。如海洋中的鱼即属于此,一方面它具有消费中的竞争性:当一个人捕到鱼时,留给其他人捕的鱼就少了;另一方面这些鱼并不是排他性物品,因为阻止他人在海中捕鱼是很困难的。

4. 自然垄断物品

在消费中有排他性,但没有竞争性的物品。如一个小镇中的消防,要排除某人享用这种消防很容易,如只要消防部门无所事事即可。但消防并不具有消费中的竞争性:一旦该镇为消防部门付了钱,多保护一所房子的额外成本就是微不足道的。

(二)农村社会养老保险属性的理论分析

根据上述物品的分类及特点,结合农村社会养老保险的长远目标及近期状况,对农村社会养老保险的性质,存在是公共物品还是自然垄断物品的争议;即便是公共物品,也存在是纯公共物品还是准公共物品的不同解释。

1.从长远看,农村社会养老保险是公共物品

由上可知,公共物品是每个人消费这种产品不会导致他人对该种产品消费的减少的物品,其具有效用的不可分割性、消费的非竞争性、受益的非排他性。凡是同时具备这三种特性的公共物品称为纯公共物品,只具备其中一种或两种特性的公共物品称为准公共物品,三种特性都不具备的称为私人物品。

(1)农村社会养老保险是纯公共物品。根据上述标准,从长远看,农村社会养老保险具有典型的纯公共物品特性。其原因有三:

第一,农村社会养老保险效用的不可分割性。之所以设立农村社会养老保险,原因在于其具有直接效用和间接效用,且这些效用具有不可分割性,因为这种制度一旦实施,就具有维护社会安定的强大外部效应,且惠及全体社会成员。就直接效用看,农村社会养老保险的开展,补充了老年农民的生活费用,提高了农民的生活质量,使人与人之间变得更为融洽、和谐,不仅个人而且整个社会都会受益。就间接效用看,实施农村社会养老保险制度,节约农民的生产资金,从而提高农业生产力和农民生活水平,缩小城乡差距及农村内部差距,有利于实现经济社会和谐。因此,农保制度的开展所带来的效用,人人都能够享受,具备不可分割性。

第二,农村社会养老保险的非排他性。这种非排他性,首先体现为制度的公平性,并且体现为一种政治权力,《中华人民共和国宪法》第45条"中华人民共和国公民在年老、疾病或者丧失劳动能力的情况下,有从国家和社会获得物质帮助的权利"。其次体现为利益对等原则。我国工业化的进程一定意义上是农民为国家贡献的过程,农民通过税费、工农业产品价格"剪刀差"、廉价劳动力、土地贡献等方式直接或间接为国家积累了大量财政资金,按照利益对等原则,政府以财政资金向他们提供服务及公共物品是理所应当的。

第三,农村社会养老保险的非竞争性。该属性又称为消费的共同性。这意味着个人使用或享用某一物品时并不影响他人使用或享用,即这种物品尽管被一个人使用了,其他人依然可以使用,且质不改变,量不减少。就农村社会养老保险看,一方面,它为广大农民提供了共同参与的平等机会,甲的参保并不影响乙的参保,甲、乙皆可同时享受农保带来的益处,因而消费具有共同性;另一方面,这种公共物品产生的经济效能及其溢出效应,不仅使大家共同参与时公共物品的效用没有减少,反而会增加。从长期来看,随着国家财力增强及支持力度的加大,农民享有产品的效用和福利也将逐步加大。

正是由于农村社会养老保险上述特性的存在,所以是典型的公共物品,应由政府来提供。

(2)农村社会养老保险是准公共物品。之所以如此,是因为它具有一定的排他性和竞争性。从农保资金的筹集看,个人、集体、政府都要承担一定责任。在集体补助、政府补贴总量既定的前提下,对甲、乙两人的补助、补贴间就存在排他性和竞争性。并且,养老金一旦成为个人可支配性收入,个人就确立了对该账户的所有权。同时,在现行制度中,尤其是个人账户中强调多缴多得,多缴多补;符合参保条件但不参保者将被排斥在保障范围之外。这些都决定了农村社会养老保险在消费上的排他性。再者,在社会用于养老保障的资源有限的前提下,增加某个人的养老保障消费,就会减少其他人的消费,因此具有消费上的竞争性。也正因如此,农村社会养老保险是准公共物品。

2.就近期看,农村社会养老保险属于自然垄断物品

有学者认为,农村社会养老保险并非公共物品,而是自然垄断物品。[①] 因为它具有以下特点:

(1)农保制度建立的初期成本与经营规模巨大。建立养老保险需要大量固定成本,这单靠市场力量难以承受;同时在经营过程中,从理论上需要将老年经济风险在全社会范围内进行分散,其生产经营必须考虑规模经济性。

(2)农保制度利益具有外部性。养老保险制度的目的在于保障居民的基本养老生活,同时会促进社会稳定和经济效率,这部分收益是外溢的,因而具有外部性。

(3)农保制度建立后,能够在保持社会稳定和促进经济效率方面产生积极的效应,虽然能有多少人会从中受益,以及受益份额的计算是模糊的,但可以肯定整个社会可以从中受益。

正由于农保制度具有上述三个特征,所以属于自然垄断物品。对于自然垄断物品,由一个组织提供最有效率。对于像农保这样的自然垄断物品,由政府直接提供最具优势,也能节约成本。

(三)农村社会养老保险应由政府提供最有效率

纯公共物品自然应由政府提供,即便准公共物品或者自然垄断物品,由政府提供也是最有效率的。如果将农村社会养老保险当作准公共物品,应由政府提供。因为对于准公共物品,由于其外部性的存在,在市场机制下,企业一般不会提供,而应成为政府的当然职责。并且从政府与市场的比较看,二者对养老资源的配置效率不同,政府在配置资源方面更具优势:一是政府通过行政

---

① 段家喜:《养老保险制度中的政府行为》,社会科学文献出版社 2007 年版,第 42—44 页。说明:在段家喜的上述著作中,作者论证的是公共养老保险(与商业保险对应)制度的属性,即公共养老保险制度属于自然垄断物品。而农村社会养老保险制度无疑属于公共养老保险制度的范畴,据此推断农村社会养老保险制度也属于自然垄断物品。

手段影响和决定制度及制度的运行,强制规定各种资源在不同群体之间的分配和使用,一定程度上避免了市场竞争所产生的各种组织成本;二是通过其强制手段向公众征收养老保险费,可大大节约资金筹集成本。

如果农村社会养老保险是自然垄断物品,由政府提供也最节约成本。因为自然垄断是由于一个企业(组织)能以低于两个或更多企业(组织)的成本向整个市场供给一种物品或劳务而产生的垄断。[①] 在这种情况下,由一个组织提供是最有效率的(见图2-2)。

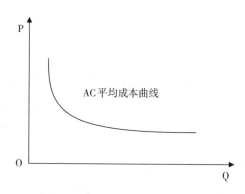

图2-2 自然垄断行业的平均成本曲线

若增加一个企业或组织,平均成本曲线将会产生怎样变化,非勾结性寡头模型——古诺模型给出了较好的分析。

A和B都会以对方剩下的市场份额1/2来确定自己利润最大化的产量,在初始情况下,A企业提供总市场份额1/2的产量,双方竞争确定各自产量(见图2-3)。

A厂商	B厂商
$OQ_1 = Q/2$	$OQ_1/2 = Q/4$
$(Q-Q/4)/2 = 3Q/8$	$(Q-3Q/8)/2 = 5Q/16$
$(Q-5Q/16)/2 = 11Q/32$	$(Q-11Q/32)/2 = 21Q/64$

---

① [美]曼昆:《经济学原理》(微观经济学分册)(第5版),梁小民、梁砾译,北京大学出版社2009年版,第316页。

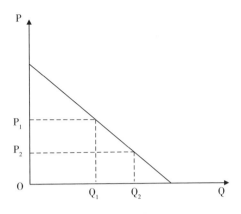

图 2-3　两厂商成本收益模型

在图 2-3 中,Q 代表市场总容量,Q_1 代表 A 企业产量,Q_2 代表 B 企业产量。最终:A 企业的均衡产量 = B 企业的均衡产量 = $Q(1/2-1/8-1/32-\cdots) = Q/3$,行业的总产量 = $2Q/3$。由此可见,两家企业存在的情况下总产量就会减少,其成本必然会上升,这种做法显然是不利的。而由一家企业(组织)提供总产品,不仅能降低成本,而且能增加产量。鉴于此,自然垄断物品应由一个组织,即政府提供最有效率。

第二节　政治学理论基础

以马克思主义理论为指导,社会保障的政治学理论基础主要体现于马克思、恩格斯、列宁、斯大林、毛泽东、邓小平等的一系列保障思想之中。

一、马克思、恩格斯的社会保障基金理论

马克思、恩格斯虽然没有提出明确的社会保障理论,但其在揭示资本主义生产规律的同时,也对社会保障进行了研究。

马克思、恩格斯在其经典著作中围绕社会保障基金理论,阐述了建设社会保障基金的必要性、基金来源及基金管理等内容;说明了包括养老基金在内的

社会保险基金是社会产品分配的重要组成部分,并且设立养老保险基金是社会再生产得以顺利进行的基本条件之一。①

(一)建立社会保障基金的必要性

这主要体现在马克思的《哥达纲领批判》《资本论》,以及恩格斯的《反杜林论》等著作中,主要从社会总产品和不变资本、可变资本再生产的角度论述了建立社会保障基金的必要性。

1. 防范生产过程中的不测风险,维护社会稳定的需要

马克思在《哥达纲领批判》中指出:"如果我们把'劳动所得'这个用语首先理解为劳动的产品,那么集体的劳动所得就是社会总产品。现在从它里面应该扣除……用来应付不幸事故、自然灾害等的后备基金或保险基金。"②

2. 进行不断再生产的需要

在不变资本再生产过程中,物质总是处在各种使它遭受到损失的意外和危险中。因此,利润的一部分,即剩余价值的一部分,必须充当社会保障基金。在可变资本再生产过程中,"如果我们把剩余劳动和剩余生产物,降到社会现存生产条件所必要(一方面为形成保险基金和准备基金,另一方面为适应社会需要而依照一定程度,不断将再生产过程扩大)的程度;最后,如果我们把必要劳动、剩余劳动(有劳动能力的人,必须为社会上多少不能劳动的人,担任这种劳动),把工资和剩余价值,把必要劳动和剩余劳动,剥去特殊的资本主义性质,残留下来的,便不是这诸种形态,只是一切社会生产方法所共有的基础了"。③ 在此,马克思认为在社会再生产过程中,当前的劳动者既要为自

---

① 韦樟清:《马克思主义社会保障基金理论及其当代意蕴》,《社会主义研究》2008 年第 1 期。

② 马克思:《哥达纲领批判》,人民出版社 2018 年版,第 12、13 页。

③ 马克思:《资本论》第 3 卷,人民出版社 2009 年版,第 657、658 页。

己,又要为未来的劳动者及已丧失劳动能力者做好物质准备,从而为社会再生产准备劳动力。这就意味着要使社会再生产顺利进行,储备社会保障基金是非常必要的。

(二)社会保障基金的来源及规模

马克思认为,通过分配和再分配,社会总产品最终将形成补偿基金、消费基金和积累基金,这是社会得以发展的必要条件。为此,应从社会总产品中扣除:"第一,用来补偿消费掉的生产资料的部分。第二,用来扩大生产的追加部分。第三,用来应付不幸事故、自然灾害等的后备基金或保险基金。"此外,在产品进行个人分配之前,还要从中扣除:"第一,同生产没有直接关系的一般管理费用。……第二,用来满足共同需要的部分,如学校、保健设施等。……第三,为丧失劳动能力的人等设立的基金,总之,就是现在属于所谓官办济贫事业的部分。"①可见,根据马克思的理解,在收入分配中,养老保障表现为初次分配环节的"扣除",即"用来应付不幸事故、自然灾害等的后备基金或保险基金",以及再分配环节的"扣除",即"为丧失劳动能力的人等设立的基金"。

马克思认为,社会保障基金的规模,取决于社会剩余产品的价值量和社会保障物品的可供量。社会保障基金"至于扣除多少,应当根据现有的物资和力量来确定,部分地应当根据概率计算来确定,但是这些扣除无论如何根据公平原则是无法计算的"。②

二、列宁的国家保险思想

为了维护工人及其他劳动群众的利益,列宁在领导创建俄国统一的工人政党的过程中,明确提出了社会民主工党代表工人利益的 16 项经济要求,其

---

① 马克思:《哥达纲领批判》,人民出版社 2018 年版,第 13 页。
② 马克思:《哥达纲领批判》,人民出版社 2018 年版,第 13 页。

中有关社会保险的内容有：……（7）由法律规定，工人由于不幸事故或有害的生产条件而完全或部分丧失劳动能力时，雇主应负民事责任；工人无须证明上述丧失劳动能力的情况是由雇主的过错造成的；……（9）国家对失去劳动能力的老年工人发放养老金；……（12）在一切使用雇佣劳动的企业内对劳动条件建立正规的、全面的卫生监督。

此外，列宁还对由雇主和雇员共同分担保险费的规定进行了抨击："雇佣工人以工资形式取得的那一部分自己创造的财富，非常之少，刚能满足工人的最迫切的生活需要，因此，无产者根本不能从自己的工资中拿出一些钱去储蓄，以便在因伤残、疾病、年老、残废而丧失劳动力时，以及在资本主义生产方式必然造成的失业时使用。因此，在出现上述一切情况时对工人实行的保险，完全是资本主义发展的整个进程所决定的一种改革。"①"最好的工人保险形式是工人的国家保险；它是根据下列原则建立的：（一）在工人丧失劳动力的一切情况（伤残、疾病、年老、残废；还有女工的怀孕和生育；供养人死亡后所遗寡妇和孤儿的抚恤）下，或在他们因失业而失去工资的情况下，国家保险都应给工人以保障；（二）保险应包括一切雇佣劳动者及其家属；（三）对一切被保险人都应按照偿付全部工资的原则给予补偿，同时一切保险费应由企业主和国家负担；（四）各种保险应由统一的保险组织办理，这种组织应按区域和按被保险人完全自行管理的原则建立。"②

与马克思的保险理论相比，列宁的国家保险思想更加具体和实际。从保险资金来源看，国家保险理论将其归为国家和企业，免除了个人的责任，对缓解工人的负担，保障工人的切身利益具有重要作用。这一理论不仅在苏联得以实践，而且也成为新中国成立后我国社会保险制度建设的思想根源。③

---

① 列宁：《列宁全集》第21卷，人民出版社2017年版，第154、155页。
② 列宁：《列宁全集》第21卷，人民出版社2017年版，第155页。
③ 史柏年：《国家社会保险制度理论探源》，《中国青年政治学院学报》1999年第3期。

三、毛泽东、邓小平的社会保障思想

毛泽东、邓小平的社会保障思想主要包括保障目的、保障原则、保障内容等。由于时间跨度较长,涵盖了革命和建设两大时期,因此不同时期的相关内容也有所区别。

（一）社会保障的目的与原则

虽然时间跨度大,且经历了两大时期,但都以"人民利益"为认识基础和理论根据。在土地革命时期,保障的根本目的在于保障中国共产党领导的革命胜利;新中国成立后,保障则要体现社会主义制度的优越性,实现"社会主义好,生老病死有劳保";面对"文化大革命"后劳动力再生产亟待恢复的局面,邓小平同志提出了社会保障的目的首先要保障城市工人和知识分子的福利,因为只有保障了他们的福利,他们才有积极性去发展生产;改革开放后,邓小平同志又把社会保障的基本目的调整为保障改革开放的顺利进行,并通过改革开放的成果来显示社会主义制度的优越性。可见,由于不同时期面临不同局势,保障目的也因此而异。

尽管社会保障目的不同,但唯一不变的基本原则是如何处理好社会保障与经济发展之间的关系,以及协调处理各种利益关系问题。毛泽东同志认为,社会保障与经济发展作为一对矛盾,二者并不处于同等地位,而是经济发展是矛盾的主要方面,具有决定作用;只有生产力发展了,物质财富增加了,社会保障才能发展。在协调利益关系上,社会保障涉及国家、集体和个人三类主体间的关系,也涉及积累和消费的关系,两种关系都要处理好。对于前者,三类主体的利益要兼顾;对于后者,既要保证社会主义建设所需要的资金积累,又要保证人民生活水平的逐步提高。在此基础上进一步指出,我国建立的社会保障制度,既要体现社会主义制度的优越性,又要与社会生产力发展水平相适应,应在不断提高人民生活保障水平的基础上,促进社会生产力的发展。

（二）社会保障的内容

社会保障的外延包括社会救济、社会保险、社会福利、社会优抚等方面。仅就社会救济而言，毛泽东同志指出人民政权首先要解决的是人民群众的社会救济问题，且这种救济具有经济和政治解放的双重性质，突破了一般救济的范畴。改革开放后，邓小平同志的社会救济思想又前进了一大步，提出了扶贫救济模式，将救济由"输血型"转变为扶持发展的"造血型"，这种模式能够增强被救济者的自救能力，从根本上解决贫困问题。①

第三节　社会学理论基础

社会学是从整体上研究社会、社会发展和社会问题的一门综合性学科。其所研究的社会问题、社会公正、社会稳定、社会价值、社会进步、家庭与社区、社会化、社会阶层与人口问题等，不仅为社会保障研究奠定了必要而又坚实的理论基础，而且直接指导着社会保障理论研究与制度实践的发展。围绕该学科，马斯洛（Abraham H.Maslow）的需要层次论、帕森斯（Talcott Parsons）的结构功能论、吴忠民的社会公正论等，都对社会保障理论的发展起到了重要的促进作用。

一、需要层次理论

需要层次理论由美国心理学家亚伯拉罕·马斯洛于1943年在《人类激励理论》论文中首先提出，后又于1954年在《动机和人格》中加以阐述。他认为，人的需要像阶梯一样从低到高分为五种，分别是生理需要、安全需要、社交需要、尊重需要和自我实现需要。

---

① 梅哲：《浅论毛泽东、邓小平的社会保障思想》，《社会主义研究》2004年第2期。

其中,生理需要属于最低级、最具优势的需要,如食物、水、空气、健康,它是人类所必需的。若该需要不能得到满足,则人的思考能力、道德观明显变得脆弱。安全需要也属于低级需要,包括对人身安全、生活稳定以及免遭痛苦、威胁或疾病等。若该需要不能得到满足,则人会感到身边事物对自身的威胁,觉得世界是不公平或是危险的,并由此变得紧张、彷徨不安,认为一切事物都是"恶"的。社交需要属于较高层次的需要,如对友谊、爱情以及隶属关系的需要。缺乏这种需要,则会因为感受不到身边人的关怀,而自认为没有价值活在这世界上。尊重需要也属于较高层次的需要,如成就、名声、地位和晋升机会等。它既包括对成就或自我价值的个人感觉,也包括他人对自己的认可与尊重。若该需要不能得到满足,则人会变得很爱面子,或很积极地用行动来让别人认同自己,也很容易被虚荣所吸引。自我实现需要是最高层次的需要,包括针对真善美至高人生境界获得的需要。只有前面四项需要都能满足,最高层次的需要才能得以产生,因此它是一种衍生性需要。缺乏这种需要,则人觉得自己的生活被空虚感推动着,从而要自己去做一些身为"人"应该在这世上做的事,并认为,价值观、道德观胜过金钱、爱人、尊重和社会的偏见。

马斯洛的需要层次论基于两个基本出发点:一是人人都有需要,只有某一层次需要获得满足后,其他层次的需要才会出现;二是在多种需要未获满足前,首先满足迫切需要,该需要满足后,后面的需要才得以显现。换言之,某一层次的需要相对满足了,才会向高一层次需要发展,追求更高一层次的需要就成为驱使行为的动力。

上述五种需要可分为低级、高级需要两个层次,其中生理需要、安全需要和社交需要属于低级需要,通过外部条件就可满足;而尊重需要和自我实现需要是高级需要,只有通过内部因素才能满足。一个人同时可能有几种需要,但不同时期总有一种需要占支配地位,对行为起决定作用。各层次的需要相互依赖和重叠,高层次的需要发展后,低层次的需要仍然存在,只是对行为影响的程度大大减小。

马斯洛的需要层次论一方面指出人的需要有一个从低级到高级发展的过程,指出了人在每个时期,都有一种需要占主导地位,而其他需要处于从属地位,这在某种程度上是符合人类需要发展的一般规律的。但另一方面,该理论具有自我中心的倾向,需要满足的标准和程度是模糊的,并且有研究者认为没有足够证据证明马斯洛的需要层次关系的确存在,即使存在,其间的联系也并不明显。①

马斯洛的这一理论对农村社会养老保险的建立及其保障水平具有重要指导意义。尤其是生理需要、安全需要作为人的最基本的、低级的,且只有通过外部条件才能满足的需要,在不能得到有效满足的情况下,会对个人的生存、安全带来极大威胁,人也难以作出其他成就,进而影响整个社会的稳定。作为达到退休年龄、无稳定收入来源、无充足储蓄保障的农民,一定程度上就处于这样一种状态。因此,建立全国统一的农村社会养老保险制度,以满足农民最基本的衣、食需求,进而通过其他补充方式实现生活稳定,避免疾苦,达到安全需要,这既是人作为个体人的基本点,也是人作为社会人,进而稳定社会的必要条件。因此,建立农村社会养老保险制度,并保持适当的保障水平是完全必要的。

二、结构功能理论

结构功能理论是第二次世界大战后以美国为主要研究对象而形成的社会流派,其主要代表为美国社会学家帕森斯。他在其一系列著作,如《社会行动的结构》《社会系统》《现代社会的结构与过程》《行动理论与人类状况》中阐述了社会系统与社会结构及功能的关系。

帕森斯把对社会行动的研究作为其理论研究的出发点,从社会行动入手

---

① 张德主编:《组织行为学》,清华大学出版社 2000 年版,第 140—141 页。

来研究社会。行动就是行动者在观念和情境条件的制约下,就实现目标的手段所作出的主观决定。行动者的个体行动是社会行动的重要组成部分,也由此构成社会系统,并成为帕森斯功能理论的核心。其行动系统由四个层次的子系统——文化系统、社会系统、人格系统和行为有机体系统构成。如人们刚出生时,只是行为有机体,随着个体的发展,人们获得了个体认同,经过一个社会价值观的内化过程,人们学会了"角色期望",并由此而成为完全的参与者。

在帕森斯的结构功能理论中,结构是指任何现存社会都具有的基本制度模式;功能是指制度模式之间发生的保证社会系统生存的关系。某个系统的存在首先需要一些基本功能,这些功能是通过系统的内部结构得到满足的,系统中的每个组成部分都具有其独特功能,亦即这些拥有不同功能的组成部分是整个系统存在的先决条件。当然,为了保证系统的正常运行,还需要从整体上了解系统中各组成部分是如何联系的,各部分的功能又是如何相互影响的。

帕森斯提出的功能系统包括四种功能子系统,即适应(Adaptation)、实施(Goal attainment)、整合(Integration)、模式维持(Latency)。[①] 适应是指系统必须同环境发生一定关系;实施是指某种期望状态,即目的;整合是指系统必须将各个部分联系在一起,使各个部分之间协调一致;模式维持指系统各组成部分之间须按照一定的规范模式进行。系统能否稳定运行,既取决于系统内部是否具备满足一般功能需求的子系统,也取决于这些子系统之间是否存在跨越边界的对流式交换关系。

我国的社会保障制度是由一系列制度构成的系统,这一系统与其他制度一道构成了我国的制度体系,由此社会保障可以看作整个制度体系的子系统。进而,社会保障制度体系本身又由社会救助、社会保险、社会福利、社会优抚等制度构成,任何部分都发挥着其独特功用。具体到社会保险而言,其又由基本

---

① [美]T.帕森斯:《现代社会的结构与过程》,梁向阳译,光明日报出版社 1988 年版,第37—38 页。

养老、医疗、生育、失业、工伤保险等组成,不同险种的功能也各有不同。养老保险以其与其他保险制度的不同发挥着维持老年人基本生活的功用,以期让老年人体面地度过晚年生活。即便在农村社会养老保险制度内部,由于新旧农保制度的差别,制度开展及作用的发挥也存在较大差别。如老农保制度在制度设计,尤其是养老资金来源上,政府的作用未能充分体现,这种"结构"一方面影响着制度推行的难度,另一方面也决定着制度保障的水平。新农保在制度设计上发挥了政府的财政支持功能,因而制度推行较易,保障水平也相对较高。

三、社会公正理论

在社会保障领域,应遵循社会公正的基本理念。遵循这一理念,一方面可以使绝大多数群众受益,避免两极分化、有增长无发展,体现社会的公平性;另一方面还能激发最大多数群体的潜力,调动他们的工作积极性,使社会成员按照其对社会的贡献程度获得有差异的回报,避免平均主义;再者,遵循这一理念,可以实现社会团结和社会整合。

社会公正理论是我国社会学家吴忠民教授提出的新时期社会发展的重要思想,其基本价值取向有二:"一是要让全体社会成员共享社会发展成果,二是要为每个社会成员的自由发展提供充分的空间。"[①]二者缺一不可。如果只重视前者,为了实现"共享",则可能陷入平均主义,削弱了社会活力;如果片面强调后者,过度强调个人自由发展,忽略共享,则极有可能导致贫富差距过大,造成社会的不稳定。

所谓社会公正,就是给予每个人他(她)所应得。之所以突出社会公正,既有理念依据,也有现实依据。就理念依据而言,现代社会需要自由、平等、社会合作的理念。对人类而言,自由非常重要,是人之所以为人的重要体现。自

---

① 吴忠民:《社会公正论》,山东人民出版社 2012 年版,封面题记。

由理念的主要内容有三：一是个体人独立自主地进行选择；二是尊重个体人本身合理的差异；三是自由应以理性为重要准则。

正如自由主要侧重于对个体人差异的尊重与保护，而平等则侧重于对个体人种属的肯定与保护。也就是说，从个体的角度，更侧重于尊重个体人差异，彰显自由；而共性的角度，更侧重于尊重个体的种属，以显平等。我们通常所说的人生而平等、世间人人平等也都是基于人的种属而言的。由此可见，平等理念作为个体人是个体与种属的统一，对维护个体人的基本尊严，为个体人的生存与发展提供了基本保证。不同的单个个体人为了生存而构成组织，因而人需要合作，并且这种合作既是为了他人，同时也是为了个体人本身。与此同时，这种合作并不限制自由。"……并且由于这一结合而使每一个与全体相联合的个人又只不过是在服从自己本人，并且仍然像以往一样地自由。"①正是通过合作，人们彼此分享到他人的智慧。通过社会合作，一方面可以对自由与平等的可能性弊端加以制衡，另一方面也可以对完全由国家构建的社会公正原则形成制约。

就现实依据而言，一方面，实行社会公正是现代化进程的需要。所谓现代化是指一个国家或区域内，甚至是世界范围内，以工业化为主体、以信息化为支撑的社会变革。伴随着这一社会变革的，是人们意识的改变，包括人们的平等、自由意识的强化，乃至"公民意识"的不断增强。"公民意识"增强的直接结果是民主化，这也成为现代化的重要内容之一，而民主化的进程必然伴随平等、自由，或者说平等与自由的理念正是在民主化的进程中才不断深入人心，并渗入社会的。

另一方面，实行社会公正也是社会主义市场经济推进的需要。市场经济是由市场按照一定规律配置资源的一种方式。尽管市场经济的类型包括自由市场经济、政府管控的市场经济等多种类型，政府在其间的作用有大小，但总

---

① ［法］卢梭：《社会契约论》，何兆武译，商务印书馆1980年版，第23页。

体来看,市场经济本身就是崇尚自由、平等与社会合作的。自由体现在生产者生产什么、如何生产、如何定价等的自主权,需要更多地考虑市场因素而非政府因素;平等体现为不同的市场主体之间地位关系的平等性,正是由于这种平等性,才使自由与合作成为可能。

社会公正的基本规则,按照一定的逻辑顺序,主要有:基本权利的保证,即底线的规则;机会平等,即事前的规则;按贡献分配,即事后的规则;社会调剂的规则。这四项基本规则有先后逻辑顺序,即底线规则在先,其次分别为事前规则、事后规则、调剂规则。

基本权利的保证是基于人的不证自明的基本权利,包括生存权、受保障权、受教育权等权利。一个国家应给予其公民这些最起码的权利。机会直接影响着个体未来的发展方向与分配状况,包括共享机会和差别机会。前者为每个社会成员提供基本发展的机会,避免差距的过大化;后者则承认个体差异,允许有一定程度的差别,避免绝对平均主义。按贡献分配正是机会差别的延伸,是允许个体通过对社会不同的贡献获取与贡献相匹配的报酬,这也是与现代社会相适应,并符合市场经济的现实原则的。社会调剂则是基于初次分配之后的利益格局的调整,属于再分配的范畴。与基本权利的保证属于"维持型"的社会救助不同,这里的社会调剂规则突出的是对个体"增长型"或"发展型"的补偿。通过这一规则,一方面可以使原有已获得过基本权利保障的群体进一步增强自身能力,改善生活;另一方面也可缩小社会差距,有利于社会公平。

之所以要遵循社会公正的基本规则,其价值取向就是既让全体社会成员共享社会发展成果,又为每个社会成员提供自由发展的空间。要实现这种价值取向,则必须坚持一视同仁的基本立足点,既要确保每个社会群体、每个社会成员的生存底线,又要为每个具有发展潜力的群体或个人提供自由发展的空间,这就要求不能刻意地站在哪个群体角度上进行带有整体性的制度设计,否则就可能使制度带有明显的倾向性,不利于社会公正。

第三章　农村社会养老保险制度
历程、变迁路径及绩效

对农民的制度性养老,经历了新中国成立初期的集体保障、改革开放后的发展和衰退,以及21世纪初的重建等制度历程。这种制度有其变迁路径,并取得了一定成效。

第一节　农村社会养老保险制度历程

新中国成立后,农民的养老保障经历了改革开放前后两个时期。改革开放前,对于农民的养老尚不能称为"保险",而应属于养老"保障";改革开放后,农村养老保险才开始逐步探索并实施。为了农民养老保障制度研究的整体性及改革开放前后的对比,故在此将改革开放前的养老保障也纳入分析之列。

一、农民个体所有制基础上的养老保障（1949—1955年）

"老"是大多数人必经的阶段。在该阶段,大多有一个被养的过程,而"养"是需要资源的,从国家层面看,需要国家的积蓄,并构成养老资源的一部分。《礼记·王制》里提道："国无九年之蓄曰不足,无六年之蓄曰急,无三年之蓄曰国其非国也。"[1]

在我国古代非制度化养老时期,养老慈幼、扶孤助残是养老的重要内容。《周礼》记载"以保息六养万民:一曰慈幼,二曰养老,三曰振穷,四曰恤贫,五曰宽疾,六曰安富"。[2] 其中,对老幼可免除劳役,并对生活无着的老人提供公共财物。在汉代,"以孝治天下",确立了"尊老"的社会美德,并对70岁以上的老人派员慰问、赠送布帛酒肉。此外,有些朝代还设立专门的机构用以负责养老及相关事宜,如宋代设立居养院收留矜寡孤独者,清代则设有专门机构负责养老、恤贫、慈幼等事宜。

相对于现代社会保障制度,我国古代的养老保障主要依靠家庭、家族,以及亲朋邻里来实现的,是自我保障和家庭保障,而非社会保障。

中国共产党领导农民进行土地革命,旨在解放农村生产力。土地改革分两步走:第一步,新中国成立前,在中国共产党领导的东北、华北、西北的解放区,截至1949年6月,有1亿多农民分得了3亿亩土地;第二步,新中国成立后的1950—1952年,全国共有3亿多无地或少地农民分得了7亿亩土地、大批农畜、耕具等生产资料。[3] 据统计,经过土地改革,占农村人口90%以上的贫雇农、中农占有了全部耕地的90%以上,原来的地主、富农只占全部耕地的8%左右。从根本上改变了农村土地所有制的性质,实现了农村土地的农民个体所有制。

农民土地个体所有制的实现,以及农村经济的恢复与发展,农民积极性的提高,不但增加了农民的收入,也为农民个人家庭养老提供了一定物质基础。新中国成立之初农民收入状况见表3-1。

---

[1] 胡平生、张萌译注:《礼记·王制第五》(上),中华书局2017年版,第256页。
[2] 徐正英、常佩雨译注:《周礼·地官司徒第二》(上),中华书局2014年版,第225页。
[3] 董志凯:《土地改革与我国的社会生产力》,《中国经济史研究》1987年第3期。

表 3-1　新中国成立之初农民收入状况

年份	户均年收入（元）	人均年收入（元）	人均年支出（元）	人均粮食产量（斤）
1949	—	44	—	209
1952	—	57	—	288
1954	692.9	144.4	141.8	—

资料来源：中华人民共和国统计局：《1954 年我国农家收支调查报告》，统计出版社 1957 年版，第 26—29 页。

农民土地的个体所有制，为农民个体经济的发展提供了动力，但这种所有制很显然并不完全符合社会主义的特征与性质。所以自 1950 年始，农民逐步开展合作，其初级的形式主要是互助组和初级农业合作社。互助组的规模相对较小，一般以几户或者十几户为规模，主要在生产的某个环节上实现合作，这种方式并不触动所有制；而初级农业合作社的规模相对较大，一般以十多户或几十户为规模，是农民以其土地或生产资料入股，由合作社统一经营，带有半社会主义的性质。

这种方式首先解决的是生产问题，既为单家单户不能或无力解决的生产提供了解决渠道，同时，也为平衡收入、降低农户风险提供了条件。尤其是在初级社时期，各农户以其土地、生产资料等参股，并以其劳动所挣工分作为分配条件，加之合作社的初步积累，都为低水平地解决农户遇到的困难提供了初始条件。当然，由于互助组或者农业初级合作社具有排斥困难户，尤其是特别困难户的倾向，致使个别鳏寡孤独者的生产、生活依然困难。由此来看，单单依靠农民自发的合作是难以真正实现更大范围的、更高水平的互助与合作，难以化解农民的风险，为此需要政府的参与，并加以政策甚至法律的支持。

1954 年我国颁布了第一部宪法——《中华人民共和国宪法》，其规定："中华人民共和国劳动者在年老、疾病或者丧失劳动能力的时候，有获得物质帮助的权利，国家举办社会保险、社会救济和群众卫生事业，并且逐步扩大这些设施,以保证劳动者享受这种权利。"这为农民社会养老保险提供了宪法基础。

由于这一时期,许多政策刚刚起步,所以政策实施过程多具有一定的隐含性。如就农民的养老来说,有时就包含在对农村的社会救济,或者对农村鳏寡孤独残疾人的照顾之中。社会救济的对象主要是贫困户,那些年龄偏高、劳动能力相对较弱的老人,就是最容易致贫的群体,因而也常被纳入社会救济之中;对于农村那些无依无靠、无劳动能力的孤老残幼,除在分配土地时分配好地、近地,甚至多分地外,政府都对其进行全部救济,稳定了他们的生活。在新中国成立初期,这种保障的制度基础是农民个体所有制,土地起到了重要的保障作用,政府、集体的保障仅仅是补充。

二、计划经济体制下的农村社会养老保障(1956—1983 年)

自 1956 年始,我国农业合作化转向高级合作社,这标志着农村集体经济体制的基本确立。到 1984 年,农村集体经济先后经历了高级合作社、人民公社,以及人民公社调整与退出等机制变动。这一过程伴随农村养老保障制度的起伏。总体上,这一时期由于农村集体经济的存在,对包括养老在内的其他社会保障起到了一定的支撑作用。尤其是农村"五保"供养制度的确立,为特定群体的养老起到了较好的保障作用。

1956 年,我国农业合作化的主要方式是高级农业合作社,其运作机制表现为三个"统一",即土地统一经营,劳动力统一调配,收入统一分配。这样,农业生产单位就由新中国成立之初的家庭转变为集体经济组织。在社会保障领域,就形成了由国家和集体"两条腿走路"的局面。

1962 年八届十中全会通过的《农村人民公社工作条例(修正草案)》(又称《农业六十条》),作为人民公社的宪法,规定了人民公社的性质、组织、规模、管理等事宜,并对生产队的粮食储备、公积金、公益金等做了较为详细的规定。"生产队储备粮的数目,一般不许超过本生产队在上交国家任务以后的可分配的粮食总量的百分之一,最多不许超过百分之二。""生产队扣留的公积金的数量,……一般地应该控制在可分配的总收入的百分之三到百分之五以内。"

"生产队可以从可分配的总收入中,扣留一定数量的公益金,作为社会保险和集体福利事业的费用",扣留数量"不能超过可分配的总收入的百分之二到百分之三"。公益金主要用于"生活没有依靠的老、弱、孤、寡、残疾的社员,遭到不幸事故、生活发生困难的社员";"生活有困难的烈士家属、军人家属和残废军人"。"对于家庭人口多劳动力少的社员,……也可以给他们必要的补助。"

1956 年 1 月,最高国务会议通过的《一九五六年到一九六七年全国农业发展纲要》(又称《农业四十条》),以及同年 6 月 30 日通过的《高级农业生产合作社示范章程》,都对农村生活较为困难的缺乏劳动能力或者完全丧失劳动力、生活没有依靠的老、弱、孤、寡、残疾的社员,在生产上和生活上给予适当的安排和照顾,以做到"保吃、保住、保烧(燃料)、保教(儿童和少年)、保葬,使他们的生养死葬都有指靠。"从此,农村"五保"供养制度就被载入了中国史册。在供养方式上,一般采取敬老院集中供养和在家中分散供养两种方式。这种五保供养由于集体经济的支持,在"文化大革命"以前得到了较好的执行。但"文化大革命"期间,有些地方的"五保"工作处于无人过问,甚至停滞状态。直至党的十一届三中全会以后,随着 1979 年十一届四中全会通过的《中共中央关于加快农业发展若干问题的决定》、1980 年中共中央《关于进一步加强和完善农业生产责任制的几个问题》,以及 1982 年中共中央批转的《全国农村工作会议纪要》等相关文件的出台,农村"五保"工作才得以恢复。直至 1984 年人民公社体制解体前,普查发现,农村"五保"供养存在的主要问题有:供养落实不全面、供养标准低、群众负担畸轻畸重等。①

综观这一时期的保障,是依靠当时集体经济为基础的,"就其保障对象的

---

① 宋士云:《中国农村社会保障制度结构与变迁(1949—2002)》,人民出版社 2006 年版,第 103 页。

面来说,是一种剩余型社会保障制度;就其保障水平来说,只能是一种社会救助型的社会保障制度,处于社会保障制度发展中的初级阶段"。[①] 就其保障层次而言,这是一种社区保障制度,是在集体范围内开展的。同时,由于这种保障并没有将现代社会保障制度的重要内容——社会保险纳入,也没有社会保障法的约束,也不符合社会化原则,因此,这种保障属于传统型的社会保障制度。

三、改革开放后农村社会养老保险的发展（1978 年至今）

改革开放后,农村社会养老保险经历了初步探索、开始试点、全面推广、整顿规范、地方性新农保探索、全国性新农保全面推行等不同发展阶段。

（一）初步探索阶段（1978—1986 年）

1978 年,党的十一届三中全会通过的《农村人民公社工作条例（试行草案）》规定:"有条件的基本核算单位可以实行养老金制度",并且对养老金待遇的领取条件、待遇标准做了规定。其条件为:参加集体劳动满 10 年以上,年满 65 岁的男社员和 60 岁的女社员均可享受养老金待遇。其待遇标准一般为 10—15 元,最高可达 20 元。截至 1982 年,全国有 11 个省区市的 3457 个生产队实行了养老金制度,约有 42 万人领取了养老金。

（二）开始试点阶段（1986—1992 年）

1986 年 10 月,国家"七五"计划期间,"要有步骤地建立起具有中国特色的社会主义的社会保障制度雏形。建立健全社会保险制度,……要通过多种渠道筹集社会保障基金"。1987 年 3 月,民政部印发了《关于探索建立农村基层社会保障制度的报告》的通知,对农村基层社会保障制度雏形做了初步构

---

① 宋士云:《中国农村社会保障制度结构与变迁（1949—2002）》,人民出版社 2006 年版,第 103 页。

想,明确保障制度要与经济发展水平相适应,不能超出国家、集体、个人的承受能力。应以"社区"为单位,以自我保障为主,充分重视家庭的保障作用。在起步阶段,应遵循以下三个原则:一是范围要由小到大。建立由乡到县、省,进而全国的保障体系,最后以全国立法加以保障。二是内容要由少到多。优先解决"五保户"和群众的温饱,经济发达地区,积极引导群众开展社会保险。三是标准要由低到高。由于社会保障的标准刚性,要从维持最低生活水平做起,循序渐进,不能超越国家、集体和个人的承担能力。

在这种精神指导下,民政部着手农村社会养老保险试点工作,并初步形成了以乡镇企业职工为主的农村社会养老保险制度。全国有将近 200 个县、市、区、旗制定了相关的政策,近 1000 个乡镇建立了农村社会养老保险制度。在此基础上,1992 年民政部出台了《县级农村社会养老保险基本方案(试行)》,确立了以县级为基本单位开展社会养老保险的原则,并在山东、湖北、江苏等省开展了大范围的农村社会养老保险试点。1991—1992 年,民政部确定了开展农村社会养老保险工作的基本原则、实施方法、管理机构等一系列重大问题。两年试点期间,成效显著,全国近 600 个县开展了大规模的试点,积累了丰富的经验。

（三）全面推广阶段（1992—1998 年）

以 1992 年 12 月《全国农村社会养老保险工作会议》的结束为标志,农村社会养老保险试点工作结束,进入全国范围内依据《县级农村社会养老保险基本方案(试行)》全面推广阶段。1995 年 10 月,《国务院办公厅转发民政部关于进一步做好农村社会养老保险工作的意见》指出:"在农村群众温饱问题已基本解决、基层组织比较健全的地区,逐步建立农村社会养老保险制度,是建立健全农村社会保障体系的重要措施,对于深化农村改革、保障农民利益、解除农民后顾之忧和落实计划生育基本国策、促进农村经济发展和社会稳定,都具有深远意义。各级政府要切实加强领导,高度重视对农村社会养老保险基金的管理和监督,积极稳妥地推进这项工作。"为此,民政部先后下发了《关于加强农村社会养老保险基金风险管理的通知》和《县级农村社会养老保险管理规程(试行)》等一系列文件。1997 年 11 月,在山东烟台召开了农村社会养老保险管理工作经验交流会。至此,全国有 26 个省份相继颁发了开展农村社会养老保险工作的地方性法规和文件,将其纳入政府工作的重要内容;全国有 2100 多个县不同程度地开展了农村社会养老保险工作,参保人数达 8000 多万人。

(四)整顿规范阶段(1999—2002 年)

1998 年,劳动和社会保障部的成立,使农村社会养老保险工作进入了一个艰难转折时期。原来由民政部承担的农村社会养老保险职能转由劳动和社会保障部的农村社会保险司来履行,负责全国农村的社会保险工作。1999 年,《国务院批转整顿保险业工作小组保险业整顿与改革方案的通知》,要求各地清理整顿,暂时停止经办新业务,有条件的可以逐步过渡到商业保险。遵照国务院通知精神,部分地区已经停办了这项业务,并将农民缴纳的保险费及累计的利息退还农民。但有的地方并没有停办这项业务,特别是在上海、浙江、山东等省市范围内又有所扩大。

清理整顿工作建立于调查基础之上。据此,劳动和社会保障部于 1999 年 12 月向国务院上报了《关于整顿规范农村社会养老保险有关问题的请示》和《整顿和规范农村社会养老保险工作方案》。2002 年 10 月,劳动和社会保障部向国务院呈送了《关于整顿规范农村养老保险进展的报告》,提出农村社会养老保险工作要坚持在有条件的地区逐步实施;同时,研究探索适合农民工、失地农民、小城镇农转非人员特点的养老保险办法。

(五)地方性新农保探索阶段(2002—2009 年)

2002 年 11 月,党的十六大提出"在有条件的地方探索建立农村社会养老保险"，以此为标志，农村社会养老保险工作进入新的发展阶段。与此前《县级农村社会养老保险基本方案（试行）》相比，2002 年起各地探索的农保制度在筹资模式、待遇支付及管理上都有较大区别，这无疑是"新"的。同时，2009 年《国务院关于开展新型农村社会养老保险试点的指导意见》与前两者也不完全相同，因而也是"新"的。为了区别两个不同阶段的"新"农保，本书将2002—2009 年各地的探索称为"地方性新农保"，而 2009 年起国务院推行的新农保称为"全国性新农保"。"地方性新农保"之"新"主要体现在以下几点：

一是进一步加大了工作指导力度。为确保农村社会养老保险基金安全，加强了基金管理，完善了财务会计制度。2003 年，为加强对地方工作的指导，劳动和社会保障部连续下发了《2003 年劳动和社会保障工作要点》《关于认真做好当前农村社会养老保险的通知》，要求各地高度重视农民的养老保障，进行分类指导，积极稳妥地推进农村社会养老保险工作。

二是进一步加大制度创新力度。各地根据自身实际，不断寻求制度创新。北京、江苏、山东、浙江、山西、云南等都创立了适应本省市的农民社会养老保险制度。

三是进一步加大调查研究力度。劳动和社会保障部要求各地加强对进城务工经商农民、乡镇企业职工、失地农民、农村计划生育独生子女户和双女户的养老保障问题的调查和研究。积极探索"粮食换保障"和失地农民养老保障补偿的合理途径与具体形式。

四是进一步加大规范管理力度。基金安全对农民养老保险至关重要，前期农村社会养老保险基金可正常收回本息的只占基金总额的 92.9%（2000年）。通过规范管理，要求基金严格按照"存银行、买国债"，确保了基金优良率达 99%；同时各地加大信息化管理，做到信息通达。通过这种规范管理，能够保留下来的农村社会养老保险工作保持了良好发展势头。

在党的十六大报告鼓舞下，许多有条件的地方试行"地方性新农保"，有的甚至形成了一定模式,其中影响比较大的模式主要有五种,不同程度地体现了个人、集体、政府之间的责任(见表3-2)。

表3-2 地方性新农保模式及实施情况

模式类型	①个人缴费	②集体补助	③政府补贴		⑥政府托底	性质	实施区域
模式1	√	√	√			①+②+③完全积累型个人账户	安徽马鞍山,陕西省
模式2	√	√	√		√	①+②+③构成个人账户+⑥政府统筹托底	浙江省宁波市
模式3	√	√	√			①+②构成个人账户+③构成基础养老金	北京市
模式4	√	√	√			①+②+③构成个人账户+③构成基础养老金	南京市陕西省宝鸡市
模式5	√	√	④镇、区政府补贴	⑤市财政补贴		①+④个人账户+②+⑤构成基础养老金	广东省中山市

资料来源:据王章华:《关于新型农村社会养老保险模式的思考》,《南昌大学学报(人文社会科学版)》2009年第2期整理。

(六)全国性新农保全面推广阶段(2009年至今)

2009年9月,国家出台了《国务院关于开展新型农村社会养老保险试点的指导意见》,"2009年试点覆盖面为全国10%的县(市、区、旗),……2020年之前基本实现对农村适龄居民的全覆盖"。缴费标准为100元到500元五个档次,"全国性新农保"不同于"地方性新农保",但又高度相关。其相关性既表现在形式上,又表现在内容上。在形式上,一方面,从时间上看,它们都是在1992年实施的农村社会养老保险之后,为适应农村养老需要而由政府出台的新型农保政策,它们都是"新"的。另一方面,从空间上看,"新农保"的覆盖面都是针对部分人群,即尚未实现全覆盖。按照初步计划,全国性新农保每年增加覆盖10%的人群,到2020年实现全覆盖;而地方性新农保则是各地实施的农保政策,一般局限于一县或一省之内,其覆盖面较窄。在内容上,地方性新农保是全国性新农保的基础,甚至全国性新农保几乎就是陕西省宝鸡市新农保的翻版,二者无论在资金筹集渠道、待遇支付水平,还是基础养老金额度、个人账户缴费档次与激励等方面相差无几。

事实上,全国性新农保是以加速度的方式推广。这至少说明以下几点:一是政府推进的力度加大,进行了广泛宣传与动员,各地成立"农保办"专门开展该项工作;同时,加大了经费支持力度,配备了专门人员。二是该项制度受到了大多数农民,尤其是中老年农民的欢迎,虽然在起初阶段对符合条件的参保者采取了一定的变相强制措施,有利于农民参保缴费比率的提升,但其推广最终依靠的还是制度本身的吸引力。

在全国性新农保推行的同时,2011年6月国务院出台了《关于开展城镇居民社会养老保险试点的指导意见》,其内容与全国性新农保存在很大的相似性,区别主要表现在缴费档次设置上,共设计了100元、1000元、1500元、2000元12个缴费档次。鉴于二者的区别不大,2014年2月国家出台了《国务院关于建立统一的城乡居民基本养老保险制度的意见》,将新农保与城镇居民社会养老保险合二为一。

第二节　农村社会养老保险制度的变迁路径

农村社会养老保险制度从无到有,逐步调整、改革及不断完善,即为制度的变迁。而制度变迁的约束机制有哪些,制度变迁的源泉、路径、特点如何,都需要进行理论分析。

一、制度及制度变迁

（一）制度

按照《现代汉语词典》的解释，制度的含义有二：一是要求大家共同遵守的办事规程或行动准则；二是在一定历史条件下形成的政治、经济、文化等方面的体系。[①] 在经济学领域，"制度是一个社会的博弈规则，或者更规范地说，它们是一些人为设计的、型塑人们互动关系的约束"。[②] 简言之，制度就是一种约束，其目的在于通过为人们提供日常生活的基本规则来减少不确定性，同时界定并限制人们的选择集合。制度有正式制度和非正式制度之分："正式制度，包括宪法、法律等；非正式制度，包括惯例、行为准则、行为规范等。"[③]非正式制度"是（1）正式制度的延伸、阐释和修正；（2）由社会制裁约束的行为规范；以及（3）内部实施的行动标准"。[④] 无论正式制度还是非正式制度，其产生、实施和调整都需要成本。

（二）制度变迁

1.制度变迁的含义

变迁即为转型，是指事物的结构形态、运转模式或人们的思维方式的根本性转变。具体到生产或服务领域，是指土地、劳动力、资本等要素转化为商品或服务；具体到社会事务领域，是指事物由一种形态转化为另一种形态。无论自然形态的转型，抑或社会制度的转变，都属于转型。由于任何一项制度都有

---

① 《现代汉语词典》(第7版)，商务印书馆2016年版，第1689页。
② ［美］道格拉斯·C.诺思：《制度、制度变迁与经济绩效》，杭行译，韦森译审，格致出版社、上海三联书店、上海人民出版社2014年版，第3页。
③ ［美］道格拉斯·C.诺思：《制度、制度变迁与经济绩效》，杭行译，韦森译审，格致出版社、上海三联书店、上海人民出版社2014年版，第4页。
④ ［美］道格拉斯·C.诺思：《制度、制度变迁与经济绩效》，杭行译，韦森译审，格致出版社、上海三联书店、上海人民出版社2014年版，第48页。

其生命周期,即从无到有,由量变到质变,进而发展,直至消亡。制度的变迁一般是渐进的,其原因在于社会中非正式约束的嵌入。与正式约束相比,像习俗、传统和行为准则等这种非正式约束的嵌入,对人们行为的影响更为持久,因为正式约束可能由于政治或司法决定的变化而发生突变,但非正式约束则由于持久的嵌入而长久。

2.制度变迁的原因

在经济领域,制度决定经济绩效,而相对价格变化则是制度变迁的源泉。[①] 换言之,制度之所以变迁,在一个政治稳定的社会形态中,其根本原因在于相对价格的变化,其次在于人们偏好的变化。企业家作为制度变迁的主体,通过要素价格比率的变动、信息成本的变动、技术成本的变动,感知市场交易成本的变化,为了达到目的,企业家们通过要素结构的调整、信息成本的衡量与实施成本的变化、改变契约谈判等方式,改变相对价格。其过程为当一方或双方,甚至多方感到价格的变化使一方或多方意识到通过改变规则可以给其带来利益或处境改善时,改变契约的意图就出现了。由于约束的差异,变迁过程中所表现出的特征也不相同。正式规则的变迁需要耗费大量的资源,并且要克服"搭便车"问题;非正式约束的变迁可能是渐进的,甚至不知不觉地发生变化;实施的变迁同样为组织者提供增益的新渠道,并反过来制约着制度变迁。

3.制度变迁的成本

制度的产生、实施、调整都需要成本,包括转型成本、衡量成本和实施成本。

(1)转型成本。生产过程是劳动者使用劳动资料加工劳动对象,从而使劳动对象变换其形态,以更好地满足人们生产、生活需要的过程,劳动对象的这种变化称为"转型",并必然伴随着成本。总体来看,随着科学技术的进步,

---

① ［美］道格拉斯·C.诺思:《制度、制度变迁与经济绩效》,杭行译,韦森译审,格致出版社、上海三联书店、上海人民出版社2014年版,第7页。

商品转型成本不断下降。

但商品转型成本的下降,并不意味着实现商品价值所决定的价格必然下降,因为在商品价值的实现过程中,除包含在商品本身中的转型成本外,还包括交易费用,即衡量成本和实施成本。"衡量交换物之价值的成本、保护权利的成本,以及监管与实施契约的成本。这些衡量与实施成本是社会、政治与经济制度的来源。"①

(2)衡量成本。根据诺思的理论,衡量成本一方面包括商品、服务或代理人所表现出的多种属性。不同的商品、服务,乃至同一代理人在不同的时间与空间上,其属性都不完全相同,而要获得这些商品、服务或代理人的信息必然需要付出成本,产生交易费用。另一方面衡量成本还包括交易中的信息不对称,以及参与者的个人潜在行为的不确定性。对于交易双方,为获取自身利益,作为卖方会尽量展现商品或服务的优越之处,而有意压抑甚至隐瞒其不利之处;而作为买方为了获得更全面的信息,就需要与相关商品、服务进行比较、衡量,从而产生衡量成本。

(3)实施成本。实施包括交易双方的自我实施,以及交易双方之外的第三方实施。自我实施需要一定条件,从利益角度来说就是遵守契约对交易双方都更为有利,或者只要有一方不遵守契约,其损失将远远大于收益。如在一个人际关系化交换环境中,熟人社会、频繁交往下,遵守契约将有利于交易。相反,在一个非人际关系化交换的环境中,当交易只是"一锤子买卖"时,很有可能会出现损害他人利益而不能得到惩罚的状况,亦即违约者可能会得到更大的利益。这就不利于自我实施的进行,需要第三方实施的支持。从诸多第三方实施的主体看,国家是"一种监督产权并有效实施契约的强制力量"。②

---

① [美]道格拉斯·C.诺思:《制度、制度变迁与经济绩效》,杭行译,格致出版社 2014 年版,第 32 页。

② [美]道格拉斯·C.诺思:《制度、制度变迁与经济绩效》,杭行译,格致出版社 2014 年版,第 71 页。

（三）农村社会养老保险制度变迁的成本

农村社会养老保险制度作为一项正式制度，必然要遵循正式规则的基本约束。正式规则包括政治规则、经济规则和契约。"政治规则界定了政治的科层结构，包括其基本的决策结构、日常程序控制的外部特征。经济规则界定产权，其中包括财产的使用，从财产中获取收入，以及让渡一种资产或资源的一系列权利。契约则包含了专属于交换的某个特定合约的条款。"①其功能在于促进某些特定类型的交换，而非所有的交换。在关系上，政治规则处于较为优势的地位，即政治规则决定经济规则。或者说，产权结构要与政治结构相一致。

1. 制度衡量成本

衡量成本的重要组成部分为交易中的信息不对称。《县级农村社会养老保险基本方案（试行）》信息的不对称表现为制度的制定者与接受者双方之间信息的互不对称。制度的制定者是民政部，不是农民本身，他们对什么样的制度更符合农民的需求、满足农民保障需要，本身就存在信息的不对称。

而作为制度接受者的农民，对政策制定者的目的，所实施政策的效度等也存在一定疑虑，这也是一种信息的不对称。再者，农民自身就需求的发展程度，人们生活水平能达到的高度，以及为达到这一高度所应支付的成本，未必完全清楚。更何况由于农民所处的区域、年龄不同，收入条件差异等多重因素制约，农民也难以对政策所能实现的目的作出准确判断。这样，制度本身的科学性就是一个问题，这也直接影响参保率。如果没有政府的推动，仅靠农民的自愿，到 1998 年年底，农村社会养老保险参与者很难说达到 8000 多万人。

2. 制度实施成本

农村社会养老保险的交易成本，更多地体现在实施上。一项制度的实施

---

① ［美］道格拉斯·C.诺思：《制度、制度变迁与经济绩效》，杭行译，韦森译审，格致出版社、上海三联书店、上海人民出版社 2014 年版，第 56 页。

涉及诸多行为主体。由于农村社会养老保险制度是一项由政府出台的正式规则,它包括政治规则、经济规则和契约。

(1)政治规则——由政府出台的制度,又是自上而下加以推进的,所以必然伴随着由中央、省、市、县、乡镇五级科层结构。在这种科层结构中,其成本主要表现为信息传递的衰减,使最初的信息由清晰、明确、规范,逐步过渡到模糊、弹性、失范,这不免会使制度失真,构成机会成本。

(2)经济规则——旨在界定产权,是财产所有权、占有权、使用权、收益权、处置权等一系列权利的集合。具体到某项制度,它对财产的归属、使用、收益、处置等的界定就是经济规则的具体表现。如《县级农村社会养老保险基本方案(试行)》对养老保险基金的征缴、保值增值,养老金的发放、监管、缺口弥补等环节的规定,就是经济规则的具体表现。经济规则与政治规则都是为交换而设计出来的,其经济效率取决于竞争性程度。一般而言,政治的民主化和经济的市场化有利于政治效率和经济效率,而有时在经济领域也存在低效率甚至无效率的状况。从政府的角度看,原因在于"监督、衡量及征税的成本可能导致这样的结果:相对低效率的产权反而比那些更有效率的产权能带来更多的税收收入"。①

(3)契约履行——反映了内置于产权结构中的"激励—非激励"结构。与政治规则、经济规则相比,契约更具体、细致,规定了交换各方用何种方法、在多大程度上、在何种范围内实现相关产权。这一过程中伴随大量的人员成本、技术成本、协调成本,使规则的交易费用不断增大。

农村社会养老保险实施的双方,一是国家的委托机构——地方政府;二是农民。制度实施中,农民处于分散状态,单个农民难以与政府形成平等的制衡,因此政府可推行该制度。事实正是如此,20世纪90年代,农村社会养老保险制度就是靠政府推进的,即便部分农民并不愿参加,但考虑到高昂的衡量

---

① [美]道格拉斯·C.诺思:《制度、制度变迁与经济绩效》,杭行译,韦森译审,格致出版社、上海三联书店、上海人民出版社2014年版,第62页。

成本,以及违约(即不参保)可能给本人及家庭、社区及组织带来不必要的声誉损失,有的可能也极不情愿地缴费参保。由于农民的参保缴费是一种储蓄积累,所以对于农保基金的保值增值,在投资制度不完善、有效的投资工具不普遍的环境下,其最安全、稳妥的手段就是"存银行""买国债"。在监督不力、信息不对称的状况下,资金被挪用,甚至被贪污,造成资金流失也并非危言耸听。为了保障投保农民的利益,更高层级的政府,尤其是中央政府扮演了第三方的角色,对地方政府的违规行为进行监督,督促其纠正,1999—2002年四年的"调整整顿"中一系列措施的出台正是其体现。

二、农村社会养老保险制度变迁的特点

正如前述,我国农村社会养老保险经历了新中国成立之初农民个体所有制基础上的养老保障。计划经济体制下的农村社会养老保障、改革开放后农村社会养老保险的发展等三个发展阶段。在这三个阶段中,如果按照社会保险的根本特征——强制性,要求有法律或政策的规定,并强制实施;社会性,国家或社会应成为责任主体;福利性,通过国民收入再分配实现收益大于支出;公平性,为所有社会成员基本生活权利提供安全保障来判断,它们都不是严格意义上的社会保险。但这些制度不同程度地为化解农民的养老风险提供了一定保障,因此它们都具有社会保险的成分。总体来看,其制度变迁具有以下特点:

(一)自上而下,国家主导

在制度变迁的前两个阶段,对于农民的保障,在制度上大多以外延更为宽泛的范畴——社会保障予以概括,其主要内容为农村赈灾、社会救济、医疗救助、鳏寡孤独残疾人的照顾、农村优抚等项目。保障范围既包含生产领域,也涵盖生活领域。这些保障覆盖的对象并非全体村民,而是针对现实中的部分,甚至个别群体。但无论如何,制度的实施为农民的养老起到了一定保障,尤其是对农村的困难群体——"五保户",在大多数时期起到了较好的保障作用,

避免了他们陷入赤贫状态。这些行为或制度中,有的看似是"自发"的,如农村生产互助组、初级农业合作社,都是建立在完全自愿、平等互惠、进退自由的环境之中的,但实际上,这些行为或制度的产生却是源于当时新民主主义和社会主义的内在要求,是政治制度使然,而政治制度是一个国家的根本制度,因此连这种看似"自发"的行为或制度都具有非常明显的"国家主导"的印记,更不用说此后的其他一系列实践或制度了。

此后的高级农业生产合作社阶段、公共食堂人民公社体制时期、"三级所有、队为基础"人民公社体制时期,分别以第一届全国人大三次会议通过的《高级农业生产合作社示范章程》、中共中央发出的《关于改变农村人民公社基本核算单位问题的指示》为指导,进行相关制度的实施。

为了推进农村社会养老保险,党的十一届三中全会通过了《农村人民公社工作条例(试行草案)》,民政部印发了《关于探索建立农村基层社会保障制度的报告》《县级农村社会养老保险基本方案(试行)》《关于加强农村社会养老保险基金风险管理的通知》《县级农村社会养老保险管理规程(试行)》。1999 年《国务院批转整顿保险业工作小组保险业整顿与改革方案的通知》,劳动和社会保障部 1999 年 12 月、2002 年 10 月分别向国务院上报的《关于整顿规范农村社会养老保险有关问题的请示》《整顿和规范农村社会养老保险工作方案》《关于整顿规范农村养老保险进展的报告》等都体现了制度由上而下的鲜明特点。

2009 年后,规范城乡居民基本养老保险的《国务院关于开展新型农村社会养老保险试点的指导意见》《国务院关于开展城镇居民社会养老保险试点的指导意见》《国务院关于建立统一的城乡居民基本养老保险制度的意见》等,突出了国家的主导性。

(二)先易后难,循序渐进

一项制度能否顺利实施取决于多种条件,如果从供求的角度分析,主要取决于需求与供给的匹配程度,一方所供正是另一方所求,则供求匹配;反之,一方虽有需求,但无供给,或者虽有供给但无需求,则会导致供求矛盾,或供求失衡。

就农民对养老保险的需求而言,本身就是新事物,因为千百年来,农民主要依靠家庭养老,再扩展至邻里互助,养老资源的获取大多局限于村庄范围,如果有一些超出该范围的社会救助,则主要是针对贫困家庭的,而不是具体养老的。因此,作为一种新事物,在宣传不深入、理解不透彻的情况下,农民心理上的需求或接受自然需要一个过程。当然,从现实来看,鉴于家庭结构小型化,子女越来越远离村庄,农民对养老资源的需求,无论在经济支持、生活照顾,还是精神慰藉方面都有着现实的需求。这样就存在养老现实需求与养老制度接纳需求的偏离,二者偏离的弥合需要对制度本身进行深入剖析,并融化于心。

再从制度供给来看,由于制度供给是由政府主导的,农民基本没有参与,这就导致制度有时偏离农民的真正需求或承受能力。从前述制度方案来看,人民公社体制解体前的方案侧重于解决家庭的贫困,而不是养老,因此对老年人的养老是间接的。自20世纪80年代后真正开始探索农村社会养老保险时起,大多遵循了经济发达地区先行的原则,其内在机理就在于制度的实施成本,因为作为政府推动的养老保险,一般包括个人、集体、政府三方筹资,经济越发达的地区,三方的资源占有相对较为充分,个人收入富裕、集体资源充裕、政府税收充实。尤其是后两者的支持力度直接影响农村社会养老保险的落实程度。这也是为什么无论在20世纪80年代初制度试点,还是2002年以后制度创新试点时都突出了"有条件的地方"的原因。即便2009年后全国性新农保的推行,各省份在选择试点县(市、区、旗)时,经济条件是首先考虑的,因此经济发达的县(市、区、旗)成为最早的试点区域。

(三)从无到有,政府担当

在具体的农村社会养老保险制度中,政府财政责任的履行情况直接影响着制度的实施,这也是制度经济学家诺思所强调的制度实施成本。在实践中,政府财政责任的履行情况直接影响着制度的实施及其效果。总体来看,2002年以前的农保政策,政府财政责任体现得并不充分。1987年民政部印发的《关于探索建立农村基层社会保障制度的报告》只做了原则性规定,各地依此制定实施细则,政府责任并不明确。1992年《县级农村社会养老保险基本方案(试行)》规定"个人缴费为主,集体补助为辅,国家予以政策扶持",扶持的具体办法是对企业税前列支。这就意味着,如果集体不予补助,国家的税收优惠也就没有了根据,国家扶持就成了一句空话。总之,此时政府财政责任体现并不充分;不仅如此,社会保险的管理费用也从缴费中扣除。政府财政责任缺失的后果是农村社会养老保险推行艰难,虽然到1998年参保人员达到了8000万人,但总体养老金收入并不高,农民缴费档次的选择也较低,保障能力有限。

2002年以后,随着有条件的地方、有条件的人群试行地方新型农村社会养老保险,政府的财政责任才较为充分地体现出来,也正因如此,新农保制度才得以逐步试点并推广。从表3-2列举的五种模式中,政府财政责任都得到了不同程度的体现:有的将财政补贴完全纳入个人账户(模式1),有的由财政兜底(模式2),有的将政府财政责任进行了分级,明确镇、区、县政府财政责任,并分别纳入个人账户和基础养老金账户(模式5),更多的是将政府补贴纳入基础养老金(模式3、模式4、模式5)。

2009年后开展的全国性新农保、2011年的城镇居民养老保险,以及2014年的居民基本养老保险制度,都对养老保险个人账户和基础养老金中政府的财政责任、对居民个人缴费的激励及补贴、对重度残疾人的补贴都做了明确规定,并对不同级政府的财政补贴数量做了明确要求。

(四)由少到多,普惠民众

按照农保制度规定,符合领取养老金条件的居民达到退休年龄后的养老金待遇数量由"基础养老金"和"个人账户养老金"构成,前者在不低于全国统一规定的数额之上,各地可根据实际进行增加,以使居民享受社会发展成果;后者则是以个人账户累计总额的 1/139,按月发放。中央政府对东部地区基础养老金承担 50%,其余部分由地方政府承担,对于中西部地区中央政府承担全部财政责任。人均基础养老金的数量,从全国来看,2009 年规定为每月55 元,后来逐步上涨,根据人力资源社会保障部,财政部《关于建立城乡居民基本养老保险待遇确定和基础养老金正常调整机制的指导意见》精神,自2018 年 1 月 1 日起,全国城乡居民基本养老保险基础养老金最低标准提高至每人每月 88 元,较上年增加了 18 元。当然各省份之间差异较大,如上海市自2018 年 1 月起,城乡居民基础养老金标准较 2017 年每人每月增加 80 元,由过去的 850 元上涨到 930 元;河北省为每人每月 108 元,青海省为每人每月175 元。

由基础养老金数额变化轨迹可见,中央财政的人均负担能力并没有变化,其承担基数依然是人均每月 55 元,而其人均增量部分皆由地方政府承担,凸显了中央、地方两级政府财政责任的分担机制。在基础养老金的数量上,也体现了待遇刚性。

(五)由虚到实,夯实基础

居民的养老金待遇除"基础养老金"外,还有来自"个人账户养老金"的部分,其数量的多少取决于居民所选择的缴费档次、积累年限以及保值增值方式。与职工基本养老保险的个人账户实际"空账"相比,居民养老保险的个人账户是"实"的。这样就形成了职工基本养老保险个人账户和居民基本养老保险个人账户的"虚""实"之别。

另一层面的虚、实问题体现在居民参保率上。按规定,16 岁以上符合参保条件者均可参保,且实现"应保尽保",必要的强制必然会提高参保率,尤其是部分 45 岁以下的适龄参保者,他们存在怀疑、观望、从众等心理,如果"强制",他们可能参保;如果"自愿",他们则可能待到一定年龄再参保。对此,首先要弄清楚居民养老保险的性质,如果它是真正意义上的社会保险,显然应具一定的强制性;相反,则应是尊重民意,实行自愿。目前,居民养老保险并非真正的保险,而是一种普惠制养老金,居民缴纳的养老金全部储存在个人账户内,并不具有直接社会性和互济性;基础养老金全部源于财政,并非源于社会统筹。既然农保制度并非真正的社会保险,所以也就不具备强制性的条件,因此回归居民"自愿"参保也就顺理成章了。不过,为了更好地防范居民未来风险,进行细致的宣传引导,以使居民形成缴费自觉则极为重要。

三、农村社会养老保险制度变迁的路径依赖

所谓路径依赖,是指在制度变迁中存在制度的报酬递增和自我强化的机制。该机制使制度变迁一旦走上某一路径,其既定方向会在以后的发展中得到自我强化。这种机制意味着历史的重要性,人们过去的选择决定了其现在的选择。沿着既定路径,经济和政治制度的变迁可能进入良好循环,也可能沿着原来的错误路径往下滑,甚至被锁定在低效的状态,陷入恶性循环而不能自拔。同时,路径依赖还常常将制度创新牵引到旧的道路上来,使新制度中掺杂大量旧的因素,甚至成为旧制度的变种。① 纵观我国农村社会养老保险制度的变迁,路径依赖也很明显。

(一)城乡二元

新中国成立以来,我国许多社会政策的基本逻辑就是城乡二元,即对不同身份群体实施不同的社会政策。以社会保障为例,在城市,社会保障制度经历了从国家—单位保障制到国家—社会保障制的全面而深刻的制

---

① [美]道格拉斯·C.诺思:《制度、制度变迁与经济绩效》,杭行译、韦森译审,格致出版社、上海三联书店、上海人民出版社 2014 年版,第 111—112 页。

度变革①;而农村实行政社合一的人民公社制度。这些政策在城乡封闭、人员流动受限的计划经济体制下有其合理性。但在市场经济条件下,尤其是统筹城乡经济社会发展条件下,城乡二元的思路,很可能导致城乡割裂。

当前,居民基本养老保险和职工基本养老保险,无论是在资金来源、养老金待遇构成上,还是在管理上,都是城乡二元的。职工基本养老保险的资金主要源于单位和个人,单位缴纳部分进入社会统筹,个人缴纳部分进入个人账户。在养老金待遇给付上,社会统筹部分实行现收现付制,个人账户部分实行积累制。居民养老保险在资金筹集上实行"个人缴纳、集体补助、政府补贴",体现了资金来源的"社会性";但在养老金待遇给付上,基础养老金完全源于政府,并非源于社会统筹。

在养老金待遇上,城乡二元体现得更为明显。据2015年人力资源和社会保障部的统计,城镇统筹范围内退休人员月均领取养老金2304元,城乡居民月均仅为119.18元,前者是后者的19.33倍。虽然职工、居民的养老金每年都有所提高,如职工基本养老金按每年5%的幅度上涨,以2015年为基数,2019年则上涨到2015年的1.22倍;居民基本养老金2018年为人均194.26元,是2015年的1.63倍。与前者相比,后者只是小幅上涨,在绝对量上,二者之间差距依然较大(见表3-3)。

表3-3 退休人员待遇对比　　　　　　　　　(单位:元/月)

年份	退休人员:加权平均	退休人员:企业	退休人员:机关	退休人员:事业	城乡居民	差距比例
2015	2304.00	2240.00	3193.00	3210.00	119.18	19.33:1
2016	2419.20	2352.00	3352.65	3370.50	117.36	20.61:1

---

① 郑功成:《从国家—单位保障制走向国家—社会保障制——30年来中国社会保障改革与制度变迁》,《社会保障研究》2008年第2期。

年份	退休人员:加权平均	退休人员:企业	退休人员:机关	退休人员:事业	城乡居民	差距比例
2017	2540.16	2469.60	3520.30	3539.03	126.73	20.04:1
2018	2667.17	2593.08	3696.32	3716.00	152.23	17.52:1
2019	2800.53	2722.73	3881.14	3901.80	194.26	14.42:1

资料来源:《人力资源和社会保障部2015》;2016—2019年城镇退休人员的待遇是按每年5%进行的测算,城乡居民收入源于万得数据库,并经测算。差距比例=退休人员待遇/城乡居民待遇计算而得。

导致城乡二元逻辑的原因是多元的,城乡分割的社会政策是其外在表现,现代工业和传统农业的不同性质是其社会根源,国家财力状况是其经济根源,城乡居民权力的差异是其政治根源,而西方国家社会保障制度从城市到乡村的拓展轨迹也为其提供了"经验"参照与依据。[①]

(二)渐进改革

纵观农村社会养老保险制度进程可以发现,农保制度就是在试点基础上不断修改、调整,再试点再推开,遵循着渐进式改革的逻辑。20世纪80年代养老保险的局部试点,为民政部1992年《县级农村社会养老保险基本方案(试行)》的出台奠定了基础。以上述基本方案为基础进行的全面试点、逐步推广,再到1999年起历经的四年清理整顿,既是对政策的校正,更是对实践中出现的问题的回应和逐步修正的过程。2002—2009年实施的地方性新农保,按照符合条件的地方和符合条件的人群进行的又一次新探索,既是对农村社会养老保险深入认识的过程,也是政府责任回归的过程。2009年起全国性新农保由试点到全覆盖,2011年起城镇居民养老保险由试点到全覆盖,再到2014年起的全国城乡居民基本养老保险的全面推开,遵循的都是渐进式的逻辑。

---

① 公维才:《我国社会保障制度城乡二元结构形成及固化原因分析》,《甘肃理论学刊》2008年第3期。

（三）家庭为基

家庭保障作为一种非制度化保障，自人类产生起就成为一种重要的养老保障模式，在农业社会中几乎无可替代。在我国的养老保障发展史上，家庭的保障作用极为突出。为了使家庭保障落到实处，维护社会稳定，我国十分重视"孝文化"的传承与发展。这种文化突出强调子女在家庭中对待长者的作用，形成国家制度或法律。改革开放后，我国颁布了《中华人民共和国老年人权益保障法》，凸显了家庭赡养老人的法律责任。在养老保障上"以家庭保障为主，坚持政府引导与农民自愿原则，发展多种形式的养老保险"也被写入我国的规划之中。由此可见，政府希望通过孝文化的加强、政策法律的约束，以达到既维护农村家庭稳定，又同时发展社会保障的目的。尽管如此，家庭保障毕竟是非制度化保障，其约束性、规范性相对较弱，也不能完全代替政府的责任。因此重视家庭的保障功能是必要的。

农民参加社会养老保险对于子女的经济供养虽有一定"挤出效应"，子女的经济供养水平可能会下降，但不能完全替代子女的作用，因为养老保险重在经济支持，但老人的需求却是经济支持、生活照顾和精神慰藉的统一，因此重构乡村秩序是构建农村养老保障体系中的重要内容。

（四）集体为辅

无论是1992年的《县级农村社会养老保险基本方案（试行）》，还是2009年的《国务院关于开展农村社会养老保险试点的指导意见》，"集体"都扮演着缴费主体的角色。特别是20世纪80年代，乡镇企业"异军突起"，成为农民"进厂不进城""离土不离乡"的重要载体，也是农民增收的重要渠道之一。但由于"村村点火""户户冒烟"的乡镇企业发展的粗放性，以及由此带来的低附加值，很难成为农村社会养老保险的资金来源；加之《县级农村社会养老保险基本方案（试行）》并没有对企业的缴费进行强制性规定，所以对绝大多数参保者而言,"集体补助为辅"难以落实,"国家予以政策扶持"也就失去了基础。

即便在 2009 年《国务院关于开展农村社会养老保险试点的指导意见》中,"集体"虽仍为缴费主体之一,但由于乡镇企业的改制或集体经济的衰落,这就意味着"集体补助"在大多数农村难以落实。

（五）土地依赖

千百年来,土地是我国农民养老保障的重要资源。在传统农业社会,工商业并不发达,农民收入主要源于土地,因此土地在历史上的确起到了重要的保障作用。当然,土地仅是保障的前提,形成现实的保障仍需要劳动力加于其上。这就意味着仅有土地是不够的。所以在中国历史上一般将"家庭"作为养老的重要载体,而非将土地作为保障主体。

时至今日,随着工业化的不断推进,农业在三大产业中所占的比重越来越低,以 2020 年为例,第一产业增加值占国内生产总值比重为 7.7%,第二产业增加值比重为 37.8%,第三产业增加值比重为 54.5%。单靠土地的收入进行保障也变得越来越难,农民的收入也逐步多元化,非农收入在农民的总收入中所占的比重也逐渐增大。这说明,总体上,农民的收入结构已由传统社会的农业为主,转为非农业为主,仅靠土地已难以保障农民的基本生活需求,土地已不是农民收入的主要来源。

正是由于土地收入下降,加之生产要素成本高、相关制度不健全等因素,所以耕地抛荒现象在某些地区司空见惯,这就更导致来自土地的收入下降,致使土地的基本生活保障功能弱化、养老保障功能弱化、就业保障功能弱化。"土地对于农民来说,只是一个附带风险的初级保障,因此依靠土地养老是靠不住的。"[1]

---

[1] 刘翠霄:《天大的事——中国农民社会保障制度研究》,法律出版社 2006 年版,第 100 页。

当然,对农民而言,土地依然是社会的"稳定器",具有不可替代的重要作用。从人类社会的发展看,土地不仅仅是生产要素,而是代表了人类生态、文化状态以及社会间互相依赖的关系,拥有对土地的相对自主权,人们依然能够生活,即便其生活可能并不富裕。

第三节　农村社会养老保险制度绩效

通常意义上的绩效指政府绩效,是指政府在社会经济管理活动中的结果、效益及其管理工作效率、效能,是政府在行使其功能、实现其意志过程中体现出的管理能力,它包含了政治绩效、经济绩效、文化绩效等内容。对农保制度绩效的分析也由此展开。

一、政治绩效

(一)农保制度的确立是我国宪法精神的体现

社会保障制度本身具有政治属性[1],是一个"具有政治属性的非理性的制度安排""本质是权力资源对国民收入进行再分配的一种制度安排"。具体表现为"是建立在不同的社会价值的判断基础之上的利益协调机制""是以政治权力为依托的资源配置和利益群体的利益协调的制度安排",也是"利益群体的利益博弈的结果"。社会保障之所以需要政府或国家的政治介入,是因为仅靠国民收入的初次分配,会导致贫富分化,造成社会的不公平。而政府权力的介入则可以弥补市场的不足,实现资源的再配置,有利于社会公平的实现。

社会保障制度的政治属性具有重要价值,它有助于实现社会发展成果的全民共享,有助于社会保障制度的良性发展,也有助于政府社会保障理念的转变,它既是国家政治稳定的需要,也是实现公民生存权的基本需要。

---

[1]　曹信邦:《社会保障制度的政治属性》,《学海》2014 年第 2 期。

正是基于这一政治属性，《中华人民共和国宪法》第四十五条规定："中华人民共和国公民在年老、疾病或者丧失劳动能力的情况下，有从国家和社会获得物质帮助的权利。国家发展为公民享受这些权利所需要的社会保险、社会救济和医疗卫生事业。""年老"几乎是每个人必经的阶段，在这一阶段，随着肌体力量的下降、记忆力的衰退、人的自我保障能力弱化，既需要家庭、社会或国家提供资金支持，更需要人们对老年人的生活照顾和精神慰藉。农村社会养老保险正是基于此制定并实施的，该制度从无到有，既是我国宪法精神和农民政治权力的体现，也是时代背景下经济条件、人口条件、政治条件、制度供给条件的体现。单就政治条件而言，该制度的建立需要健全的农民利益表达机制、强大的农村居民组织，以及公正的政策决策程序。

当然，由于年龄的差异，对养老保险的认识还存在很大差别，这可以从农民对养老责任主体的认识上得以证明。据调查，"在个人、子代、政府哪个最应该为养老负主要责任"的回答上，不同年龄段群体存在不同回答，60岁以上年龄组认为应由"子代"和"个人"承担的分别占53.1%、19.8%，认为应由"政府"承担的仅占27.1%。换言之，60岁以上老人中有超过七成的人认为养老是家庭和个人的事情，而只有不到三成的人把它当作是政府的事情，或者是公民应享有的基本权利。而在60岁以下的成年人中，把养老看作是个人和子代应该承担的责任的比例降至65%，而超过35%的人认为是政府的事情。[①] 由此看来，随着年龄的下降，人们的权利意识逐步增强。这从侧面反映了人们法制意识的增强，也是公民政治权力意识的体现。

（二）农保制度的确立唤醒了农民的权利意识

现代社会中，每个个体都拥有自己的权利。这一权利并非源于"神的永恒力量"，也并非一种"自然权利"，而是社会发展到一定程度，通过法律赋予

---

① 朱海龙、欧阳盼：《中国人养老观念的转变与思考》，《湖南师范大学社会科学学报》2015年第1期。

的结果。这就意味着,权利的实现需要一个过程,而这一过程既是个体的认识过程,也是国家对个体权利认可,即通过法律认定的过程。"只有在人们拥有共同的法律,有力量保卫他们居住和耕种的土地,保护他们自己,排除一切暴力,而且按照全体的共同意志生活下去的情况下,才谈得到人类固有的自然权利。"①由此可见,人们的"自然权利"是有条件的,需要遵守共同的法律,在共同的法律下,"凡是根据政治权利享有国家的一切好处的人们均称为公民;凡是有服从国家各项规章和法律的义务的人们均称为国民"②。在这里,"公民"与"国民"是两个不完全相同的范畴:"公民"更多强调的是"权利""好处",而"国民"凸显的是法律所规定的人的"义务"。因此,"国家的意志被当作全体公民的意志,而国家确定为公正与善良的东西,应当被视为犹如每个公民都是这样确定的一样。所以,即使国民认为国家的法令是不公正的,他也有加以贯彻执行的义务"。③ 所以,"人们不是生而为公民,却是被造就为公民"。④ "正如国民的邪恶、胡作非为及顽梗不化应该归咎于国家的缺陷,反之,国民的美德及守法之风主要也应该归功于国家的德政和完备的权利。"⑤ "凡是一个人处于他人的力量之下的时候,他就是处于他人的权利之下;反之,只要他能够排除一切暴力,对于遭到的损害能够自主地给予报复,而且,一般地说,还能够按照自己的本性生活,那么,他就是处于自己的权利之下。"⑥当然,这并不意味着"人们有权利去做的一切事都是做得最好的",而是需要"理性"的指导。国家也是如此,国家的最佳状态目的是为了维护生活的和平与安全,因此,凡是生活和睦、治安良好的国家就是最好的国家。这种权利在现代社会中并不意味着可以为所欲为,而是要求人们遵守共同的法律。

---

① ［荷兰］斯宾诺莎:《政治论》,商务印书馆1999年版,第18页。
② ［荷兰］斯宾诺莎:《政治论》,商务印书馆1999年版,第24页。
③ ［荷兰］斯宾诺莎:《政治论》,商务印书馆1999年版,第26页。
④ ［荷兰］斯宾诺莎:《政治论》,商务印书馆1999年版,第42页。
⑤ ［荷兰］斯宾诺莎:《政治论》,商务印书馆1999年版,第42页。
⑥ ［荷兰］斯宾诺莎:《政治论》,商务印书馆1999年版,第15页。

农村社会养老保险制度作为政府"回应"民众需求的具有一定约束力的政策规定,是为了保障占总人口比重一半以上的群体的利益,因而具有积极意义。这种制度必须通过法律的形式加以明确,这也是"人类固有的自然权利"。既然是"固有"的,那就意味着是农民群体应得的。这有利于唤醒民众的权利意识,增强对权利的认同感;当然这里的权利是多元的,不仅是养老保险权利,也包括扩展的社会保障权利,以及社会保障之外的权利。

全国性新农保已实施 10 余年,人们的意识也逐步由过去的政府慈善、赐予式的社会救助、社会福利向农民的权利转变,这种转变既反映了人们法治意识的提高,也是政府执政理念的转变。

(三)农保制度的创新是政府政治责任的体现

对于政府责任,因学科不同而有不同的理解与界定。在公共行政学领域,政府责任就是行政责任,其基本范畴包括课责、道德义务和因果关系;进而可具体化为政治责任、专业责任和个人责任。在公共伦理学领域,行政责任分为主观责任和客观责任,前者是指忠诚、良心及认同,后者是指负责任和义务。而在公共管理学领域,学者斯塔林(Starling)的观点更具现实性,在其体系中,"责任"是一个总体性范畴,可具体化为回应、弹性、胜任能力、正当法律程序、负责、廉洁等。"回应"体现的是政府对现实的反应能力,也可以理解为是一种反应机制构建,它不仅包括对民众先前需求的表达,而且还包括洞察先机、体察未来。"弹性"体现的是政府政策与情境的适应性,因为政府面对的公众,因人们的需求、动机、偏好而不同,因此在许多情况下,政府就不可能用一把尺子去衡量一切,也就要求政策的灵活性。"胜任能力"体现的是政府的执政水平,它要求政府行为应有效率、有效能。"正当法律程序"体现的是政府依法而治精神,反映政府行为的合法性与否。"负责"体现的是政府行为的担当性,当行政人员或政府机关有违法行为或失职行为时,应有人承担责任。"廉洁"体现政府行为的公正性,既禁止政府利用职权谋求不正当利益,又要求政府行为接受外界监督。

在我国,对于政府责任有不同的界定。在最广意义上,政府责任是指政府能够回应民众需求,并采取积极措施,公正、有效地加以应对;在广义上,政府责任是指政府组织及其公职人员在法定范围内履职,以实现政府职能;在狭义上,政府责任是指政府组织及其公职人员因违反法律规定,违法行使主权而应承担的法律责任。简言之,政府责任就是政府的社会回应力、政府义务及法律责任,包括政治责任、道德责任、行政责任、政府的诉讼责任、政府的侵权赔偿责任五方面的内容。① 政府责任也可以理解为政府的行为活动对公民和社会应尽的职责,以及政府因未履行相应的职责而必须承担的法律后果。其基本含义有三:一是政府责任既包括政府应该做什么,也包括政府不应该做什么;二是对政府责任履行的判断,包括评价主体、评价标准、监督机制等;三是政府未能履职应承担的法律后果。②

据此,农村社会养老保险制度的确立,体现了公共管理基本精神,以及政府的责任。在"回应"层面,该制度从无到有,不仅是质的变化,而且也是政府"回应"民众需求的体现。随着我国人口老龄化程度的不断加深,家庭人口规模的小型化,以及核心家庭的不断增多,尤其是工业化水平的不断提升,依靠传统的非制度化的家庭养老已经不能完全满足老年人养老的需求,因此需要政府建立农村社会养老保险制度。虽然几经波折,且制度仍待完善,但毕竟建立了制度,体现了政府对民众需求的"回应"。

鉴于我国面临状况的复杂性,理论上应根据主体不同特点实施"差异化"的制度,如分别建立"种养农民、城市农民工、乡镇企业职工及失地农民"的养老保障制度。③ 但从实际履行效率看,成员按照政府制定的统一缴费率进行

---

① 张成福:《责任政府论》,《中国人民大学学报》2000 年第 2 期。
② 曹信邦:《新型农村社会养老保险制度构建——基于政府责任的视角》,经济科学出版社 2012 年版,第 24—25 页。
③ 公维才:《中国农民养老保障论》,社会科学文献出版社 2007 年版,第 9—10 页。

缴费,按统一的退休年龄标准退休并领取养老金,这种在相同合约下的统一养老金计划称为"一刀切"式的制度;相应地,根据不同成员特点而实施的制度则是"差异化"的制度。根据实证研究,"一刀切"式的制度比"差异化"的制度更有效率。① 因此,农村社会养老保险制度应一体化,但这并不意味着不可作局部调整,意即制度应有"弹性"。如《国务院关于开展农村社会养老保险试点的指导意见》对农民缴费档次的选择、政府补贴的额度,以及基础养老金的支付等都体现了制度的"弹性",这也是政府责任的体现。

此外,"胜任能力"体现的是政府的执政能力与效率,如制度设计的科学性、实施程序的规范性、监督机制的完备性等。至于"正当法律程序""负责""廉洁"等与前述广义与狭义上的政府责任相一致,是对政府行为规范、政府行为担当、政府行为公正性的基本要求,也体现了政府的责任。

现代社会已不同于传统社会,现代农民与传统农民也有质的差异。即便是穷人,也有传统穷人与现代穷人的不同。"传统穷人解决基本生存可以自食其力,现代穷人则必须支付必要的生活成本"。煮饭、喝水、走路、信息采集,传统社会下可不用支付成本,或支付较小的成本,而现代社会中这些日常行为则必须用钱来解决,因此现代社会制度设计本质上就不允许穷人的存在。② 农村社会养老保险制度就理应起到这样的作用。

二、经济绩效

在经济上,体现农村社会养老制度绩效的指标主要有三:一是养老保险覆盖率,该指标反映的是养老保险制度的覆盖面,理论上应做到"应保尽保",覆盖率应为 100%。二是养老金替代率,该指标反映的是养老金额与达到退休年龄前工资额之比。由于农民收入的多元性,因此该指标可理解为养老金额与退休

---

① 姚东旻、李嘉晟:《"一刀切"还是"差异化"——养老金计划的最优合约设计》,《当代经济科学》2016 年第 3 期。

② 刘奇:《处理好脱贫攻坚十大关系》,《北京日报》2015 年 12 月 14 日。

前收入之比,按照国际标准,该指标可定为60%左右。三是养老保险基金结余率,该指标反映的是养老保险基金结余状况,即制度可持续发展的程度,理论上养老金至少有3个月的结余以应付养老支出的需要,所以其结余率可定为25%。①

(一)新农保基本实现全覆盖

以上述指标为标准,农村社会养老保险制度在实施过程中,参保率呈不断上升的趋势。按时间顺序,2009年我国新农保试点顺利启动,2010年全国列入国家新农保险试点地区的参保人数达10277万人,2011年全国列入国家新农保试点地区参保人数32643万人,增长了218%。2012年城镇居民养老保险开始试点,全国参加城乡居民社会养老保险人数48370万人,增加15187万人,参保人数增长了46.5%。经过2011年、2012年两年大幅度增长后,2013年起参加城乡居民基本养老保险的人数总量持续上涨,但增幅逐步回落,尤其是2014—2017年,连续4年增幅降至1%以下。2013年以来,居民基本养老保险参保人数及增幅情况见表3-4。

表3-4　2013—2019年居民基本养老保险参保人数及增幅

（单位:万人;%）

年份	本年参保人数	较上年增加人数	增长率
2013	49750	1381	2.85
2014	50107	357	0.72
2015	50472	365	0.73
2016	50847	375	0.74
2017	51255	408	0.80
2018	52392	1137	2.22
2019	53266	874	1.67
2020	54244	978	1.84

资料来源:国家统计局相关年份国民经济和社会发展统计公报。

---

① 曹信邦:《农村社会养老保险政府责任供给机制的构建》,《社会保障研究》2012年第4期。

(二)新农保替代率仍待提高

按国际标准,居民养老金替代率应定为60%左右。以2019年国家统计局数据为例,农村居民人均可支配收入16021元,中位数为14389元,20%低收入户人均可支配收入为4262.60元。假定60岁以上农村居民由于个人劳动能力下降,工资收入、务农收入等相对较低,为全国最低收入群体,则其60%的替代率应为2557.56元,但是2019年农民人均养老金收入为1826.76元,是该年度低收入组人均可支配收入的42.86%,尚未达到60%的替代率标准。由此可见,仅靠农保制度本身,难以保障农民最低生活,新农保替代率仍需提高。

(三)新农保养老基金结余不断增大

再看养老基金结余率,由于城乡居民基础养老金源于中央和地方财政收入,实行现收现付,所以基础养老金本身不存在结余问题,政府需要做的是按照每年统计的退休城乡居民人数,及其基础养老金标准纳入财政预算,做好基础养老金的收支即可。但由于居民养老保险待遇采取"基础养老金"+"个人账户养老金"模式,参保人要缴纳养老保险金,故存在个人账户积累,形成基金结余。自2012—2019年,滚存结余规模却呈不断上涨趋势。数据详见表3-5。

表3-5 2012—2019年城乡居民基本养老保险参保情况

(单位:万人;亿元)

年份	参保人数	基金收入	基金支出	累计结存	领取人数
2012	48369.54	1829.00	1150.00	2302.00	13075.00
2013	49750.07	2052.00	1348.00	3006.00	13768.00
2014	50107.00	2310.00	1571.00	3745.00	14313.00
2015	50472.00	2854.60	2116.70	4482.90	14800.30

续表

年份	参保人数	基金收入	基金支出	累计结存	领取人数
2016	50847.00	2933.29	2150.48	5265.71	15270.30
2017	51255.00	3034.20	2372.20	5927.71	15597.90
2018	52391.66	3837.70	2905.50	6859.91	15898.14
2019	53265.99	4107.03	3114.29	7766.17	16031.87

资料来源:国家统计局相关年份国民经济和社会发展统计公报,由万得数据库提供基础信息后整理而得。

三、文化绩效

文化具有广义与狭义之分,"广义文化指的是人和环境互动而产生的精神、物质成果的总和,它包括一切经过人的改造和理解而别具人文特色的物质对象。狭义文化则主要指生活方式、价值观、知识,以及对人类具有积极意义的技术成果"。① 按狭义理解,价值观是文化的重要组成部分。农村社会养老保险制度的建立有利于社会主义核心价值观的实现。

社会主义核心价值观是国家价值目标、社会价值取向、个人价值准则三个层面的统一。国家追求的价值目标是富强、民主、文明、和谐;社会追求的价值取向是自由、平等、公正、法治;个人追求的价值准则是爱国、敬业、诚信、友善。

(一)有利于和谐国家价值目标的实现

农村社会养老保险制度的实施在国家层面重在实现和谐的价值目标。"和谐"既是中国文明的精髓,也是中国文化的至高境界,更是中国哲学天人合一论的重要体现。它涉及三个层面的关系,即人际关系,人与人的关系;物际关系,物与物的关系;人物关系,人与物的关系。三者之中,人际关系是核心关系,它包含父(母)子(女)关系、君臣关系、夫妇关系、兄弟关系、朋友关系、他人关系等六重关系。

---

① 辜正坤:《中西文化比较导论》,北京大学出版社 2007 年版,第 156 页。

具体到国家价值目标，仅就人际关系和谐而言，主要是指不同群体之间的关系，或者是六重关系中的"他人关系"。不同群体之间的和谐是社会稳定、人民幸福的基础；以和谐作为国家价值目标，在制度论证、制定上就会平衡各群体的利益，为和谐社会的建立奠定基础；以和谐作为个人处事的原则，即便存在某些不和谐现象，也会因人们心存和谐理念而化解。

自我国全国性新农保制度实施以来，符合领取养老金条件的农民群体得到了政策规定的基础养老金，农民对制度较为满意。据调查，湖南省参保农民对新农保的满意率达 71%①；辽宁省超过 79%的农民对新农保持乐观态度。②超过 2/3，或者接近 80%的农民对制度持肯定态度，这就为制度的进一步推进奠定了基础，也为和谐人际关系的建立提供了基本前提。

（二）有利于公正社会价值取向的实现

在社会主义核心价值观中，自由、平等、公正、法治是社会价值取向。既然"平等""公正"都作为社会价值取向要素，这就说明二者之间并不完全相同。其区别表现有三："第一，平等存在'过度'的可能性，而公正则不存在'过度'的可能性，所以合理的平等才具有公正的性质"；"第二，相比较而言，公正所涉及的范围要更为宽泛一些，平等所涉及的范围则明显小得多"；"第三，相对来说，公正概念往往倾向于认同现实社会，而平等概念往往存在一种抵触现实社会的倾向"。公正包含了平等的精义，居于一以统之的位置；平等只有以公正为归属，依归于公正，方可起到应有的作用。③

公正就是给予每个人他（她）所应得。社会成员从社会的"应得"应有一个合理区间，即底限和上限。所得低于底限，不能维持最起码的生存；或者所

---

① 成志刚、曹平：《新型农村社会养老保险满意度研究》，《湘潭大学学报（哲学社会科学版）》2014 年第 9 期。

② 岳家声、徐沙沙、赵凤、赵伯瑞、胡欣然、彭艳斌：《新型农村社会养老保险政策满意度调研报告》，《沈阳农业大学学报（社会科学版）》2016 年第 7 期。

③ 吴忠民：《社会公正论》，山东人民出版社 2012 年版，第 123—125 页。

得高于上限,超出生活享受的程度,都应视为不公正。作为社会的一分子,之所以规定底限,是因为"人的本质是一切社会关系的总和",即人是社会的人,并非仅是个体的人,有了底限的规定,可以让人维持起码的尊严,让作为种属的个体能够有自尊地生存;之所以规定上限,是因为社会成员从社会所得应有一定的度,不能无限制,因为毕竟社会资源是有限的,某一群体所得过多,必然会影响其他社会群体所得,造成新的不公正。并且某一群体所得过多,必然造成一定的资源闲置或浪费,也不利于资源的优化配置。当然这里所说的"从社会所得",是指制度规定范围内的社会所得,并不排除某些个体或群体通过自身劳动、市场化因素按贡献分配所得。

农村社会养老保险制度的确立,既是国家对农民提供老年保障的重要体现,也是我国宪法精神的基本要求。宪法作为国家的根本大法,是社会公正的根本体现。农保制度的实施,也正是宪法公正精神的表征。目前,城乡居民基本养老保险与职工基本养老保险存在差别,这种差别既反映了制度与经济发展水平的适应性,也体现了不同群体之间的差异。居民与职工不同,前者在收入来源上存在多样性,如农民的收入来源可由家庭经营收入、外出劳务收入、转移性收入和财产性收入构成,城镇居民收入来源包括工薪收入、经营收入、转移性收入和财产性收入;而城镇职工的主要收入来源为工薪收入。相比较而言,城乡居民的收入并不稳定,随生产要素价格变化波动较大,而城镇职工收入较为稳定。两种不同的收入结构就决定了以社会平均工资为基础的职工养老保险制度并不完全适用于城乡居民。基于此,针对不同收入来源的群体实行不同的制度具有一定合理性。所以仅就实施差异性制度而言,城乡居民与企业职工采取不同的养老保险制度具有公正性。

（三）有利于友善个人价值准则的实现

爱国、敬业、诚信、友善是社会主义核心价值观中对公民个人的价值准则的基本要求,是对国家、对事业、对社会、对家庭乃至对待自然环境等不同层面的道德要求。农保制度的确立,更是"友善"个人价值准则的体现。

在传统社会中,"友善"在人际交往层面是处理"己—人"的关系,即五伦中的兄弟、朋友关系,而不包括君臣、父子、夫妇关系,因为在传统社会中后三者之间的关系是不平等的,而是一种隶属关系。但在现代社会中,五伦关系已趋平等化,尤其是在家庭中父子关系、夫妇关系在人格上是平等的,社会中也不再存在君臣关系,所以"友善"就成为处理人际关系的价值准则。

新型农村社会养老保险制度的建立,也是"友善"价值准则的体现,具有社会性特征。保险的参与者也许基于自身利益的最大化,为了自己年老之时能得到一定经济支持,但前提是应参与养老保险,缴纳一定的保险费。在规范的养老保险制度中,这种方式是承担责任在先、享受利益在后的制度模式。无论是"生命周期假说"所主张的养老体系应具有储蓄、再分配和保险三大功能,还是"世代交迭模型"所主张任何时候都有着不同代的人生活着,每一代人在其生命的不同周期都可以和不同代人进行交换,还是"预期效用假说"所主张的在风险情况下个体所做的选择是追求某一数量的期望值的最大化。这些理论都从效用层面为养老保险参与者的动机提供了理论支持。

第四章　农村社会养老保险
实施状况调查

新型农村社会养老保险从 2009 年开始在全国试点,至 2012 年实现全覆盖。本书结合山东省 LC 市各县(市、区)新农保开展实际,通过 YG 县的个案调查和 LC 市的整体分析,进一步了解农村社会养老保险运行实际。由于 2011 年后,LC 市城镇居民、农村居民社会养老保险一体化运行,所以个案调查主要针对制度实施初期的农村居民进行;整体分析使用 LC 市城乡居民社会养老保险事业处统一数据。①

第一节　农村居民参保缴费情况
——以山东省 YG 县为例

YG 县作为 LC 市下辖县,于 2011 年 9 月被批准为城镇居民、新型农村社会养老保险国家级试点县,并制定了统一的城乡居民社会养老保险政策。政策对缴费档次、政府补贴、特殊群体待遇等做了具体规定:一是在缴费档次上,将城乡居民社会养老保险个人缴费调整为 100—1000 元、1500 元、2000 元、

---

① 该部分个案调查使用 YG 县有关人员的调查,本章所调查县(市、区)全部用符号替代。

2500 元共 13 个档次。二是在政府补贴上,规定个人缴费 100—500 元的,政府补贴 30 元;个人缴费 600 元以上的,政府补贴 35 元。三是对特殊群体的待遇上,为照顾重度残疾人的基本生活,将一、二级重度残疾人领取养老金的年龄调整为 55 周岁;为鼓励计划生育,对农村独生子女户或双女户,夫妇年满 60 周岁后,除享受每月 55 元的基础养老金外,每月再加发 5 元的养老金;对新中国成立前老党员和百岁以上老人予以政策倾斜,每人每月可享受 60 元的养老金待遇。

一、农民大多选择最低档缴费

2011 年 YG 县城乡居民社会养老保险适龄人员参保 33 万人,共收缴养老保险费 5021 万元,人均缴费 152 元。截至 2012 年 6 月,适龄参保人员共计 33.2 万人,征缴保险费 9708 万元;符合领取条件的 10.8 万人领取了养老金,共计发放养老金 7696 万元。①

对比两年保险费缴纳情况发现,2012 年参保人数增加了,但保险费缴纳额却有所下降。其原因有二:一是 2011 年城乡居民社会养老保险首次开展,选择一次性补缴的大龄参保人员较多;二是较之 2011 年,2012 年选择最低缴费档次——100 元档次的人员有所增加:缴费人口由 310764 人增加到 314821 人,比例也由 94% 上升到 95%。横向比较,LC 市其他县(市、区),甚至全国范围内这种现象也较为普遍。

那么,城乡居民是怎样看待养老保险政策的? 为什么大多数人选择最低的 100 元档次缴费? 这项政策还存在什么问题? 对此,相关人员深入农村,进行了深度调研。共调查 7 个乡(镇、办事处),19 个村,走访群众 46 户、62 人次。访谈发现,虽然不同农民对农村社会养老保险的认识存在一定差异,各有不同理解,但在实施时却具高度一致性。在此择要梳理,共涉及 5 个村、11 位

---

① 王勇、闫光:《剖析"100 元"参保现象的农民心理》,《中国农民保障报》2012 年 11 月 6 日。

被调查对象。

二、调查基本情况

（一）时间：2012 年 7 月 20 日下午 4 时 10 分　　地点：BJQ 办事处 QJH 村

该村基本情况：全村 1300 余人，符合参保条件的 691 人全部缴费，其中缴纳 100 元的 660 人，占缴费人数的 95%；缴纳 200—600 元的 20 人，1000 元的 1 人，1500 元的 1 人，2000 元的 1 人，2500 元的 9 人。该村有少量集体经济，村民在此工作的较多；出国建砖窑的有一二百人，每年外出务工的达 500 人。人均年收入 12000—13000 元，全村经济条件较好。

▲被调查人：朱 MY，男，57 周岁，QJH 村党支部书记，担任该职务已 27 年，对该村缴费情况较了解。其本人 2011 年、2012 年分别缴费 100 元。

调查情况：家里三个孩子大学毕业后刚刚走上工作岗位，家庭收入主要依靠农业种植，以及销售农药、化肥，年收入约两万元。目前经济条件一般，所以选择了 100 元的缴费档次。作为村支书对政策比较了解，有较强的缴费意愿。其对村民低档缴费的原因，归纳如下：

（1）从众心理，别人交多少，我就交多少。（2）一些村民对政策存有疑虑，怕政策有变，到退休年龄之后不给发养老金。（3）有部分"明白人"，通过计算成本，认为选择 100 元的档次回本较快；相反，缴纳得越多，回本越慢越吃亏。（4）村中年轻人大多外出务工，缴费大多由在家父母代缴，而孩子主动还钱的意愿不强，所以父母帮孩子垫付最低的缴费档次。（5）政府补贴 30 元至 35 元，补贴档次差别不大，对高档次缴费吸引力小。（6）有部分村民缴纳了个体工商户养老保险，加之该保险在该村颇具影响，部分富裕村民选择缴纳低档次的保险费，等待时机参加个体工商户养老保险。

▲被调查人：唐 W，女，30 周岁，在村里经营一家汽车坐垫厂，缴费

100 元。

调查情况:三口之家,丈夫在外工作,自己经营汽车坐垫厂,年收入近 10 万元,这两年家庭成员都选择 100 元的缴费档次,保险费由老人代缴,对居民社会养老保险政策理解不深。对于选择 100 元的档次属于从众心理,大部分人缴纳了 100 元,家人就选择了 100 元。

▲被调查人:李 FJ,女,41 周岁,自己与丈夫打工,符合条件的家庭成员都缴纳了 100 元。

调查情况:家里有两个男孩,都在上大学,孩子的学费主要由在北京的姑姑和公公婆婆帮助,经济条件相对困难,缴费选择最低档次。认识到了政策的好处,看到年满 60 岁的老人已经领到 55 元基础养老金,比孩子给的养老钱还多,非常相信政策,等家境好转会选择大额缴费。

(二)时间:2012 年 7 月 20 日下午 5 时 30 分　地点:BJQ 办事处 GLT 村

该村基本情况:全村 550 人,符合参保条件的 331 人均参保缴费,其中缴纳 100 元的 322 人,占缴费人数的 97%;缴纳 200—600 元的 8 人,1000 元的 1 人。该村没有集体经济,村民多在县城周围打工。人均年收入 8000—9000 元,全村经济条件一般。

▲被调查人:王 FC,女,59 周岁,务农,缴费 100 元。

调查情况:两个儿子均已成家,家庭和睦,一家 5 口人 2011 年、2012 年都缴纳了 100 元。孩子们都希望父母多缴,但是由于孩子结婚、买房,经济暂时困难,加之对政策不甚了解,所以选择了最低档缴费。考虑到马上快到领取养老金年龄了,所以想 2013 年选择 2500 元的缴费档次。

▲被调查人:唐 YG,男,59 周岁,经营代销点,缴费 100 元。

调查情况:家庭经济条件一般,两个孩子皆已成家,均在附近务工,收入不高。夫妻两个在该村经营代销点,小本生意维持生计,年收入约 1 万元。之所以选择缴费 100 元,一是认为多缴回本较慢,缴纳 100 元回本快;二是从众心理,别人交多少,自己交多少。

（三）时间:2012 年 7 月 23 日上午 10 时　地点:GT 镇 YD 村

该村基本情况:全村 280 人,符合参保条件的 175 人参保缴费,其中,缴纳100 元的 165 人,占缴费人数的 94%;缴纳 200—600 元的 7 人,1000 元的 1人,2500 元的 2 人。该村没有集体经济,外出务工人员较多,甚至有些举家外出务工的。人均年收入 7000—8000 元,全村经济条件一般。

▲被调查人:杨 SM,男,45 周岁,经营汽车坐垫编织回收工作,自己缴费100 元。

调查情况:家有两个儿子,都在县城从事理发行业,一个已成家,另一个要买房结婚,都需要家庭的经济支持,所以家庭经济较为困难。虽然对政策有所了解,但限于经济条件,只给自己缴纳了 100 元,给妻子缴纳了 200 元。两个孩子在外打工,费用由父母代缴,所以选择了最低档次。今后计划为自己和妻子多缴;孩子还年轻,给他们继续代缴 100 元。

（四）时间:2012 年 7 月 23 日上午 11 时　地点:GT 镇 CZ 村

该村基本情况:全村 342 人,符合参保条件的 218 人全部缴费,其中缴纳100 元的 203 人,占缴费人数的 93%;200—600 元的 10 人,1000 元的 3 人,2000 元的 2 人。该村没有集体经济,外出务工的人员较多,人均年收入11000—12000 元,全村经济状况较好。

▲被调查人:曹 ZW,男,42 周岁,打工,缴费 1000 元。

调查情况:家有 5 口人,经济条件不错,自己和妻子缴纳了 1000 元,给孩子代缴了 100 元。认为居民养老保险政策安全,有保障,是件好事,但回报率一般。之所以很多人选择了 100 元缴费档次,认为主要原因有二:一是认为农民社会养老观念淡薄,父母大多为孩子付出,而给自己多缴费,依靠社会养老的意识较弱;二是认为很多村民看到60岁后才能领取养老金,时间太长,与新型农村合作医疗制度相比,立竿见影的效果不明显。

▲被调查人:曹BF,男,42岁,务农打工,缴费100元。

调查情况:家有4口人,两个孩子在上大学,主要靠打工、种地为主要经济来源;妻子外出打工,自己在家,忙农活兼就近打工。自己缴费100元,妻子缴费200元。认为制约农民缴费档次的原因有三:一是经济条件的制约,如果经济条件允许,人们会多缴;二是认为距领取年龄时间太长,缴纳多少都给予55元的基础养老金,交多了,怕早亡,不划算;三是算现实账,认为缴费100元最划算,回本最快。

（五）时间:2012年7月24日下午4时　　地点:LT镇ZT村

该村基本情况:全村约1400人,符合参保条件的580人全部缴费,其中缴纳100元的566人,占缴费人数的97.59%;200—600元的14人。该村没有集体经济,大部分村民外出务工,人均年收入7000元左右,收入水平较低。

▲被调查人:赵CP,男,53周岁,村党支部书记,缴费100元。

调查情况:对农民选择低档缴费总结了两点:一是农民缴费的功利性,部分村民只是为了到退休年龄时能领取55元基础养老金,按照政策规定不得不按年缴费且选择最低档次;二是相比较而言,自由职业者的养老金水平高,城乡居民社会养老保险吸引力较低。

▲被调查人:赵H,男,24周岁,在外打工,近期刚回家,缴费100元。

调查情况:2011年和2012年缴费时,自己都在外打工,保险费都是父母代缴的。对社会养老政策非常赞同,但由于长期在外,对家乡刚刚开展的城乡居民社会养老保险知之甚少。通过座谈,熟悉了该政策,今后将选择最高缴费档次。

▲被调查人:杨FH,女,47周岁,在村里经营养鸡场,2011年缴费2500元,2012年缴费600元。

调查情况：家有 4 口人，丈夫在电业局工作，两个孩子在外打工，养鸡场效益不稳定，年均收入约 2 万元，家境相对宽裕。相比较而言，居民社会养老保险回报率不高，与银行存款差不多；但与职工养老保险收益相比差距较大。从缴费收益看，如果年缴费 2500 元，到 60 岁时需要交 32500 元，届时每月领取 360 元，而物价上涨过快，届时 360 元钱能干什么，心里没底，于是 2012 年选择了缴费 600 元，以降低缴费风险。

三、农民选择低档次缴费的原因

通过访谈，基本了解了农民选择最低缴费档次的原因，这些原因可归纳为主观、客观两方面。

（一）对养老保险的认识误区

综上所述，农民之所以选择低档缴费，既有经济条件限制的客观原因，更有认识上的主观原因，尤其是对个人缴费用途和养老保险制度性质的认识存在一定误区。只有消除这些认识误区，才能更好地推进居民基本养老保险。

1.参保者大多将个人缴费当作未来收益的成本

有收益就有成本，参保者以此计算退休后的总体收益是否能弥补此前的支出。如果月收益是固定的，最终收益的多少，关键在于退休后余命的长短。显然，支出成本越低，相对而言收益越大。经济福利性，即收益大于成本是社会保障的典型特征之一。要想"回本"，且有更多收益，自然寿命越长越好，而这恰恰是个人无法预料和控制的。以此为基础，农民的"理性"选择自然是最低档缴费。

显然，这是对农村社会养老保险个人缴费功能的误读，也是对建立新农保个人账户的误解。农村社会养老保险"基础养老金+个人账户"的制度设计，遵循公平与效率统一的理念，基础养老金重在制度公平，实行普惠制；个人账户重在制度效率,体现多缴多得。也就是说,居民参保缴费是获取基础养老金的前提,而基础养老金在一定时期内是定量,并不因个人缴费档次的高低而有差别。而居民参保"多缴多得",其中高于基础养老金部分,一方面源于政府"多缴多补",另一方面源于居民个人高档缴费的积累,总之是来自个人账户积累。

综上分析,在居民养老保险中,并不存在缴费"成本",而是只有收益,是典型的"免费午餐"。既然如此,也就不存在"回本"及快慢之别。

2. 将养老保险和合作医疗的性质趋同

形式上,无论养老保险还是合作医疗都需缴费,且每年缴费时间大致相同,即积极推行"居民养老保险费"和"居民医疗保险费"的"统一征缴";最低缴费金额也基本一致。这就容易给人们造成误区,将二者的性质趋同。但由于二者实际执行存在较大差异,合作医疗的受益是即时的,只要因病就医或住院就可以获得一定补偿,所以受益是显性且及时的;而养老保险则必须在达到退休年龄后方可获取收益,是未来的事情。所以受益没有合作医疗"快"。

这种认识事实上是忽略了两种保险性质的差异。保险是对居民遇到风险时的补偿,在这点上二者是一致的:医疗保险是当居民受到疾病困扰风险时的保障,而没有疾病困扰时自然无须补偿,在这一周期内其保险费算是"白交"了。这恰是保险的特点,是对风险发生时的保障。医疗保险的性质是政府、参保者的"合作",个人所缴费用和政府补贴形成"资金池",对患者给予必要的支持。而养老保险则不同,对于绝大多数人,只要其生存年龄超过退休年龄,就必然遇到老年风险,就需要支付养老金。所以与疾病风险相比,老年风险是必然的。面对这种必然的风险,自然需要前期的积累,因此这就是为什么养老保险一般都规定缴费不低于15年的原因。之所以这样规定,在于通过至少15年的缴费,实现对已退休者的现收现付,是真正意义的社会保险;对于居民养老保险而言,则是政府提供的普惠制养老金,虽然也有对缴费年限及缴费标准的规定,但这种缴费只是个人账户的积累,并不存在互助性,所以居民养老保险并非真正意义的保险。只有消除居民的上述认识误区,才能更好地引导居民参保缴费。

3. 参保者从众心理严重

农村是一个熟人社会,攀比、从众心理较重。当大多数人按照一种模式行事时,如果与众不同,则会成为另类,引起他人非议。当选择低档缴费的人员数量居多时,即便有人想选择高档缴费,但由于担心多缴会显得与众不同,甚至遭到别人的非议,因此,不如随大流,大家都心安理得。

另外,农民担心政策有变。由于农保政策自 20 世纪 90 年代初试点以来,政策也有一定调整甚至被取消,所以对新农保,一些农民对此既肯定又怀疑,认为政府给予 55 元的基础养老金很好,但又担心过段时间政策有变化,对政策能保持多久,心存疑虑。

(二)客观条件的制约

农民参保的客观条件制约主要表现为农民经济收入、政府补贴力度,以及政策宣传等方面。

1. 农民经济条件有限

根据政策规定,农民参保缴费的来源有三:个人缴费、集体补助、政府补贴。由于大多数农村集体经济匮乏,集体补助对大多数人而言难以企及。故农民参保以农民个人缴费为主。而欠发达地区农民大多以务农、打工获取收益,经济条件一般,人均年收入大约为一万元,扣除生产、生活费用,已所剩无几。尤其是孩子结婚、买房、生子,几乎已倾其所有,甚至负债累累,难有更多的积蓄支撑高档次缴费。

2. 政府补贴力度小

政府补贴作为农民参保缴费的来源之一,其目的是增加参保者的个人账户储存额,更在于激励农民选择高档次缴费。但按照 YG 县目前的补贴标准,缴费 100—500 元的,政府补贴 30 元;缴费 600—2500 元的,政府补贴 35 元。二者只相差 5 元,多缴多补的力度小,对选择高档缴费缺乏足够的吸引力。

3. 政策宣传不到位

政策实施过程中政府会发放"缴费领取对照表",以便让农民参考。部分"明白人"通过"精算"认为,选择 100 元的档次回本最快;再者无论缴纳多少都给予 55 元的基础养老金,如果寿命不长,多缴费只是为他人付出,甚至便宜了别人。这表面上反映出了农民对政策的主观误读,但实际上是政府对政策的宣传不到位所致。因为个人缴费、集体补助、政府补贴全部计入参保人个人账户,是对基础养老金的补充,属于农民的个人收益,但农民却把缴费当作成本。

4. 部分农民另有选择

我国养老保险政策的特点是碎片化,不同群体政策有别,待遇差距大。如职工基本养老保险待遇逐年递增,养老金水平远高于居民社会养老保险。个体工商户、自由职业者保险待遇参照职工基本养老保险,个别参保的富裕农民对农村的影响也越来越大,有条件的农民参加该险种的意愿越来越强烈,对参加新农保则存在一定敷衍,选择最低档缴费。

5. 代缴保险费档次低

由于农村社会养老保险的缴费大多以村为单位,集中时间统一征缴,而农村年轻人大多外出务工,其保险费多由在家父母代缴。父母缴了保险费但又不好开口向孩子索要,所以代缴大多选择最低档次。

第二节　居民持续参保与基金运行分析
——以山东省 LC 市为例

针对 YG 县的个案调查是在制度实施之初进行的,当时制度具有一定强制性,即"新农保制度实施时,已年满 60 周岁、未享受城镇职工基本养老保险待遇的,不用缴费,可以按月领取基础养老金,但其符合参保条件的子女应当参保缴费"。制度实施之初的 2012 年、2013 年,参保缴费率为100%,实现了"应保尽保",这与当时"符合参保条件的子女应当参保缴费"有一定关系。2014 年后,随着《国务院关于建立统一的城乡居民基本养老保险制度的意见》的颁布,相应捆绑条件的取消,加之部分居民向城镇职工基本养老保险的转移,居民基本养老保险续保率呈下降趋势。从中发现,居民缴费最低档次金额虽然进行了调整,由过去最低的 100 元上涨到最低的300 元,但 2014 年后绝大多数居民仍然以最低档 300 元为主缴费。课题组与 LC 市城乡居民社会养老保险事业处就 2016 年全市居民养老保险情况进行了汇总与分析。①

一、居民参保状况

居民是否参保,参保缴费档次的选择,既关涉养老保险制度的覆盖面,又影响着未来养老保障水平,是考察居民参保的重要指标。

(一)居民养老保险参保状况

了解居民养老保险参保的前提是应参保人数,它是一个地区常住人口数扣除不应当参保和参加其他养老保险人数之差。据表 4-1 数据可知,LC 市常住人口 603.8 万人,扣除低于 16 周岁人数、在校学生人数、企业职工及机关事业单位养老保险参保人数,城乡居民基本养老保险应参保人数为 347.2 万人。截至 2016 年年末,实际参加居民养老保险人数共 301.5 万人,较 2015 年参保人数增长 3 万余人,参保率达 86.70%,增幅为 1%,其中参保人员中女性158.26 万人,占参保人数的 52.93%(见表 4-1)。

---

① 由于特殊原因,整体分析数据更新到 2016 年,行政区划以 2016 年为准。

表 4-1 2016 年 LC 市各县(市、区)居民养老保险参保情况

（单位:万人）

单位名称	户籍人口数	其中:常住人口数	居民养老保险参保人数	未参加基本养老保险人数	居民养老保险应参保人数
合　计	618	603.8	301.5	45.7	347.2
KF 区	12	15.8	6.1	0.7	6.8
DCF 区	78	89.9	24.7	14.5	39.2
GX 区	12.9	12.6	6.3	2.2	8.5
YG 县	80.0	79.6	44.6	8.1	52.7
S 县	108.0	97.8	49.0	13.9	62.9
CP 县	56.5	54.1	30.4	1.4	31.8
DE 县	42	38.1	24.4	0.8	25.2
G 县	85.3	78.8	43.9	4.1	48
GT 县	50.0	49.2	29.3	0.1	29.4
DJ 区	11.2	13.2	6.5	1.7	8.2
LQ 市	82.1	74.7	36.3	3.8	40.1

资料来源:山东省 LC 市城乡居民社会养老保险事业处。

从参保趋势看,2012—2016 年,LC 市居民应参保人数绝对量呈小幅下降趋势,由 355 万人持续下降到 347.2 万人,下降幅度为 2.3%;但实际参保人数不断上升,由 293 万人上升到 301.5 万人;参保率也小幅上涨,由 2012 年的 82.50%持续上涨到 2016 年的 86.84%。这说明,人们对居民养老保险的认可度逐步提高,即便在有一部分人转入城镇职工基本养老保险的情况下,参保率也逐步提升,但不同年龄段,人们的参保积极性不同,详见表 4-2。

表 4-2　2016 年 LC 市各县(市、区)居民养老保险参保年龄段分布

(单位:万人)

单位名称	分年龄段参保人数					
	小计	16—25 周岁	26—35 周岁	36—45 周岁	46—59 周岁	60 周岁以上
合　计	301.58	10.41	49.10	55.24	97.61	89.22
KF 区	6.10	0.06	1.06	1.06	2.08	1.84
DCF 区	24.66	0.13	1.66	3.04	10.78	9.05
GX 区	6.33	0.10	0.95	1.13	2.25	1.90
YG 县	44.64	0.44	7.28	7.83	16.29	12.80
S 县	48.99	0.99	8.02	9.48	15.33	15.17
CP 县	30.41	1.48	5.12	6.47	8.48	8.86
DE 县	24.41	0.99	5.04	4.23	7.86	6.29
G 县	43.90	3.82	7.69	9.55	11.03	11.81
GT 县	29.30	0.95	5.47	5.53	8.51	8.84
DJ 区	6.49	0.11	0.39	0.55	3.15	2.29
LQ 市	36.34	1.34	6.42	6.37	11.85	10.36

资料来源:山东省 LC 市城乡居民社会养老保险事业处。

由表 4-2 可见,各年龄段参保人员比例差异较大:16—25 周岁 10.41 万人,占 3.4%;26—35 周岁 49.10 万人,占 16.3%;36—45 周岁 55.24 万人,占 18.3%;46—59 周岁 97.61 万人,占 32.4%;60 周岁以上共 89.22 万人,占 29.6%。46 岁以上群体占到了总参保人数的 61.9%,亦即"中人"和"老人"参保率超过了总参保人数的六成以上。

应参保人数扣除已参保人数即为未参保人数。据统计,未参保者(含未参加其他基本养老保险者)达 45.7 万人,在年龄结构上,他们主要是 30 岁以下的低龄应参保对象。该群体未参保的原因有二:一是大多未成家立业,经济收入有限,支付能力相对不足;二是他们如果从 16 周岁开始缴费,到 60 岁退休时要缴费 45 年,何况还存在延迟退休及制度变化的可能,这就致使他们存在参保顾虑,所以参保人数较少,占比较低。

（二）缴费档次分析

2016 年，LC 市辖区年人均养老金缴费水平为 366 元/人，与上年相比提高 33 元，提高的主要原因是选择高缴费档次的人数比 2015 年有所增加。具体信息见表 4-3。

表 4-3　2016 年 LC 市各县（市、区）居民养老保险各档次缴费分布情况

（单位：万人）

单位名称	各缴费档次缴费人数					
	小计	100 元	300 元	500 元	600—2000 元	2500 元及以上
合　计	177.91	1.74	170.07	3.02	2.86	0.22
KF 区	4.13	0.03	3.93	0.13	0.03	0.01
DCF 区	13.73	0.56	12.81	0.26	0.09	0.01
GX 区	3.94	0.03	3.74	0.13	0.03	0.01
YG 县	25.31	0.16	23.39	0.22	1.44	0.10
S 县	27.59	0.28	26.74	0.36	0.19	0.02
CP 县	19.01	0.18	18.37	0.27	0.18	0.02
DE 县	15.27	0.13	14.37	0.47	0.28	0.02
G 县	27.18	0.13	26.16	0.53	0.35	0.01
GT 县	17.63	0.17	17.16	0.17	0.11	0.02
DJ 区	3.29	0.04	3.15	0.09	0.01	0.00
LQ 市	20.83	0.03	20.25	0.39	0.15	0.01

资料来源：山东省 LC 市城乡居民社会养老保险事业处。

2016 年，全市实际缴费人数为 177.91 万人，缴费多选择 300 元的最低档次，选择高档次缴费的人员较少。分档次看：缴费 100 元的有 1.74 万人，占 1%；[①]

---

① 从 2014 年始，LC 市已将最低缴费档次调整为 300 元。之所以仍有 1.74 万人按 100 元档次缴费，主要是政府为重度残疾人代缴所致，详见表 4-7。

选择 300 元缴费档次的有 170.07 万人,占 95.6%;选择 500 元缴费档次的有 3.02 万人,占 1.7%;选择 600—2000 元缴费档次的有 2.86 万人,占 1.6%;选择 2500 元及以上缴费档次的有 0.22 万人,占 0.1%。

二、中断缴费情况

LC 市辖区居民基本养老保险缴费率由最初 2012 年、2013 年的 100%,下降到 2016 年的 85%,呈逐年下降趋势,这主要在于部分人的缴费中断(见表 4-4、表 4-5)。

表 4-4　2016 年 LC 市各县(市、区)居民养老保险中断缴费年限情况

(单位:万人)

单位名称	各中断年限人数				
	小计	一年	两年	三年	四年及以上
合　计	32.45	9.55	10.17	8.36	4.37
KF 区	0.13	0.05	0.04	0.03	0.01
DCF 区	3.74	1.45	1.11	0.93	0.25
GX 区	0.50	0.17	0.13	0.12	0.08
YG 县	5.53	2.01	1.92	1.13	0.47
S 县	5.46	1.55	2.40	1.15	0.36
CP 县	2.52	0.24	0.54	1.46	0.28
DE 县	3.03	0.66	0.28	1.08	1.01
G 县	4.92	1.30	1.40	1.27	0.95
GT 县	2.83	1.03	0.83	0.56	0.41
DJ 区	0.92	0.23	0.25	0.24	0.20
LQ 市	2.87	0.86	1.27	0.39	0.35

资料来源:山东省 LC 市城乡居民社会养老保险事业处。

表4-5　2016年LC市各县(市、区)居民养老保险中断缴费年龄段分布情况

(单位:万人)

单位名称	中断缴费人数年龄段分布			
	小计	16—30周岁	31—44周岁	45—59周岁
合　计	32.44	17.61	11.35	4.48
KF区	0.13	0.05	0.05	0.03
DCF区	3.74	2.09	1.19	0.46
GX区	0.50	0.14	0.26	0.10
YG县	5.53	2.71	2.22	0.60
S县	5.46	2.60	2.08	0.78
CP县	2.51	1.29	0.85	0.37
DE县	3.03	1.65	0.86	0.52
G县	5.92	3.70	1.50	0.72
GT县	2.83	1.36	1.09	0.38
DJ区	0.92	0.48	0.37	0.07
LQ市	2.87	1.54	0.88	0.45

资料来源:山东省LC市城乡居民社会养老保险事业处。

由表4-4、表4-5可知,至2016年年末,LC市辖区中断缴费人数共计32.44万人。以中断缴费年限分布分析,中断缴费年限两年的群体居多,共10.17万人;中断缴费一年的次之,为9.55万人;再次为中断缴费三年的,为8.36万人。以中断缴费年龄段分布分析,中断缴费年龄段为16—30周岁的群体居多,共17.61万人;其次为31—44周岁者,计11.35万人;两者合计占比高达89.2%。

各年龄段中断缴费的原因各不相同:一是16—30周岁群体中断缴费主要是个人觉得缴费积累期太长,所以不愿意缴费;二是31—44周岁群体中断缴费主要是认为到领取年龄补缴也能照样领取养老金;三是45—59周岁的群体

中断缴费原因,主要是山东省人力资源和社会保障厅职工基本养老保险费补缴文件出台放宽了职工养老保险的参保条件,部分人选择参与职工基本养老保险。

三、基金运行情况

居民养老保险基金运行情况主要包括基金征缴、基金发放和基金结余等情况。

(一)基金征缴情况

按照《国务院关于建立统一的城乡居民基本养老保险制度的意见》规定"城乡居民养老保险基金由个人缴费、集体补助、政府补贴构成",意味着基金收入应有三部分——个人缴费、集体补助、政府补贴。但"集体补助"的实现程度取决于集体经济状况。鉴于目前集体经济形势,对大多数居民,该项来源基本可以忽略。

1.个人缴费

2016 年,LC 市辖区内基金总收入 178246 万元,其中,个人缴费收入 65250 万元,占基金收入的 36.6%,是自 2012 年以来缴费最多的一年。自 2014 年以来,随着个人缴费最低档次的提高,个人缴费收入也成倍增长,由 2012 年的 27165 万元,上涨到 2016 年的 65250 万元。

2.政府补贴

在居民个人缴费不断提高的同时,政府补贴总量也进一步加大,从 2012 年的 57235 万元提高到 2016 年的 106319 万元(其中:S 县、G 县省级补助资金实际拨付分别为 13317 万元、10047 万元),提高到了 1.86 倍。其中,基础养老金补贴共计 99332 万元,占财政补贴收入的 93%;个人缴费补贴收入共计 5596 万元,占政府补贴收入的 5.3%;丧葬费补贴收入共计 1356 万元,占财政补贴收入的 1.3%。

在基金总收入中,另有利息收入 6352.18 万元,占基金收入的 3.56%;转移收入 323.01 万元,占基金收入的 0.18%。

从 2012—2016 年的基金收入结构变化看,个人缴费占比最高年份出现在 2014 年,达到 42.54%;最低年份出现在 2013 年,为 26.55%;其他年份都在 30%—40%。与之相反,财政补贴占比最高出现在 2013 年,接近 70%;最低年份为 2014 年,刚刚超过 50%。

在基金收入构成中,看不到集体补助数额及所占比重,由此可见,LC 市居民基本养老保险基金收入主要源于个人缴费和政府补贴。

根据《关于修订山东省居民基本养老保险省级财政补助资金拨付办法的通知》,省级财政按基础养老金 80% 标准对 LC 市予以补贴,其余部分由地方自行解决。市级财政根据各县(市区)实际对基础养老金进行了差别性补贴,2016 年,市级财政对 LQ 市、CP 县、GT 县、KF 区、GX 区每人每月补贴 3 元,对 DCF 区、YG 县、DE 县、DJ 区每人每月补贴 3.5 元,对 S 县、G 县不补贴(省财政直管县)。财政补贴情况见表4-6。

表4-6　2016 年 LC 市各县(市、区)居民养老保险财政补贴收入情况

（单位:万元;%）

单位名称	财政补贴收入总计(含对基础养老金和个人缴费补贴)	其中:省财政对基础养老金的补贴	省级财政补贴占总补贴的比例	其中:市级财政对基础养老金的补贴	市级财政补贴占总补贴的比例	其中:县级财政补贴(含对基础养老金和个人缴费的补贴)	县级财政补贴占总补贴的比例
合计	104910	78830	75.14	2490	2.37	23590	22.49
KF 区	2138	1605	75.07	70	3.27	463	21.66
DCF 区	10313	7951	77.10	431	4.18	1931	18.72
GX 区	2208	1665	75.41	73	3.31	470	21.28
YG 县	15622	11859	75.91	620	3.97	3143	20.12
S 县	17401	13222	75.98	0	0	4179	24.02
CP 县	10285	7745	75.30	340	3.31	2200	21.39
DE 县	7940	5978	75.29	323	4.07	1639	20.64

续表

单位名称	财政补贴收入总计(含对基础养老金和个人缴费补贴)	其中:省级财政对基础养老金的补贴	省级财政补贴占总补贴的比例	其中:市级财政对基础养老金的补贴	市级财政补贴占总补贴的比例	其中:县级财政补贴(含对基础养老金和个人缴费的补贴)	县级财政补贴占总补贴的比例
G 县	13847	9638	69.60	0	0	4209	30.40
GT 县	10147	8077	79.60	87	0.86	1983	19.54
DJ 区	2975	2047	68.81	111	3.73	817	27.46
LQ 市	12034	9043	75.15	435	3.61	2556	21.24

资料来源:山东省 LC 市城乡居民社会养老保险事业处。

此外,各县(市、区)还对重度残疾人等困难群体按制度实施之初最低标准代缴个人账户养老金,人均 130 元,共计代缴金额 211 万元(见表 4-7)。

表 4-7 2016 年 LC 市各县(市、区)对重度残疾人等困难群体的代缴情况

(单位:人)

单位名称	代缴人数		代缴标准(元/人)	代缴金额(万元)
	小计	重度残疾人		
合 计	16240	16240	130	211
DCF 区	1680	1680	130	21
YG 县	2407	2407	130	31
DE 县	744	744	130	9
CP 县	1836	1836	130	23
G 县	1354	1354	130	17
GT 县	1919	1919	130	24
S 县	3041	3041	130	39
LQ 市	2298	2298	130	29
DJ 区	380	380	130	5
GX 区	285	285	130	4
KF 区	296	296	130	4

资料来源:山东省 LC 市城乡居民社会养老保险事业处。

(二)养老金发放情况

养老金的发放中占比最大的是基础养老金,而发放的前提是对领取人员资格的认证,对不符合领取条件者暂不发放养老金,对冒领者已领取的待遇予以追回。

1. 待遇领取人员资格认证、核查情况

2016 年,LC 市辖区对 87.24 万人待遇领取人员进行了待遇资格认证,其中全市共有 1.73 万人未通过认证,占总人数的 1.99%。未通过认证的主要原因是这部分人在外定居或外出打工联系不上,只好对其暂停发放,待认证完成后再继续发放待遇。保险待遇领取资格认证采用的方式主要有"掌静脉识别仪"现场认证、与民政部门联网比对、网络视频认证、特殊人群上门认证、村协理员每月上报死亡人员名单等多种形式。待遇领取人员资格认证、核查情况见表4-8。

表 4-8　2016 年 LC 市各县(市、区)居民养老保险待遇领取人员资格认证、核查情况

(单位:万人;万元)

单位名称	资格认证人数	未通过认证人数	查出重复领取待遇人数	追回金额	虚假冒领人数	追回金额
合　计	87.24	1.73	0.36	323.71	0.04	37.92
KF 区	1.82	0.01	0.01	0.88	0.00	0.00
DCF 区	8.73	0.16	0.08	85.40	0.01	0.00
GX 区	1.88	0.03	0.00	1.45	0.00	0.00
YG 县	12.31	0.20	0.01	22.10	0.01	2.10
S 县	14.86	0.34	0.08	55.33	0.00	15.17
CP 县	8.68	0.13	0.03	21.37	0.00	0.00
DE 县	6.39	0.11	0.01	11.04	0.00	0.00
G 县	11.66	0.17	0.05	44.86	0.00	0.00
GT 县	8.81	0.03	0.04	56.97	0.02	19.21
DJ 区	2.29	0.00	0.00	0.00	0.00	0.00
LQ 市	9.81	0.55	0.05	24.31	0.00	1.44

资料来源:山东省 LC 市城乡居民社会养老保险事业处。

2.欺诈冒领与待遇暂停发放情况

截至 2016 年年末,辖区内年满 60 周岁符合居民基本养老保险待遇领取资格的参保人员中,处于暂停发放待遇状态的共有 1.64 万人,其中未核定待遇 0.03 万人,已核定待遇但处于暂停发放状态有 1.61 万人。暂停原因及人数分布:死亡待确认或未提供生存证明有 1.63 万人,银行户名或账号错误有 0.01 万人。相关信息见表 4-9、表 4-10。

表 4-9　2016 年 LC 市各县(市、区)待遇暂停人员时间段分布

（单位:万人）

单位名称	待遇暂停人员时间段人数			
	小计	6 个月以下	6—12 个月	1 年以上
合　计	1.64	0.59	0.60	0.45
KF 区	0.00	0	0	0
DCF 区	0.16	0.01	0.01	0.14
GX 区	0.03	0	0	0.03
YG 县	0.29	0.19	0.01	0.09
S 县	0.18	0.18	0	0
CP 县	0.06	0	0.06	0
DE 县	0.05	0.01	0.02	0.02
G 县	0.17	0	0.09	0.08
GT 县	0.03	0	0.02	0.01
DJ 区	0.12	0.02	0.02	0.08
LQ 市	0.55	0.18	0.37	0

资料来源:山东省 LC 市城乡居民社会养老保险事业处。

表 4-10　2016 年 LC 市各县(市、区)待遇暂停人员占比情况

（单位:万人;%）

单位名称	60 周岁以上参保人数	暂停待遇人数	暂停待遇人数占比
合　计	88.97	1.64	1.84
KF 区	1.83	0	0
DCF 区	8.89	0.16	1.80
GX 区	1.91	0.03	1.60

续表

单位名称	60周岁以上参保人数	暂停待遇人数	暂停待遇人数占比
YG 县	12.51	0.29	2.32
S 县	15.20	0.18	1.18
CP 县	8.81	0.06	0.68
DE 县	6.5	0.05	0.77
G 县	11.83	0.17	1.44
GT 县	8.84	0.03	0.34
DJ 区	2.29	0.12	5.24
LQ 市	10.36	0.55	5.31

资料来源:山东省 LC 市城乡居民社会养老保险事业处。

经过资格认证、审查,全市重复领取待遇(主要是跨省重复领取待遇)人数 0.35 万人,追回基金 323.7 万元;虚假冒领 0.04 万人,追回基金 37.92 万元。另有 8949 人暂停领取待遇,暂停人员中疑似冒领暂停 6606 人。

暂停人员按照死亡人员、重复领取待遇人员、未进行资格认证无法查找人员及欺诈冒领人员分类(见表 4-11)。

表 4-11　2016 年 LC 市居民养老保险欺诈冒领居民养老保险专项清查情况

(单位:人;元)

人员类别		人数	涉及金额	追回人数	追回金额
疑似冒领暂停人员情况	死亡人员	417	187625	300	127895
	重复领取人员	2415	2561579	1619	1849047
	未进行资格认证人员	3700	145857	0	0
	欺诈冒领人员	74	16000	74	16000
合计		6606	2911061	1993	1992942

资料来源:山东省 LC 市城乡居民社会养老保险事业处。此表数据截至 2016 年 10 月 31 日,以全省欺诈冒领居民养老保险专项清查活动数据为基础。

3. 基金支出情况

2016 年,LC 市辖区基金总支出 103747 万元,较上年增长 11591 万元,增幅 12.6%。其中,基础养老金支出 97718 万元,占基金支出的 94.2%,较 2015 年增长 8689 万元,增幅 9.7%。其中,省级补助资金支出 78178 万元,占比 80%。基础养老金收支情况见表 4-12。

基金支出增长的原因:一是 2016 年 7 月起每人每月基础养老金发放标准 从 85 元提高到 100 元;二是待遇领取人数不断增长。

表 4-12 2016 年 LC 市各县(市、区)居民养老保险基础养老金收支情况

(单位:万元)

单位名称	财政对基础养老金的补助总额	基础养老金支出总额	差额
合　计	99328	97718	1610
KF 区	2007	2007	0
DCF 区	9935	9687	248
GX 区	2084	2082	2
YG 县	14799	13924	875
S 县	16527	16517	10
CP 县	9682	9682	0
DE 县	7455	7233	222
G 县	13004	13020	-16
GT 县	9590	9600	-10
DJ 区	2872	2511	361
LQ 市	11373	11455	-82

资料来源:山东省 LC 市城乡居民社会养老保险事业处。

LC市大多数县(市、区)财政对基础养老金的补助总额大于支出总额。财政补助收入与基础养老金支出差额在100万元以上的县(市、区)有4个,其中G县、GT县、LQ市出现了财政补助收入小于基础养老金支出的现象。

2016年,LC市辖区待遇领取人员月养老金全年平均为103.37元,其中:基础养老金待遇平均95.93元/月(7月,全省基础养老金月领取标准由85元调整为100元),个人账户养老金待遇平均7.44元/月。养老金平均收入水平见表4-13。

表4-13　2016年LC市各县(市、区)居民养老保险养老金水平

(单位:万人;元/月)

单位名称	领取养老金人数	其中:领取个人账户养老金人数	基础养老金平均水平	个人账户养老金平均水平
合　计	88.97	30.35	95.93	7.44
KF区	1.83	0.76	100	6.64
DCF区	8.89	0.53	100	12.71
GX区	1.91	0.76	92.44	6.35
YG县	12.51	4.37	92.5	8.05
S县	15.2	5.45	92.5	2.78
CP县	8.81	3.41	100	7.19
DE县	6.5	2.01	92.74	18.18
G县	11.83	4.56	100	5.95
GT县	8.84	3.34	92.56	2.62
DJ区	2.29	1.03	100	5.82
LQ市	10.36	4.13	92.5	5.56

资料来源:山东省LC市城乡居民社会养老保险事业处。

另外,辖区大部分建立了丧葬补助制度,共为1747名死亡参保对象发放丧葬补助金1285万元(DCF区已于2017年4月补发)。相关情况见表4-14。

表 4-14　2016 年 LC 市各县(市、区)丧葬费支出情况

单位名称	丧葬费支出金额(单位:万元)			人均值(元/人)
	小计	市级财政支出	县级财政支出	
合　计	1285	0	1285	700
KF 区	20	0	20	700
DCF 区	0	0	0	700
GX 区	30	0	30	700
YG 县	302	0	302	700
S 县	271	0	271	700
CP 县	199	0	199	700
DE 县	37	0	37	700
G 县	151	0	151	700
GT 县	187	0	187	700
DJ 区	35	0	35	700
LQ 市	53	0	53	700

资料来源:山东省 LC 市城乡居民社会养老保险事业处。

(三)基金结余情况

截至 2016 年,LC 市居民养老保险基金累计结余总额 333443 万元,其中基金累计个人账户总额 329951 万元。截至 2016 年年末,本辖区居民养老保险基金账户有银行存款 33.34 亿元,其中活期存款 3.3 亿元,占比为 10%;1年期存款 9.05 亿元,占比为 27%;2 年期及以上定期存款 20.97 亿元,占比为63%。相关情况见表 4-15、表 4-16。

表 4-15　2016 年 LC 市各县(市、区)居民养老保险累计
结余和累计个人账户结余情况
(单位:万元)

单位名称	基金累计结余总额	基金累计个人账户总额	累计结余和累计个人账户结余差额
合　计	333443	329951	3492
KF 区	10478	10423	55

单位名称	基金累计结余总额	基金累计个人账户总额	累计结余和累计个人账户结余差额
DCF 区	25951	25675	276
GX 区	4627	4625	2
YG 县	58204	56782	1422
S 县	48396	48337	59
CP 县	36265	35529	736
DE 县	28969	28596	373
G 县	48386	48283	103
GT 县	29221	29215	6
DJ 区	6696	6255	441
LQ 市	36250	36231	19

资料来源:山东省 LC 市城乡居民社会养老保险事业处。

表 4-16　2016 年 LC 市各县(市、区)居民养老保险基金存储情况

（单位:万元;%）

单位名称	银行存款	活期存款		1 年期定期存款		2 年期及以上定期存款	
		金额	占比	金额	占比	金额	占比
合 计	333450	33258	9.97	90473	27.13	209719	62.89
KF 区	10478	98	0.94	7880	75.21	2500	23.86
DCF 区	25951	1291	4.97	24660	95.03	0	0
GX 区	4628	378	8.17	0	0	4250	91.83
YG 县	58204	10104	17.36	13100	22.51	35000	60.13
S 县	48397	630	1.30	682	1.41	47085	97.29
CP 县	36266	3095	8.53	4160	11.47	29011	80.00
DE 县	28970	10844	37.43	8900	30.72	9226	31.85
G 县	48387	3195	6.60	24191	49.99	21001	43.40
GT 县	29221	580	1.98	5400	18.48	23241	79.54
DJ 区	6697	2696	40.26	1500	22.4	2501	37.35
LQ 市	36251	347	0.96	0	0	35904	99.04

资料来源:山东省 LC 市城乡居民社会养老保险事业处。

由表4-16可见,累计结余的基金全部存入银行,其中,活期存款所占比例为10%,1年期定期存款所占比例为27%,2年期及以上定期存款达到63%。亦即近2/3的居民养老保险基金为2年期以上的定期存款,这保证了基金的相对安全。但同时,由于银行利率相对较低,基金的保值增值能力相对较为有限,甚至使基金缩水,保值增值困难。

下 篇

理念与创新篇

第五章　农村社会养老保险制度
创新的背景与理念

农村社会养老保险制度的创新既要以时代背景为基础，又要以一定的理念做指导。其时代背景为"新四化"，其理念基础为社会公正。

第一节　"新四化"与农村社会
养老保险的关系

"四个现代化"是由周恩来同志在 1964 年全国三届人大一次会议上首次提出的，其关系表述为："农业现代化是基础，工业现代化是主导，科学技术现代化是源动力，国防现代化是保障。"①在 1975 年召开的四届人大一次会议上，周恩来同志再次提出了在 20 世纪末"实现四个现代化"的目标。2008 年，党的十七届三中全会通过了《中共中央关于推进农村改革发展若干重大问题的决定》，提出了被称为"新三化"的"中国特色工业化、城镇化、农业现代化加快推进"；2012 年，党的十八大报告在"新三化"基础上增加了"信息化"，并提出要"促进工业化、信息化、城镇化同农业现代化同步发展"，"新四化"由此而

---

① 韩振峰：《毛泽东的现代化思想简论》，《天中学刊》2003 年第 1 期。

生。2017 年党的十九大报告也提出"推动新型工业化、信息化、城镇化、农业现代化同步发展"。

本书认为,"新四化"与农村社会养老保险制度建设存在必然联系,但功能各不相同。工业化、城镇化、信息化分别是农村社会养老保险制度建设的基础、载体和引擎,也是制度创新的基础;农业现代化则重在维持农村底线,起到兜底保障作用。工业化、城镇化、信息化与农村社会养老保险制度创新的内容将在第六章至第八章展开,本章重点阐述"农业现代化"的兜底保障作用。

一、工业化为农村社会养老保险奠定基础

工业社会和传统农业社会不同,无论是生产方式,还是生活方式都发生了一定变化,也改变了人们的养老方式。

(一)工业化的基本含义

工业化是指一国(或地区)的工业(特别是其中的制造业)在国内生产总值(或国民收入)中的比重不断上升的过程,以及工业就业人数在总就业人数中比重不断上升的过程。[1] 衡量工业化的方法有四种:一是工业生产总值占 GDP 的比重;二是非农产业产值占 GDP 的比重;三是工业就业人口占总就业人口的比重;四是非农产业就业人口占总就业人口的比重。[2] 或者用农业产值比重、农业就业人口比重来衡量。当"农业生产总值占全国的比重,……降低到 1/3 甚至 1/4 以下,同时农业劳动者总人数占全国的比重,也……降低到 1/3 甚至 1/4 以下,这个国家才算实现了工业化,成为'工业化了的国家'"。[3] 虽然张培刚先生在此认为二者都降至 1/3 甚至 1/4 以下,这个国家才真正实

---

[1] 李宾、孔祥智:《工业化、城镇化对农业现代化的拉动作用研究》,《经济学家》2016 年第 8 期。

[2] 秦跃群、吴巧生:《中国工业化与城市化的协同性分析》,《决策参考》2005 年第 12 期。

[3] 张培刚:《农业与工业化》上卷,华中科技大学出版社 2002 年版,第 12 页。

现了工业化,但实际上二者往往并不一致。如 2019 年我国第二、第三产业产值比重高达 92.9%,而城镇就业人员占全国就业人员的 57.1%,二者相差 35.8 个百分点。这就导致单纯以非农产业产值比重衡量的工业化水平偏高,相反,单纯以非农产业就业比重衡量的工业化水平偏低。[1] 这实际反映出不同从业者的产出效率并不相同,非农产业从业者产出效率高于农业从业者。

对于工业化更为简洁的界定是由张培刚先生提出的,他认为,工业化是指"国民经济中一系列基要生产函数,或生产要素组合方式,连续发生由低级到高级的突破性变化的过程"。这些"基要"的生产函数的变化能够引起并决定其他函数的变化,从已有的经验看,"基要"生产函数主要是指"交通运输、动力工业、机械工业、钢铁工业"[2],并且大多与资本品工业相关联;工业化作为一个过程"包括各种随着企业机械化、建立新工业、开发新市场及开拓新领域而来的基本变化"。[3] 在这里,对"工业化"的界定是广义的,即它"不仅包括工业本身的机械化和现代化,而且也包括农业的机械化和现代化",要实现工业化,"不但要建设工业化的城市,同时也要建设工业化的农村"。[4]

(二)社会养老保险是工业化的产物[5]

人生而需要保障,但保障方式却可能大不相同。保障思想源于人类"趋利避害"的本能由来已久,但现代社会保障却产生于资本主义社会。那么,为什么现代社会保障制度没有在传统农业社会中产生,而到工业社会才会出现?这与两种社会中人们生产、生活方式的差异相关。传统农业社会中,农民以分散的手工生产为主,社会分工不发达,农民与其他部门联系很少,组织化程度

---

[1]　陈耀、周洪霞:《中国工业化与城镇化协调性测度分析》,《经济纵横》2014 年第 6 期。
[2]　张培刚:《农业与工业化》上卷,华中科技大学出版社 2002 年版,第 65 页。
[3]　张培刚:《农业与工业化》上卷,华中科技大学出版社 2002 年版,第 67 页。
[4]　张培刚:《农业与工业化》上卷,华中科技大学出版社 2002 年版,第 4 页。
[5]　公维才:《我国社会保障制度城乡二元结构形成及固化原因分析》,《甘肃理论学刊》2008 年第 3 期。

较低;农民生活倾向于自给自足,衣食住行、生老病死等基本活动均局限于村落之中,习惯于自行解决因天灾人祸带来的损失。因为在农业社会条件下,家庭集生产与生活于一体,家庭成员之间的代际交换维系着家庭的存在。遇到单一家庭难以完成的任务,社区(邻里)互助就成为必要的解决问题的方式。在这种情况下,农民主要由家庭来完成保障,即便存在一些超越家庭之上的保障,也大多是临时性的、范围狭窄的、不规范的救济,以及由社区、宗教团体(教区)和个人慈善家举办的慈善救济事业,而不是真正的社会保障。这一时期保障理念也经历了由"慈善"到"施舍",政府的救助行为也相应地由"随意性"向"惩戒性"过渡。作为最早的制度性保障措施的英国《济贫法》的确立及实施就充分体现了政府的"施舍"理念,以及政府对受助者的"惩戒性"。

工业时代与传统农业社会相比,人们在生产、生活方式上都发生了较大、甚至根本性变化。生产方式上,由于劳动力与生产资料的分离增加了劳动者的生存风险。尤其是在资本主义社会初期,随着大批耕地加速向极少数人集中,部分过去的农业劳动者因失去土地而成为雇佣劳动者。在没有社会保障的条件下,当经济萧条时,或雇佣者因年龄原因不宜再进行劳动时,便可能失业,失去收入来源,生活陷入窘境。为避免更大风险,这就需要建立国家意义上、保障大多数人的保障,即现代社会保障。当然,从社会保障实践看,也是保障理念与政府保障行为的统一,经历了由恩威并重、软硬兼施的"怀柔"理念,向"从摇篮到坟墓"无所不包的"福利"理念,以及"不承担责任就没有权利"的"责任共担"理念的演变;政府行为也由保障的"功利性""全面性"向"可持续性"转变。

生活方式上,大家庭结构瓦解,小家庭结构成为主流,核心家庭成为家庭的主要存在形式。在这种家庭结构中,父母和未成年或未成婚子女共同生活成为主要家庭形态。加之工业化对农业生产的冲击,家庭保障的基础被削弱,家庭保障功能也大打折扣。在这种状况下,由国家出台有关举措、提供制度化担保就成为必然。

当然,从社会保险实践看,工业化虽然为社会保险制度的建立奠定了基础,但又非唯一条件,而是受许多其他因素的影响。历史上,英国是最早进入工业化的国家,也更具备建立现代社会保险的经济条件,但现代社会保险制度并没有最先在英国建立,而是首先在经济条件、工业化基础相对较弱的德国建立。其原因:一是在经济条件上,18世纪的德国已进入工业社会,劳动力与生产资料的分离直接导致原本由家庭或家族解决的年老、医疗、失业等个人风险社会化;二是在经济思想上,19世纪70年代在德国盛行的新历史学派,鼓吹劳资合作,主张政府干预经济生活,为劳动者提供福利;三是在意识形态上,在马克思主义思潮及社会主义政党的推动下,工人运动不断高涨,强烈要求政府实施保护劳工的政策;四是在个人推动上,素有"铁血宰相"之称的俾斯麦为取得工业的发展,集聚更强大的对外扩张实力,不得已要安抚国内日益高涨的工人运动。在这种背景下,1881—1889年,德国国会先后通过了《疾病保险法》《工伤保险法》《老年和残疾保险法》。1923年、1927年又分别制定了《帝国矿工保险法》《职业介绍和失业保险法》。至此,不到半个世纪,德国形成了完备的社会保险体系。[①] 由此可见,工业化仅仅是社会养老保险制度建立的必要条件,而非充要条件。简言之,包括社会养老保险在内的社会保障制度的建立是社会、经济、政治等多重背景共生的产物。其中,社会背景具有决定性作用,是社会保险产生的基本原因和强大推力;经济背景是社会保险制度形成的物质基础;政治背景是社会保险制度形成的催化剂。

二、城镇化为农村社会养老保险提供参照

"城镇化是中国现代化进程中一个基本问题,是一个大战略、大问题。"[②]

---

① 公维才、薛兴利:《西方社会保障理念的嬗变及其启示》,《中国特色社会主义研究》2011年第4期。

② 李克强:《协调推进城镇化是实现现代化的重大战略选择》,《行政管理改革》2012年第11期。

它与工业化、信息化、农业现代化一样,都是一个国家现代化的重要标志。对于农业人口来说,城镇化既是其转变个人职业和身份,由农民成为市民,由农业劳动者成为非农业劳动者的过程,也为农村社会养老保险制度的确立提供了参照。

(一)城镇化的内涵及衡量标准

党的十九大报告指出,党的十八大以来的五年间,"城镇化率年均提高一点二个百分点,八千多万农业转移人口成为城镇居民"。可见,城镇化的核心是人的城镇化,"推进城镇化,核心是人的城镇化,关键是提高城镇化质量,目的是造福百姓和富裕农民"。①

1. 城镇化

"城镇化是一个国家或地区生产力发展、产业结构调整及科学技术进步,由农业型为主的社会向以工业和服务业等非农产业为主的社会类型转变的历史过程,包括产业结构转型、土地(地域)空间变化和人口市民化。"②由此可见,城镇化既是人的市民化,又包括产业结构转型,即第一、第二、第三产业之间构成比例的变化,尤其是第二、第三产业在整体产业结构中比例的绝对提升,还包括土地空间的变化,如城镇数量的增加、面积的扩大等。但三者之中,核心是人的城镇化,即农村劳动力向城镇和非农产业转移的过程,直接表现为城镇人口占总人口的比重。考察一个国家或地区的城镇化既应看量,更要重质,而社会保障,如医疗、养老、失业等的覆盖率及保障水平是反映城镇化质量的重要指标。

工业化与城镇化之间具有高度相关性,但又不完全统一。经济发展水平和城镇化率之间应有一定的对应区间,两相比较,城镇化率偏高或偏低都不利于经济发展,也不利于人的城镇化,因此理想状态是二者同步发展,采

---

① 新华社:《守住管好"天下粮仓"协调推进"新四化"建设》,《人民日报》2013 年 1 月 16 日。

② 张元庆:《城镇化、农民工内生性市民化与制度激励》,《财经科学》2016 年第 1 期。

取同步模式,由此世界各国的城镇化有超前城镇化模式、同步城镇化模式和滞后城镇化模式。[①]

2.城镇化的衡量标准

衡量经济发展水平和城镇化水平关系的经典模型是钱纳里模型。钱纳里(Hollis B.Chenery)选取20世纪50—70年代70多个国家经济发展与城镇化之间的关系,认为不同收入水平与城镇化水平之间存在一定关系(见表5-1)。

表5-1　钱纳里不同收入水平上城镇化水平差异　（单位:美元;%）

人均 GNI	<100	100	200	300	400	500	800	1000	>1000
城镇化率	12.8	22.0	36.2	43.9	49.0	52.7	60.1	63.4	65.8

注:人均 GNI<100 时取中值,约 70 美元;人均 GNI>1000 时取中值,约 1500 美元。GNI(Gross National Income):人均国民收入。

按照表5-1中收入水平与城镇化水平的关系,当一个国家或地区的人均国民收入低于100美元时,其城镇化率为12.8%,即有12.8%的城镇人口;人均国民收入等于100美元时,城镇化率为22%;依此类推,当人均国民收入大于1000美元时,城镇化率达65.8%。当一个国家或地区的城镇人口达到总人口的75%,就达到城镇化的饱和状态。

按照表5-1的标准,我国城镇化率与该标准之间在20世纪末期有很大差距,其差值见表5-2。

表5-2　1978—1997 年中国城镇化率与钱纳里标准结构之间的偏差

（单位:%）

年份	1978	1980	1985	1990	1995	1996	1997
城镇化率偏差	−41.2	−37.3	−28.1	−24.8	−27.8	−29.0	−29.4

资料来源:转引自姜长云:《试论我国工业化与城市化的协调发展》,《经济与管理研究》1999 年第 2期。原始数据源于中国社科院农发所等著《1997—1998 年:中国农村经济形势分析与预测》,社会科学文献出版社 1998 年版,第 186 页。

---

①　姜长云:《试论我国工业化与城市化的协调发展》,《经济与管理研究》1999 年第 2 期。

从数据比较来看,这是一种典型的滞后城镇化模式。新中国成立后我国采取了城乡二元经济体制、社会管理模式,为了尽快提高工业化水平,实现工业化,我国主要通过工农产品价格"剪刀差"、农业税、储蓄等方式为工业化提供积累,1952—1978 年共积累了 4197 亿元。[①] 这是一种压抑城镇化的模式,这一时期农村人口主要通过为数极少的升学、当兵或招工等方式离开农村,城镇化进程极为缓慢。

不过对于钱纳里模型,也有研究者并不完全认同,其原因有四:一是数据样本具有时限性,基于 20 世纪 50—70 年代各国的经济发展水平和城镇化水平;二是选取 1964 年国民生产总值进行估计,而不同年份美元价格折算和汇率换算易出现误差;三是在钱纳里的研究中,城镇化率仅是 27 个变量之一,篇幅仅占一页半,因此城镇化率并非其研究重点;四是使用中等国家规模,即假定国家人口规模为 1000 万人进行分析。鉴于人口众多,加之该模型已相去半个多世纪,因此需要校正。[②] 校正结果见表 5-3。

表 5-3　1990—2009 年城镇化与经济发展水平关系的新模式

（单位:美元;%）

人均 GNI	1000	2000	3000	4000	5000	6000	7000	8000	9000	10000
城镇化率	17.78	27.36	36.82	44.30	49.60	53.24	54.20	57.68	59.15	60.36
人均 GNI	12000	14000	16000	18000	20000	22000	24000	26000	28000	30000
城镇化率	62.31	63.87	65.21	66.38	67.42	68.37	69.23	70.03	70.77	71.46

资料来源:转引自陈明星、唐志鹏、白永平:《城市化与经济发展的关系模式——对钱纳里模型的参数重估》,《地理学报》2013 年第 6 期。

按照表 5-3 的标准,比照我国经济发展水平与城镇化率之间的关系,根据联合国统计司的统计数据,自 2001 年起,我国人均 GNI 开始超过 1000 美

[①] 李澂、冯海发:《农业剩余与工业化的资本积累》,《中国农村经济》1993 年第 4 期。1952—1978 年的数据为笔者计算所得。

[②] 陈明星、唐志鹏、白永平:《城市化与经济发展的关系模式——对钱纳里模型的参数重估》,《地理学报》2013 年第 6 期。

元,与陈明星等的研究具有了一定对应性,其对照见表5-4。

表5-4　2001—2019年我国人均GNI与城镇化水平对应表

（单位:美元;%）

年份	人均GNI	与人均GNI对应的城镇化率	实际城镇化率	差值
2001	1037		37.66	19.88
2002	1139		39.09	21.31
2003	1286	17.78	40.53	22.75
2004	1510		41.76	23.98
2005	1756		42.99	25.21
2006	2110	27.36	44.34	16.98
2007	2713		45.89	18.53
2008	3492	36.82	46.99	10.17
2009	3833		48.34	11.52
2010	4506	44.30	49.95	5.65
2011	5528	49.60	51.27	1.67
2012	6309	53.24	52.57	−0.67
2013	7014	54.20	53.73	−0.47
2014	7702		54.77	0.57
2015	8119		56.10	−1.58
2016	8264	57.68	57.35	−0.33
2017	8814		58.52	0.84
2018	9732		59.58	1.90
2019	10277	60.36	60.60	0.24

资料来源及说明:2001—2016年"人均GNI"数据源于联合国统计司,2017—2019年"人均GNI"源自国家统计局相关年份国民经济和社会发展统计公报,并经计算所得;"与人均GNI对应的城镇化率"源于表5-3陈明星等的研究成果,由于其对应的区间跨度较大,如1000—2000美元并没有列出相应城镇化率值,故在这一区间内一律以1000美元对应的城镇化率值为准,这显然与实际有较大差距;"实际城镇化率"源于国家统计局相关年份国民经济和社会发展统计公报;"差值"="实际城镇化率"−"与人均GNI对应的城镇化率"。

由表5-4可知,除个别年份我国的"实际城镇化率"低于"与人均GNI对应的城镇化率"外,其余年份均为正值。2009年以前实际城镇化率高出两位数,此后,趋于稳定。比较表5-2、表5-4,二者之间在城镇化率水平高低上显然存在不同,前者显示出我国城镇化水平滞后,后者却在大多数年份超前。这既说明了"标准"本身是否科学值得推敲,或者说这意味着是否必须有一个全世界统一的标准;也反映了各国国情不同,换算体系差异较大,其数据仅供"参考",而不是唯一根据。同时,两表所体现的年份不同,表5-2反映的是1978—1997年城镇化水平,而表5-4反映的是2001—2019年的状况,二者在时间上不存在交叉,因此存在差异也属正常。并且自20世纪80年代末开始,我国逐步形成大批农村剩余劳动力外出的"民工潮",这些农民工并未被统计在城镇居民之内;而到了21世纪,我们在统计城镇化水平时则将这个庞大群体统计在内,也提高了城镇化水平。虽然二者在经济发展水平与城镇化水平标准上差别较大,但都认为城镇化率的饱和值为75%。因此,与其争论城镇化水平量的大小,不如关注城镇化水平质的高低,而反映城镇化水平质的标志之一就是社会保障水平,尤其是养老保险水平。

(二)农民工市民化的成本

城镇化的核心是人的城镇化,李克强总理指出,"城镇化的过程是农民变为市民的过程""把符合条件的农民逐步转变为城镇居民,是推进城镇化的一项重要任务"。[①]

1. 农民市民化的逻辑进程

农村居民变为市民是一个渐进的过程,即农民城镇化的进程是由"农民"到"农民工"再到"市民"的过程,"农民—农民工—市民"是其演进逻辑。城镇化进程中的农村社会养老保险制度也要依此路径而进。这就意味着在城镇

---

① 李克强:《协调推进城镇化是实现现代化的重大战略选择》,《行政管理改革》2012年第11期。

化进程中,除城乡居民基本养老保险外,如何推进农民工的社会养老保险制度
也是必不可少的。针对农民工群体的养老保险制度既要参考城乡居民基本养
老保险、职工基本养老保险,但又与二者有一定差异。

2. 农民工市民化的成本估计

农民工市民化面临着一系列障碍,这些障碍有些是经济性的,可以计算
的,而有些则是非经济性的,因而也是无法测算的,这些都是农民工市民化
面临的门槛。"门槛是指事物发展过程中的一个界限、限度或临界值,跨越
这个临界值,就意味着事物将发生质的变化。"农民市民化门槛是指"农民
工在市民化过程所遇到的各种障碍的总称"①,可分为经济门槛和非经济门
槛。前者是指农民工在市民化过程中所遇到的各种市场性约束,其运行机
制主要是供求和竞争等市场机制,可以计量;后者是指该过程中所遇到的各
种制度和法规的行政性约束的总称,其运行机制是计划、行政等手段,难以
计量。

就经济门槛而言,农民工市民化的成本主要包括义务教育、居民合作医疗
保险、基本养老保险、民政部门的其他社会保障(如意外伤害保险、低保、医疗
救助、妇幼保健等)、城市管理费用、住房等。根据预测,到2050年我国城市人
口将在现有基础上增加4亿—6亿人,达到10亿—11亿人,按2006年不变价
格计算,城镇化的社会总成本为43万亿元,平均每年支出9863亿元,相当于
2006年国民生产总值的4.7%。② 当然,由于计算中包含重复计算,如教育投
资、公安、保障、基础设施等事实上无须按每个人计算,而是一次性投入,可重
复利用。因此,实际支出并没有如此之高。据张占斌等的研究,以2011年的
不变价格计算,据国家统计局调查,当年农民工总数为25278万人,其中外出

---

① 黄锟:《城乡二元制度对农民工市民化影响的理论分析》,《统计与决策》2011年第
22期。
② 国务院发展研究中心课题组:《农民工市民化进程的总体态势与战略取向》,《改革》
2011年第5期。

农民工 15863 万人,假定一次性将所有外出农民工全部市民化,其总成本为 18091.04 亿元,人均 1.14 万元;其中,养老成本新增养老补助 938.13 亿元,人均 0.08 万元。① 这些经济成本主要应由各级政府来承担。

三、信息化为农村社会养老保险赋能

人类产生后,人与人之间交流就伴随着信息的传递,无论传递是以口头、语言、文字,还是以手势、纸张、现代传媒,都是将信息向对方或多方进行表达,以达到信息沟通的目的,因此信息具有历史属性。信息的传递、渗透、应用即形成了信息化。

(一)信息化的基本内涵

1.信息化的含义

信息化是"信息通信技术渗透到人类生产、交换、社会交往的所有层面、所有领域的过程"②,是"培育并发展以电子计算机信息处理技术为基础、以信息能的传递为纽带、以社会财富创造者具备智能信息处理能力为标志的新型生产力和生产方式,进而导致人类社会诸方面向更高阶段智能化变迁的一种历史过程"。③ 从中可见,信息化的实现手段是计算机,传递纽带为信息所含的能量,标志是行为主体信息处理能力的全面提升,目的是使人类社会向更高智能的变迁。因此,该概念是行为主体、行为信息、行为方式、行为目的的复杂统一体。

2.信息化的属性

信息化因研究视角的不同而具有多重属性,包括技术性、历史性、文化性、

---

① 张占斌、冯俏彬、黄锟:《我国农民工市民化的成本测算与时空分布》,《内部文稿》2012 年第 11 期。

② 吴敬琏:《信息通信技术与经济社会转型丛书总序》。转引自阿尔弗雷德·D.钱德勒等编:《信息改变了美国:驱动国家转型的力量》,万岩等译,上海远东出版社 2008 年版,第 i 页。

③ 王旭东:《20 世纪下半叶"信息化"概念及用词历史源流考释》,《史学理论研究》2008 年第 3 期。

社会性等。①

（1）技术性。这主要是指信息理论及其实现的科学技术。信息的处理、传输及应用都需要一定技术，也可称为信息技术，它属于信息的器物层。信息的技术性是信息化的基础，直接决定着信息化的水平和能力；在当今社会也是生产力发展的关键性支撑。

（2）历史性。人们对信息的认知、运用是主观过程和客观过程的统一。客观上任何信息都具有历史阶段性，主观上人们的认知也具有历史局限性。人们对信息的认识会随着时代进步而变化，甚至会产生颠覆性的转变。

（3）文化性。对信息的认识是基于认知主体的，而主体必然具有文化属性，不同国度、阶层的主体对信息的认识必然受其所属文化的影响。如西方国家更重技术性分析和应用，容易把对信息的思考落到具体微观细节上；而东方国家更重文化与整体分析，所以容易把关注点落在宏观层面上。

（4）社会性。即通过信息化实现社会变革，将信息技术运用到人类生产、交换、社会交往等层面和领域，促使社会法律制度、组织方式、办公方式等的变革，实现社会的变革与转型。

信息化的四个属性之间具有内在联系，技术性是前提，其他三性皆源于此，没有技术性，信息化无从谈起；而历史性、文化性、社会性又存在前者推动后者的关系，其社会性是最终目的。

（二）信息化为农村社会养老服务提供支持

信息化以技术性为基础，历史性、文化性为表征，目的是实现社会性。信息化既是手段，又是目的。

---

① 　王旭东：《社会信息化概念的历史考察及其厘定》，《安徽师范大学学报（人文社会科学版）》2008 年第 4 期。

1. 信息化为农村社会养老保险管理系统化提供技术支持

社会养老保险是一个系统,参保人数的统计,养老金的征缴、支付、结余,基金管理、保值增值等每一个环节都需要工作人员处理海量数据。如2020年城镇职工基本养老保险参保人数达45638万人,城乡居民基本养老保险参保人数达54244万人,二者合计将近9.99亿人的庞大数字,不借助现代信息技术,仅依靠传统手段,其处理效率之低、误差率之高都是难以想象的。因此,信息化的技术属性就为养老保险的系统化管理提供了技术支持。当然,仅有信息技术支持是不够的,信息化也不仅仅是采用信息技术,而应首先是理念的转变,这就需要通过信息化对制度进行变革,这也是信息化的社会属性所在。

2. 信息化为农村社会养老服务提供平台

信息化在养老服务业中的应用是全方位的,"智慧养老"或者"智能家居养老"是其一个表现。[1] 通过信息化可将养老服务的各参与主体,如家庭、社区、政府、社会机构有机结合起来,使其共同为老年人服务。这种技术既可以应用于家庭,也可以运用于机构。当然,一方面由于信息化养老服务资源分布的不平衡,尤其是农村地区信息技术在运用、推广方面的不及时、不全面;另一方面由于养老服务信息化标准的缺失等因素影响,构成了"智慧养老"的"瓶颈"。因此应采取措施突破"瓶颈",开展"智慧养老"和虚拟养老院在农村的试点,全面深化居家社区养老服务。

四、农业现代化为农民养老保障起兜底作用

农业现代化被赋予了很多功能,要使"农业增产、农民增收、农村繁荣";通过农业现代化,使"农业更强、农民更富、农村更美"。但事实上,农业现代化更侧重于生产领域,难担此诸多重任。

---

① 张丽雅、宋晓阳:《信息技术在养老服务业中的应用与对策研究》,《科技管理研究》2015年第5期。

（一）农业现代化的内涵及目的

1.农业现代化的内涵

农业现代化是"用现代生产方式对中国传统农业进行全方位改造的过程,是农业生产技术、生产手段、经营管理、产权制度等诸方面发生深刻变革的过程,是在维护生态环境,实行资源配置全球化的情况下,使农村经济和农民生活水平不断提高的过程"。[①] 农业现代化具有时序性和世界性。过程是一个时序性概念,仅就此而言,在后的过程相比于在前的过程都是现代的,当下的农业相较于过去的农业都可称为现代农业,未来的农业相较于现在的农业也是现代农业。当然,农业现代化除具时序性外,还具有世界性,即要参照国际水平,只有当本国或地区农业发展水平达到或接近中等发达国家所达到的水平时,方可称为农业现代化。

农业现代化的直接结果是实现现代农业对传统农业的否定,以使现代农业区别于传统农业,其标志有四个:一是物质能量循环的转变。传统农业中物质循环与能量流动具有封闭性,外来物质和能源难以进入。以英国工业革命为起点,工业可以为农业提供能源和物质,传统农业开始增加外来成分。二是技术进步。传统农业主要使用传统农具、农家肥,种植技术依靠经验积累;现代农业则是"农业机械化、水利化、化肥化、电器化",在土地翻耕、种植、管理、收割等生产性环节使用并体现技术进步。三是具有一套完备的农业支持保护体系,主要表现为通过财政补贴,实行粮食最低收购价制度,确保农民收入稳定。四是形成现代农业组织体系,体现为生产、管理、服务、销售等环节的合作组织,引导分散的农民向"组织化、市场化转变"[②]。

2.农业现代化的目的

农业现代化的目的可从相关表述和文件中寻找答案。按照 2012 年陈锡

---

① 康芸、李晓鸣:《试论农业现代化的内涵和政策选择》,《中国农村经济》2000 年第 9 期。

② 陈锡文:《中国特色农业现代化的几个主要问题》,《改革》2012 年第 2 期。

文的说法,"加快农业现代化进程,不断提高耕地产出率、资源利用率和劳动生产率,为农业增产、农民增收、农村繁荣注入强劲动力"。[1] 2015 年中央一号文件《关于加大改革创新力度加快农业现代化建设的若干意见》作为"农业现代化"建设的指导性文件,提出"中国要强,农业必须强;中国要富,农民必须富;中国要美,农村必须美"。前者较具体,即农业现代化的目的在于"农业增产、农民增收、农村繁荣",涉及增加农产品产量、增加农民收入、繁荣农村;后者较为宏观,使农业更强、农民更富、农村更美。无论是前者的"产收荣",还是后者的"强富美",都是围绕"农业、农民、农村"的发展加以阐释,旨在高标准要求、全方位推进该项工程,实现"三农"的同步推进。

(二)农业现代化实施中的目标偏离

虽然农业现代化有上述宏大目标,但实施起来可能会出现与目标之间的偏差。

1. "三农"的实质是"一农"

"农业、农民、农村"简称"三农"。"农业"是"栽培农作物和饲养牲畜的事业"[2];"农村"是"以从事农业生产为主的人聚居的地方"[3];"农民"是"在农村从事农业生产的劳动者"。[4] 三者之中,农民之所以被称为农民,是因为其所从事的职业;农村之所以被称为农村,是因为从事这种职业的人们聚居于此。三者之中,农业处于主导地位,农民、农村则皆因此而伴生。但基于能动因素,无论是人们从事的职业,还是聚居的地方,都是因"人"而存在。正是由于"人"的存在,才有从事产业、居住于此的必要;如果缺少了"人"这一主体,"农业""农村"也就成了无源之水、无本之木。所以,根本上,"农民"是"三

---

① 陈锡文:《中国特色农业现代化的几个主要问题》,《改革》2012 年第 2 期。
② 《现代汉语词典》(第 7 版),商务印书馆 2016 年版,第 961 页。
③ 《现代汉语词典》(第 7 版),商务印书馆 2016 年版,第 960 页。
④ 《现代汉语词典》(第 7 版),商务印书馆 2016 年版,第 961 页。

农"的核心,其他"二农"都服从、服务于这一主体。需要说明的是,在我国,"农民"具有二重性,即一方面在职业上,是指与土地等农业生产资料结合并从事农业生产经营活动的劳动者;①另一方面在身份上,则是一群不具有非农业户口、不享受城镇社会保障的劳动者。这就意味着从事农业劳动的少部分人并不一定是农民;相反,从事非农产业的群体,本已不是农民,但由于户籍的原因可能仍然被称为"农民"或"农民工"。

因此,"农业现代化"形式上是"农业",但其根本是"人",即旨在通过农业现代化,增进主体福利,实现人的素质技能的全面提升。"把增进人民福祉、促进人的全面发展作为发展的出发点和落脚点。"②我国农业经营的主干是农民,也就意味着农业现代化应顺乎农民的需求,满足农民的需要,促进农民增收,实现农民素质技能的提升。因此,农业现代化过程中虽然可能采取不同方式,以推进农业供给侧结构性改革,实施科技兴农战略,以科技助推农业生产,解放和发展农村生产力,但其"核心是要解决好人的问题,通过富裕农民、提高农民、扶持农民,让农业成为有奔头的产业,让农民成为体面的职业"。③ 为此,应明确农业现代化进程中,农村改革必须维护农民权益的"底线",即"不管怎么改,都不能把农村土地集体所有制改垮了,不能把耕地改少了,不能把粮食生产能力改弱了,不能把农民利益损害了"。④

2.农业现代化可能难以实现被赋予的宏大目标

正如前述,中国农业现代化的目的在于"农业增产、农民增收、农村繁荣",实现中国"强富美"。实现该目标所采取的措施在于政策支持,尤其是财

---

① 林后春:《当代农民阶级、阶层分化研究综述》,《社会主义研究》1991 年第 1 期。

② 习近平:《习近平总书记系列重要讲话读本》,学习出版社、人民出版社 2016 年版,第 77 页。

③ 习近平:《习近平总书记系列重要讲话读本》,学习出版社、人民出版社 2016 年版,第 159 页。

④ 习近平:《习近平在农村改革座谈会上强调:加大推进新形势下农村改革力度,促进农业基础稳固农民安居乐业》,《人民日报》2016 年 4 月 29 日。

政支持。但"农业增产"与"农民增收"之间并不存在一致性联系,甚至呈现相反方向,即在市场经济条件下,作为一般商品,产量与价格之间呈反向关系,即农产品数量越多、越增产,农产品的价格越下降,当价格弹性不能弥补产品增量之间的比例时,或者当农产品存在大量积压时,农民反而减收,并不能实现农民增收目标。同时,农民为了获得较高的收益,不得不加大产品数量的生产。于是就形成了产品数量大—价格低—产品数量更大—价格更低的恶性循环,难以使"农业增产"与"农民增收"双重目标同时实现。

此外,农业现代化还试图通过培育新型农业经营主体,既解决"谁来种地"的问题,又可以通过适度规模经营,采用农业技术装备,发展现代农业,以实现增产。但从实践看,国家试图通过财政扶持新型农业经营主体,尤其是粮食生产经营主体的愿望并未有效实现,因为粮食生产利润微薄,在没有财政支持的情况下,资本难以进入;而通过扶持,即便"引导"了部分资本投入该领域,但其结果可能是,"政府出钱培育出了一大批骗取国家财政补贴的骗子企业,这些企业缺少在市场经济大潮中游泳的能力,甚至拿了政府农业补贴就跑路了"。① 这就意味着以财政培育新型农业经营主体增产粮食的路子是行不通的。

既然农业现代化可能难以同时实现"农业增产"与"农民增收"的双重目标,加之新型农业经营主体培育过程中的问题,要依靠农业现代化实现"强富美"的宏大目标,其艰难可想而知。

(三)重新确立农业现代化的目标走向

重新确立农业现代化的目标走向,首先在于分析我国在该领域的短板,通过补足"短板",实现平衡发展。

---

① 贺雪峰:《为谁的农业现代化》,《开放时代》2015 年第 5 期。

1. 农业现代化的"短板"①

对于农业现代化的"短板",有这样形象的比喻,即"手短""腿短""身短"。

"手短"是指农业生产工具和技术落后。很多生产仍依靠传统农具,效率低下;现代技术,难以被广泛应用,致使增产、增收困难。据国家统计局《中国农业现代化进程研究与实证分析》研究报告,2001 年我国农业现代化实现程度仅为 31.7%;农业生产手段方面,指数为 20.3%;农业科技化水平、电气化水平仅为个位数,分别为 5.41%、6.99%;信息化水平为 20.66%,机械化、水利化和良种化水平分别为 30.29%、42.57%和 37.98%,其实现程度均未过半。② 即便到 2017 年我国农业比较劳动生产率为 0.29,低于中等以上收入国家 0.35 的平均水平,更低于发达国家。③

"腿短"是指农业生产条件较差。主要表现为土地经营规模小、地块分散、水利设施简陋等。本来我国人均耕地面积只有人均 1.41 亩,加之改革开放之初分田到户时,又将地分三等,每等地平均分配,以示公平。虽然后来农民自发进行了一定调整,以使耕地连片,便于集中耕种,但土地经营规模小的矛盾并没有也不可能解决。再者,我国水利设施尚不能满足农业现代化的需求,尤其是不能解决水利灌溉中"最后一公里"的问题,致使农田难以灌溉。

"身短"即农业从业者素质较低。这主要体现为我国农业从业者的文化程度较低,难以适应农业现代化的文化与技术需求。据《中国农村统计年鉴》的统计,2012 年,我国农业从业者不识字或识字很少、小学文化程度分别占 5.30%、26.07%,占到 1/3;初中文化程度超过一半,达到 53.03%;高中和中专文化程度分别占 10.01%、2.06%;大专及以上文化程度为 2.93%。④ 较低的

---

① 刘敏、白塔:《我国农业现代化"短板"之辩》,《西北师大学报(社会科学版)》2017 年第 3 期。

② 刘晓越:《中国离农业现代化有多远》,《中国信息报》2004 年 3 月 3 日。

③ 马晓河:《乡村振兴要围绕"四短"展开》,《中国农村科技》2019 年第 3 期。

④ 国家统计局农村社会经济调查司编:《中国农村统计年鉴》,中国统计出版社 2014 年版,第 29 页。

文化程度不仅决定了农民接受新理念、新思想的意识不强,而且决定了农业从业者接受新技术的能力不足。这直接影响着农业现代化的实现水平。

上述"三短"虽不能概括当前农业现代化不足的全部,但却足以滞缓我国农业现代化。

2. 农业现代化应以保障小农为目标

由上述分析可见,农业现代化的基本功能在于实现粮食安全、提供农民收入与就业机会、维持农村社会稳定。①"农业现代化应是为两亿多种粮农民服务的现代化",而不是培育新型农业主体的现代化;"国家支持三农的目的是要满足农业三大基础功能,是要维持农村底线,而不是为了让农民致富,也不可能让农民致富"。"农业现代化是维持底线的……是低调的、适用的、保底的。"②简言之,农业现代化应为农村养老保障起到"兜底"保障作用。

这一农业现代化的目的显然没有前者令人兴奋,甚至令人沮丧,但却更"接地气"。因为从我国实际看,农业现代化既通过服务小农,以使其保障粮食安全,又通过农业生产使农民有工可做,有活可干,以维持人的尊严;这就同时维持了农村社会的稳定,进而国家的稳定。基于这样的目标,农业现代化的重点在于弥补上述"短板",主要有三:

一是努力从生产各环节改善农业生产手段,以补"手短"。主要包括对耕种、种子、灌溉、信息等方面加以弥补,这就要求提升机械化、良种化、水利化、信息化水平。

二是努力改善农业生产条件,以补"腿短"。通过土地整理、农户之间自发的土地流转等方式,缓解土地分散化、规模小型化;这种方式不是通过政府堆大户、树典型实现的,而是市场自发的结果。再就是通过组织化解决水利"最后一公里"灌溉问题,以村社组织共商生产事务,回应农户需求。

三是努力提高农业从业者的农业技术水平,以补"身短"。受教育程度只

---

① 贺雪峰:《为谁的农业现代化》,《开放时代》2015 年第 5 期。
② 贺雪峰:《为谁的农业现代化》,《开放时代》2015 年第 5 期。

是反映农业从业者的一个指标,短期内难以提升,这和他们从农业实践中获得的经验、在市场中获取的信息不能完全等同。因此,对于农业从业者最为迫切的是建立适应小农需求的较为完善的农业技术研发和推广体系,尤其是包括农技服务在内的完善的社会化服务,通过给予农业从业者更直接的培训,以使其从实践中获得更实用的知识和技能,更有利于农业从业者素质的提升。

第二节　农村社会养老保险制度
建设应遵循的理念
——社会公正

《国务院关于开展新型农村社会养老保险试点的指导意见》指出:"建立新农保制度……,是逐步缩小城乡差距、改变城乡二元结构、推进基本公共服务均等化的重要基础性工程,是实现广大农村居民老有所养、促进家庭和谐、增加农民收入的重大惠民政策。"这一政策的实施,有利于缓解农村老人的养老压力,维护社会稳定,是社会公正理念的重要体现。

社会公正是社会实现安全运行的必要条件,"通过对社会成员基本权利和基本尊严的保证,通过必要的社会调剂,社会各个阶层之间的隔阂能够得以最大限度地消除,至少是缓解,进而可以减少社会潜在的动荡因素"。[①]

一、社会公正的基本理念

所谓社会公正,就是给予每个人他(她)所应得。既然是所"应得",就意味着,如果社会成员个体应该得到的而没有得到,或者不应该得到的反而得到了,都不能称为社会公正。同样,由于个体的差异,以及由此带来的对社会贡献的差异,绝对化的平均主义也是不公正。这就需要明确维护社会公正应遵

---

① 吴忠民:《社会公正论》,山东人民出版社2012年版,第2页。

循的基本理念——自由、平等、合作。

（一）自由

自由是人的重要特性之一，"人的类特性恰恰就是自由的自觉的活动"。[①]
社会成员的"自由是做法律所许可的一切事情的权利"；[②]它具有个体性、自主
性、理性、多样性、合意性等特征；包含着以个体人独立自主地进行选择、尊重
个体人本身合理的差异、以理性为重要准则等重要内容。社会发展的基本宗
旨在于使每个人获得自由和全面发展；反过来，自由对于经济发展，对于形成
公正、合理、有活力的社会局面，以及对于现代政治文明都具有十分重要的推
动作用，因此又是推动社会发展的重要力量。作为取消了阶级对立的社会主
义社会，"将是这样一个联合体，在那里，每个人的自由发展是一切人的自由
发展的条件"。[③]

（二）平等

平等是指"社会成员应当拥有相同的基本权利，社会成员的基本尊严应
当得到一视同仁的保护，社会成员在融入社会生活以及寻求自身发展时应当
得到无差别的基本平台"。[④] 与自由相比，平等相对是理想化的，也需要支付
更高的社会成本，但有着更广泛的群众基础。作为现代文明重要标志的平等，
既可以为自由提供有效保障，也有助于激发社会活力，更有助于社会的安全
运行。平等理念首先肯定了人的基本贡献和种属尊严，"一切人，或至少是
一个国家的一切公民，或一个社会的一切成员，都应当有平等的政治地位和
社会地位"。[⑤]

---

① 马克思、恩格斯：《马克思恩格斯全集》第42卷，人民出版社1979年版，第96页。
② ［法］孟德斯鸠：《论法的精神》上册，张雁深译，商务印书馆1961年版，第154页。
③ 马克思、恩格斯：《马克思恩格斯全集》第39卷，人民出版社1974年版，第189页。
④ 吴忠民：《社会公正论》，山东人民出版社2012年版，第348页。
⑤ 马克思、恩格斯：《马克思恩格斯选集》第3卷，人民出版社1995年版，第444页。

　　根据平等的时序,平等可分为机会平等、过程平等、结果平等。完全的机会平等、过程平等、结果平等,都是不符合现实的乌托邦。仅就机会平等而言,根据社会成员的差别可分为"共享的机会平等"和"有差别的机会平等",前者是指每个社会成员应当具有大致相同的发展机会,后者则是指由于社会成员的不同,应有程度不同的差别。

　　平等与自由既相关又有别。缺乏自由的平等,和没有平等的自由,都是不可想象的。"相信自由,这是因为我相信平等;我之所以设想一个人人自由,并像兄弟一般相处的政治社会,则是由于我设想了一个由人类平等的信条所统治着的社会"。① 二者的差别在于"平等侧重于对个体人种属的肯定和保护,而自由侧重于对个体人所具有的个体差异的尊重和保护"。②

(三)合作

　　合作是指个人与个人,或者群体与群体之间为达到共同目的而进行的彼此配合的方式。合作是人类社会的基本特征,尤其在现代社会条件下,个体离开了社会、离开了合作几乎寸步难行,更谈不上发展。之所以要合作,是因为个体的力量极为渺小,难以应对自然灾害或社会风险所带来的困难。合作并非失去自我,而是为了使自身更好地自由发展。"要寻找出一种结合的方式,使它能以全部共同的力量来卫护和保障每个结合者的人身和财富,并且由于这一结合而使每一个与全体相联合的个人又只不过是在服从其本人,并且仍然像以往一样地自由。"③因此,个人或群体只有进行有效的合作,才能更好地实现自身价值。合作的主体可以是个体、群体,甚至是国家,通过合作,达到个人、群体、国家利益的最大化。

　　正是基于合作主体的内在联系,通过合作,一方面可以对以个体为本位的

---

① ［法］皮埃尔·勒鲁:《论平等》,王允道译,商务印书馆 1988 年版,第 15 页。
② 吴忠民:《社会公正论》,山东人民出版社 2012 年版,第 5 页。
③ ［法］卢梭:《社会契约论》,何兆武译,商务印书馆 1980 年版,第 19 页。

自由和平等理念的可能性弊端进行有效控制,校正自由与平等对公共利益关注的不足;另一方面也可以防止因忽略个体,完全以国家为本位构建社会公正所带来的不利因素。

二、新农保制度与社会公正理念的适应性

这里分析的新农保主要以《国务院关于开展新型农村社会养老保险试点的指导意见》为蓝本,是对相关内容的具体分析。

(一)体现了社会公正的自由理念

新农保制度参保人的"自由"主要体现为三点:

1. 农民"自愿"参保

《国务院关于开展新型农村社会养老保险试点的指导意见》规定:"年满16周岁(不含在校学生)、未参加城镇职工基本养老保险的农村居民,可以在户籍地自愿参加新农保。"这就意味着农民参保与否,取决于其个人意志,具有参保选择权,农民既可以选择参保,也可以选择不参保。

2. 农民"灵活"缴费

这主要是针对"中人"而言的,"距领取年龄不足 15 年的,应按年缴费,也允许补缴,累计缴费不超过 15 年"。这就为由各种因素导致的农民暂时的缴费困难提供了缓冲,体现了制度的灵活性。

3. 农民"自主"选择缴费档次

《国务院关于开展新型农村社会养老保险试点的指导意见》规定参保人可在 100—500 元 5 个档次中自主选择缴费档次,《国务院关于建立统一的城乡居民基本养老保险制度的意见》对此做了调整,在原有基础上,增加了600—1000 元、1500 元、2000 元等七个缴费档次,使缴费档次选择增加到 12个,适应了不同收入者的实际需求,具有了更大自由度。

（二）体现了社会公正的平等理念

建立新农保制度,其目的之一是"推进基本公共服务均等化",体现农民与其他社会群体的平等性。我国社会养老保险制度为"双轨制"——职工基本养老保险制度和城乡居民基本养老保险制度,前者覆盖机关、事业单位职工和城镇企业职工,后者覆盖非国家机关和事业单位工作人员及不属于职工基本养老保险制度覆盖范围的城乡居民。两相比较,有一定类似性,体现了制度的平等性。

1.养老保险制度模式一致

职工基本养老保险制度采取"社会统筹基金+个人账户"制度,城乡居民基本养老保险制度实行"基础养老金+个人账户"制度,都是部分"现收现付"+部分"强制储蓄"的制度。

2.最低参保年限要求一致

"距规定领取年龄不足15年的,应逐年缴费,也允许补缴,累计缴费不超过15年;距规定领取年龄超过15年的,应按年缴费,累计缴费不少于15年。"

3.个人账户增值方式与养老金计发系数一致

两项制度个人账户的保值增值方式按有关规定实现保值增值,主要是存银行、买国债,个人账户的月养老金的计发标准为个人账户全部储存额除以139。

（三）体现了社会公正的合作理念

名义上,农村社会养老保险制度属于保险的范畴,而"保险"的产生,本身就是为了应对各种风险而进行"合作"的结果。社会保险是"以劳动者为保障对象,以劳动者的年老、疾病、伤残、失业、死亡等特殊事件为保障内容的一种生活保障政策"[1],具有强制性、互济性、储备性、补偿性等特征。[2] 新农保作

---

① 郑功成:《社会保障学——理念、制度、实践与思辨》,商务印书馆2003年版,第18页。

② 孙光德、董克用主编:《社会保障概论》,中国人民大学出版社2004年版,第27页。

为一种社会养老保险,其必然应具备上述特征,体现"合作"理念。具体表现为两点:

1. 基础养老金的转移性支出具有合作性

转移性支出"是指政府单方面把一部分收入所有权无偿转移出去而发生的支出"①;税收"是国家依据法律规定,按照固定比例对社会产品进行的强制、无偿的分配""是国家取得财政收入的一种重要工具,其本质是一种分配关系"。② 也就是说,新农保的基础养老金是通过国家向全社会范围内纳税主体所征得的税收的一部分,在一定社会成员之间进行的一种分配,是全社会范围内的一种合作关系,具有广泛的合作性。

2. 个人账户养老金具有储备性

虽然就个人而言,个人账户不具有互济性,不能体现合作理念,但就社会而言,是一种储备基金。为了保障其保值增值,确保基金安全,都要对基金进行投资,其使用可以形成巨大的经济效益与社会效益,实现了个人账户基金在社会范围内的合作。

三、新农保制度与社会公正理念的偏差

社会公正以自由、平等、合作三大理念依据为支撑,新农保制度的建立也一定程度上呼应了社会公正精神,这也是我国新农保制度不断推进的重要原因。然而,综观"实然"的农保制度与社会公正所要求的"应然"的农保制度之间还有一定的差距。厘清"实然"与"应然"之间的差距是制度完善的前提。

(一)新农保制度的自由度偏高

为维护社会公正,理应给予主体一定的自由。但自由是有限度的,无限制

---

① 刘怡主编:《财政学》,北京大学出版社 2016 年版,第 97 页。
② 王晓光主编:《财政与税收》,清华大学出版社 2015 年版,第 147—148 页。

的自由则可能会陷入无序。就新农保制度而言,偏高的自由度,致使在制度执行中出现了一定偏差,影响了制度效果,主要表现为两点:

1.对地方政府的有些责任要求较为模糊

这主要体现在基金筹集上,"对选择较高档次标准缴费的,可给予适当鼓励,具体标准和办法由省(区、市)人民政府确定";在养老金待遇调整上"地方人民政府可以根据实际情况适当提高基础养老金标准"等。这种不明确的规定,名义上为其制定细则提供了空间,但实际上也可能为地方政府逃避责任,甚至懒政找到了借口。

2.参保人低档缴费影响了制度保障效果

文件规定参保人最低缴费档次为100元,而参保人也大多选择了100元参保。这就使个人账户积累有限,供给替代率功能大打折扣,个人账户养老金的实际替代率仅为3.37%—15.97%[1],致使领取的养老金主要源于本来就不算多的基础养老金,弱化了制度保障效果。

(二)新农保制度的平等性不足

如前所述,机会平等可分为"共享的机会平等"和"有差别的机会平等",就新农保制度而言,无论在共享机会上,还是差别机会上都存在一定的不平等。

1.共享机会差距大

新农保制度从无到有,对健全农村社会保障体系,让广大农民分享改革成果,实现了质的飞跃,使农民与其他群体有了共享的机会,但这种机会的平等程度应以"量"来体现,从而反映农民共享机会平等的"度"。制度实施之初,据北京大学国家发展研究院2013年的调查发现,新农保养老金的中位数为每年每人720元,而城镇居民、企业职工、机关事业单位人员的养老金的中位数

---

[1] 邓大松、薛惠元:《新型农村社会养老保险替代率的测算与分析》,《山西财经大学学报》2010年第4期。

分别为每人每年 1200 元、18000 元、24000 元,分别是前者的 1. 67 倍、25 倍和 33.33 倍。四类人群的养老金皆源于财政支出或社会养老统筹基金,应体现平等的共享机会,然而,农民所得到的基础养老金,与其他群体,尤其是与企业退休职工、机关事业单位退休人员所得到的退休金之间差距过大,未能体现共享机会的平等。

2. 差别机会差距小

农民参保人的养老金待遇领取条件之一是"年满 60 周岁、未享受城镇职工基本养老保险待遇的农村有户籍的老年人,可以按月领取养老金"。而 60 岁以上的农民是一个庞大的群体,年龄参差不齐,劳动能力、身体健康状况差别较大;地区差异大,区域发展不平衡。在这种情况下,未对 60 岁以上老人根据其年龄、性别和实际需求,以及区域发展状况进行细分,而是采取统一的待遇标准,违背了"有差别的机会平等"原则,导致了事实上的不平等。对于农村低龄老人,大多还有较强的劳动能力,可以通过劳动获得一定收入,加之基础养老金共同构成其主要收入来源。而针对高龄老人,尤其是 80 岁以上老人,其劳动能力急剧下降,身体健康状况也日益堪忧,且需要支付更多的医疗费。在这种情况下,如果没有相应的配套政策,则极不利于稳定高龄老人的生活质量。

3."捆绑机制"背离了权利主体的独立性

《国务院关于开展新型农村社会养老保险试点的指导意见》规定"新农保制度实施时,已年满 60 周岁、未享受城镇职工基本养老保险待遇的,不用缴费,可以按月领取基础养老金,但其符合参保条件的子女应当参保缴费"。这就将父母养老金待遇享受与子女的参保捆绑在了一起,其初衷在于引导青壮年农民参保,以及子女对老人的赡养义务,但却违背了参保自愿原则。事实上"领取基础养老金"和"子女参保"是主体不同、性质有别的两种权利。

(1)两种权利分属不同的主体。领取基础养老金的权利属于 60 周岁以上老年人,由于基础养老金是普惠式的养老金,因而该权利是基于农村公民身份,是绝对权利,不存在任何依附性;而参保的选择权属于年满16周岁的农村居民,"自愿"参保。两种权利分属不同主体,即便在同一家庭中,父母、子女之间的权利也不能充抵和替换。

（2）两种权利的性质不同。"领取基础养老金的权利属于请求权,即权利人依据该权利得以要求政府支付基础养老金;而参保的选择权则属于形成权,即权利人依据自己参保的行为,为自己建立和积累个人养老保险基金。"[1]"捆绑机制"将两种分属不同主体、具有不同性质的两个权利强行捆绑,既剥夺了老人的请求权,损害了老人的利益;也妨碍了子女的选择权,影响了子女的参保行为。这无论对老人还是子女都具不平等性。

（三）新农保制度的合作程度不够

判断新农保制度是否具有合作性,其依据在于能否形成参保人员之间的互济及互济程度的高低。反观新农保制度,其合作程度不够主要体现在个人账户上。按规定,"新农保基金由个人缴费、集体补助、政府补贴构成",国家为每个参保人建立养老保险个人账户,"个人缴费,集体补助及其他经济组织、社会公益组织、个人对参保人缴费的资助,地方政府对参保人的缴费补贴,全部记入个人账户"。"参保人死亡的,其个人账户中的资金余额,除政府补贴外,可以依法继承"。由此可见,个人账户具有完全的个人性质。这种制度设计,既改变了制度的"保险"属性,使其成为典型的"普惠制养老金+个人账户制度"[2],又带来了两个负作用:一是使个人账户无法实现社会互济;二是当参保人60岁以后的余命超过139个月,其个人账户养老金不再有剩余时,如

---

①　刘东华:《"新农保"中的"捆绑机制"批判》,《广西政法管理干部学院学报》2010年第6期。

②　公维才、薛兴利:《农保新构想:"梯度"普惠制养老金》,《山东社会科学》2012年第8期。

果没有高龄津贴,高龄老人所得养老金仅为基础养老金,增大了养老风险,降低了养老金替代率,加剧了生活困难。

综上所述,新农保制度与社会公正在自由、平等、合作理念方面的偏差,导致了不良后果:其一,不利于与现有职工基本养老保险制度衔接。社会的进步,新农保制度的发展,当前"双轨制"的养老保险制度只是权宜之计,其未来必然是城乡养老保险制度的一体化。而当前新农保制度与职工基本养老保险制度的性质不同,难以有效衔接。其二,不利于实现社会互济。保险的本质在于通过横向、纵向互济的合作方式分散风险,然而新农保制度在个人账户方面的互济性缺失使制度难以实现互济,弱化了制度的保障功能。

四、以社会公正为理念完善新农保制度

面对新农保制度存在的与社会公正的偏差,按照约翰·罗尔斯的正义观,应适用其第二个原则,"社会和经济的不平等应这样安排,使它们:①在与正义的储存原则一致的情况下,适合于最少受惠者的最大利益;并且②依系于在机会公平平等的条件下职务和地位向所有人开放"①。为实现"最少受惠者的最大利益",理应采取"有差别的机会平等"政策。

(一)以"有差别的机会平等"为基础实施梯度普惠制养老金②

我国新农保制度的实质是"无差别普惠制养老金"+"强制性个人账户",而无差别普惠制养老金,偏离农村老人劳动年龄、居住区域及基本生活需求实际,不符合社会公正的"差别性平等"理念。因此,应坚持"全覆盖、梯度性、分

---

① [美]约翰·罗尔斯:《正义论》,何怀宏等译,中国社会科学出版社 1988 年版,第302 页。
② 公维才、薛兴利:《农保新构想:"梯度"普惠制养老金》,《山东社会科学》2012 年第8 期。

层次"原则,以梯度普惠制养老金取代无差别普惠制养老金。"全覆盖"是指凡达到60岁,未参加城镇职工或城镇居民基本养老保险的农业户籍人员,都有权享受政府提供的普惠制养老金。"梯度性"是指对"不同年龄""不同地区"的退休者支付不同养老金。"分层次"是指养老金的来源应体现中央、地方不同层级政府的责任。为实施"梯度"普惠制养老金制度,应做好以下两点:

1. 确定不同年龄、不同地区老人的养老金额

一方面,对低龄老人和高龄老人支付不同养老金。对前者支付"基础养老金",标准全国统一,并随物价变动相应调整;对后者支付最低为贫困标准线的"最低养老金"。另一方面,对不同地区高龄老人支付有差别的最低养老金。以国家公布的农村贫困线为最低标准,凡农民收入不高于平均收入水平的地区按贫困标准线执行,而农民收入高于平均收入水平的地区,则要相应提高保障标准,以使其享受当地经济社会发展成果。

2. 确定"梯度"普惠制养老金的支付主体及支付比例

梯度普惠制养老金的支付主体应为中央政府和省级政府,即基础养老金源于中央财政和省级财政,省级以下政府的责任主要在对个人账户贴息。中央、省两级政府分别按7:3的比例分担高龄老人最低养老金中高出基础养老金的部分。

实际上,有的地方已经在实施高龄津贴,如黑龙江省政府办公厅就于2010年下发了《关于建立80岁以上高龄老人生活津贴制度的通知》;为配合制度的实施,省民政厅和省财政厅又联合下发了《黑龙江省80岁以上高龄老人生活津贴发放办法》,规定高龄津贴的发放范围为具有本省户籍且年龄在80—89周岁的低收入(含低保)老年人,以及90周岁以上所有老年人,高龄津贴标准为每人每月100元。[1] 这一政策体现了"有差别的机会平等",符合社

---

[1] 民政部 全国老龄办养老服务体系建设领导小组办公室:《全国养老服务基本情况汇编》,中国社会出版社2010年版,第80页。

会公正的平等理念要求。

(二)以"自由"为基础建立自愿性个人账户

新农保制度与职工基本养老保险制度都设立了个人账户,但两种制度的个人账户并不相同:职工基本养老保险个人账户目前只具有形式上、名义上的意义,实际已沦为个人空账,且养老金的发放也与此账户无关。而新农保个人账户是实账户,账户基金作为储备金,是基础养老金的必要补充,但不允许在不同参保人之间调剂。农民达到退休年龄时,个人账户养老金与基础养老金一同发放;新农保个人账户可以继承,在个人账户养老金未完全支付完毕之前,如果被保险人去世的,继承人可以继承除政府补贴外的账户剩余资金。鉴于此,应借鉴职工基本养老保险制度,对新农保个人账户予以改造。

1. 建立自愿性的农民参保制度

基于目前职工基本养老保险最低 15 年的缴费规定,凡退休年龄-个人实际年龄>15 的,即"新人"参保可以自愿。其原因,其一,"新人"有 16—45 岁之间 30 年的跨度,其职业、区域存在较大的不确定性,甚至参加职工基本养老保险的可能性也较大,有的甚至已经参加了职工基本养老保险;其二,符合制度规定的"自愿参加新农保"原则。而退休年龄-个人实际年龄≤15 的,即"中人"凡是未参加职工基本养老保险的应当鼓励其参保,因为与"新人"相比,45 岁以上的农民,其职业、区域已相对稳定,再融入职工基本养老保险的概率也随着年龄的增长不断下降,也符合目前"中人"已大多参保的实际。因此,对于农民的参保应通过政策引导,以农民自愿为前提。

2. 变固定缴费档次选择制为统一的比例缴费制

之所以如此,也是基于未来城乡养老保险制度衔接的需要,无论从制度实施的年限,还是覆盖人群的特征,以及国际经验看,职工基本养老保险制度将是中国未来主流的养老保险制度,机关事业单位人员的养老保险已并轨于此,城乡居民的养老保险制度也应逐步并轨。尤其是随着工业化、城镇化的不断推进,农民的数量将不断减少,"两栖式"的农民工也将随着户籍制度的改革而逐渐成为历史,因此未来覆盖人口规模最大的无疑应是职工基本养老保险制度。所以,应借鉴职工基本养老保险制度实行比例缴费制,并且就整体而言,农民的最大缴费能力已远超过 8%,具备了按人均收入的 8% 进行缴费的条件。有学者预测 2010—2053 年,农民的最大缴费能力在 23.48%—23.92%;①经计算 2014—2016 年农民的最大缴费能力分别为 20.08%、19.25%、18.06%,远高出 8% 的缴费比例。②

(三)以"合作"为基础取消个人账户继承制

合作是社会保险的应有之义,但当前的新农保制度并不具备这一特性,致使部分老年人面临长寿风险。按照目前的政策,即使实际寿命低于平均预期寿命,也可能存在因个人账户支付完毕而导致的风险,因为目前 139 个月(相当于 11.58 年)的个人账户储存额发放办法已低于平均预期寿命 5 年,未来将面临更大风险。据《"健康中国 2030"规划纲要》指出,2015 年我国人均预期寿命已实际达 76.34 岁,2020 年、2030 年人均预期寿命将分别达到 77.3 岁、79 岁,人均健康预期寿命显著提高。面对长寿风险,应对个人账户进行年金化改革,取消继承制度。

"年金保险是指被保险人生存期间,保险人按合同约定的金额、方式、期限有规则并且定期向被保险人给付保险金的生存保险"③,其基本功能就是有系统地偿还资金,其目的是用以保障活得太长而没有收入者之保险。④ 而我

---

① 薛惠元:《新农保个人筹资能力可持续性分析》,《西南民族大学学报(人文社会科学版)》2012 年第 2 期。

② 说明:农民个人最大缴费能力=(农民人均纯收入-农民人均消费支出)/农民人均纯收入。

③ 王海艳主编:《保险学》,机械工业出版社 2010 年版,第 232 页。

④ [美]肯尼思·布莱克、哈罗德·斯基珀:《人寿保险》,北京大学出版社 1999 年版,第 112 页。

国的新农保个人账户更多强调其"个人产权属性",是一种个人储蓄计划,而没有认识到参保人的个人账户缴费是对未来养老保障权益的一种"对价"。[1]为此,应坚持精算平衡原则,对新农保个人账户进行年金化改革,其方式有二:一是对新农保制度进行内部年金化,实现内部平衡,亦即短寿者个人账户基金不再允许继承,使个人账户资金在短寿者与长寿者之间进行再分配,以短寿者之剩余弥补长寿者之不足。二是实行强制商业年金化,在参保人达到领取养老金年龄时用个人账户基金购买生存年金,以实现短寿与长寿者之间的内部平衡。[2]

---

　　① 刘万、庹国柱:《基本养老金个人账户给付年金化问题研究》,《经济评论》2010 年第 4 期。

　　② 邓大松、刘昌平:《受益年金化:养老金给付的有效形式》,《财经科学》2002 年第 5 期。

第六章　工业化与梯度普惠制养老金

第一节　农村社会养老保险制度性质的判断

一、社会保险特性是农保制度性质判断的根据

人的一生会遇到许多风险。风险是指损失的不确定性,表现为自然属性和社会、经济属性。自然属性表现为因自然灾害的发生给人们的生产、生活带来的各种损害;社会属性既表现为因社会变迁给人们带来的各种可能性损失,也表现为仅靠个人、家庭或组织无法解决所遭受的损失时,不得不向社会求助;经济属性表现为因各种风险所导致的社会财富的灭失或减少。风险损失的载体是人,没有人,也无所谓风险,无所谓损失。[①]

就"老"而言,人所面临风险的不确定性既表现为衰减的程度无法预料,也表现为死亡发生时间的不可预知。当个体、家庭或组织不能有效消除这些损失、规避这些风险时,就需要社会力量的参与,社会保险由此产生。

（一）社会保险

在内涵上,"社会保障是各种具有经济福利性的、社会化的国民生活保障

[①]　王海艳主编:《保险学》,机械工业出版社 2010 年版,第 2—4 页。

系统的统称"①。在外延上,"社会保障则是各种社会保险、社会救助、社会福利、军人保障、医疗保障、福利服务以及各种政府或企业补助、社会互助等社会措施的总称"②。无论是内涵式界定,还是外延式归纳,社会保障都具有经济福利性、社会性、公平性、强制性等特征。而作为社会保障重要组成部分的社会保险自然也与社会保障具有类似的特征。

"社会保险是由国家立法规范,面向劳动者建立的一种强制性社会保障制度,它包括养老保险、医疗保险、工伤保险、失业保险、生育保险等项目,是各国社会保障体系中的主体组成部分。"③社会保险作为一种制度安排,其主要结构分为四部分,即养老、医疗、工伤、失业保险等项目;有些国家单独设计生育保险,或将其与医疗保险合并。经济发达国家如德国、日本设置护理保险,个别国家如希腊甚至将灾害保险也纳入社会保险范畴。在我国,目前社会保险主要是上述五大项目,即通常所说的"五险"。

"五险"之中,养老保险和医疗保险具有特殊性,因为二者几乎是所有人不可避免要遇到的。如果说除极少部分人因身体特别健康,可能不对医疗产生需求外,那么养老保险则具有普遍需求特点,即几乎人人都要面对老年风险,因而也更具特别之处。

养老保险是国家和社会通过制度安排为劳动者解除养老后顾之忧的一种社会保险,其目的在于增强劳动者抵御老年风险的能力,弥补家庭养老的不足;手段则是为达到规定退休年龄者退出劳动岗位时提供一定经济支持。正由于养老保险的普遍需求与特殊地位,所以绝大多数国家都建立了养老保险,并形成不同模式:一是养老保险责任承担模式,包括政府完全负责型养老保险,政府、单位或雇主、个人共同承担型养老保险,个人独自承担型养老保险;二是养老保险财务模式,包括现收现付式、完全积累式、部分积累式;三是保险

---

① 郑功成:《社会保障学——理念、制度、实践与思辨》,商务印书馆 2000 年版,第 11 页。
② 郑功成:《社会保障学——理念、制度、实践与思辨》,商务印书馆 2000 年版,第 10 页。
③ 郑功成:《社会保障》,高等教育出版社 2007 年版,第 201 页。

基金运行模式,即养老金筹集后的管理方式,主要有社会统筹、个人账户,以及社会统筹和个人账户结合模式;四是养老保险缴费与给付模式,主要有缴费确定模式和给付确定模式。[①]

(二)社会保险的特征

社会保险作为现代社会保障的组成部分,其既具有社会保障的一般属性,也具有自身的独特性。

1.社会保险的一般特征

与社会保障其他项目一样,社会保险兼具社会保障的属性,主要包括公平性、社会性、福利性、法制规范性、多样性、刚性发展等特征,在这里尤其强调的是前四种特性。在公平性上,表现为保障范围的公平性、保障待遇的公平性和保障过程的公平性。这就意味着保障对象不受个人特征,如性别、民族、职业、地位等的限制,全体国民都应被纳入保障之内,以保证保障范围的公平;并且保障待遇、保障过程也应该是公平的。在社会性上,既表现为制度面向的社会化,即面向整个社会开放,接受社会和公众的监督;同时,在筹资、服务、管理与监督等环节实行社会化,实现政府、企业或单位、个人等多主体参与,政府与市场共同调节。在福利性上,意味着正常情况下,保障收入一定大于保障支出,这是公民分享社会发展成果,实现国民收入再分配的重要渠道。在法制规范性上,要求制度应依法而行,这既要求保障的强制性,尤其凸显社会保险的权利和义务的统一;又要求各行为主体应遵守法律规范,按照法规的准则行事。

2.社会保险的特殊性

社会保险虽具社会保障一般性,但又独具其自身特性,主要有预防性、补偿性、储蓄性、责任分担性、互助共济性等。其预防性,主要反映在社会保险基金的建立上,多方筹集的保险基金,可以用于每个投保者,当他们遇到风险时

可从中予以支取,应对风险。其补偿性,主要反映在当劳动者收入中断、劳动中断时,给予其一定经济补偿,这种补偿的前提是缴费,缴费通常与收入挂钩,但补偿并不一定与收入等同。其储蓄性,主要表现为保险基金的积累性,因为在保险实际支付中常常会有结余,结余部分则要通过不同方式进行保值增值。其责任分担性,主要表现在缴费主体的多元性,包含个人、集体、企业或单位、政府,以及社会其他组织。其互助共济性,作为保险的根本特征之一,正是通过不同年龄、不同层次投保者的缴费,才能积累起一定基金,为特殊时期的需求者提供资金支持,从而达到互助共济、风险共担的目的。如养老保险体现的就是代际劳动者——同代劳动者与隔代劳动者——之间的互助共济功能。当然,这种互助共济是基于社会统筹账户模式,或至少是社会统筹与个人账户结合的模式,如果是完全的积累模式,则互助共济功能将大大削弱。

综上,本书认为,社会保险的根本特征主要有:

(1)权利义务统一性。社会保险是社会保障的重要组成部分,但毕竟又不同于社会保障,社会保障中的有些内容,如社会救助、社会福利可以由国家或组织完全承担,受保障人无须承担任何义务,只要符合某些条件即可。但社会保险不同,受保人需以参加保险并按规定缴费、履行相关义务为前提,当达到规定的待遇支付条件时方可给予相应支付,或享受相应服务。

(2)互济性。互济是保险的目的,如果没有互济,个体只是处于自我保障之中,也就没有必要建立保险制度;正是由于人与人之间的互济,如代内、代际间的互济,才能集点滴于小溪,汇小溪成江河,形成强大的保障能力,增强社会的稳定性与人们的安全感。

(3)强制性。正如前述社会保障具有法制规范性一样,社会保险制度的建立、实施也需要有一定根据,即需要有相应的法律法规或制度约束。这些规定对参保人既是约束,又是利益保障机制,也体现了权利与义务的统一性,参与社会保险是义务,享受保险待遇是权利。

通常理解的保险的强制性是对参保主体的强制,即参保主体有参保义务。

但这只是强制性的一个方面,实际上,其还有更广泛的含义:其一,社会保险的强制责任主体首先是国家。根据我国《宪法》规定,"中华人民共和国公民在年老、疾病或者丧失劳动能力的情况下,有从国家和社会获得物质帮助的权利",意即国家有义务为公民建立养老、医疗等社会保险制度,以保障公民的基本权利,以国家公权力保障公民的宪法权。其二,社会保险的公共服务强制主体是政府。"政府是唯一拥有权力和资源并代表公共利益开展综合性服务的社会机构。"①国家的主体责任最终落实到公共服务上,即由政府实施社会保险公共服务,如基金筹集、基金运营与管理、保险待遇给付、基金监督等都需要政府及其他保险主体的参与方可有效进行。其三,社会保险的强制性还表现为依法强制实施。社会保险作为一项收入再分配制度,其目的是通过立法和保险费的征缴,实现资源的社会平衡,以保护更大多数人的利益。为保障保险制度的稳定运行,必须依法进行,具体表现为法定多元筹资主体、多元筹资比例,法定征收、法定用途等,这和商业保险主要依据合同协议,具有保险人和被保险人之间的自愿性不同。其四,社会保险的强制性程度既取决于法规的规范程度,也取决于相关部门的执行力度,以及地方经济发展程度。其中,法规的规范程度在先,其效力由高到低依次为宪法、法律、行政法规、地方性法规、部门规章和地方政府规章。这就意味着社会保险制度的颁布主体及其呈现方式决定了其强制性程度,加之地方经济发展水平共同影响保险的执行力度。其五,社会保险的社会性要求符合一定条件的社会成员应当参保,因为这符合社会保险的大数法则。而"符合一定条件"的社会成员并非一切社会成员,不符合条件者如若参保,需要其他主体的支持。②

---

① ［英］Neil Gilbert、Paul Terrell:《社会福利政策导论》,沈黎译,华东理工大学出版社 2003 年版,第 72 页。

② 孙淑云:《新型农村合作医疗制度自愿性与强制性》,《甘肃社会科学》2013 年第 2 期。

二、新农保制度性质的判断

判断农保制度的性质需要结合农保制度的规定,对比社会保险的基本属性,方可作出恰当结论。

(一)新农保制度规定的相关变化

对于农保制度,主要参照 2009 年 9 月《国务院关于开展新型农村社会养老保险试点的指导意见》和 2014 年 2 月《国务院关于建立统一的城乡居民基本养老保险制度的意见》,二者对农保制度建设的基本原则或指导思想、任务目标、参保范围、基金筹集、建立个人账户、养老保险待遇及调整、养老保险待遇领取条件、基金管理与运营、基金监督等事项做了原则性规定。二者的基本结构相同,其区别大多只是量的调整,只有极个别地方做了规定性修改。其中,有所变化的部分为:

1. 基金筹集

"城乡居民养老保险基金由个人缴费、集体补助、政府补贴构成。"在个人缴费上,《国务院关于开展新型农村社会养老保险试点的指导意见》规定缴费标准为每年 100—500 元 5 个档次,《国务院关于建立统一的城乡居民基本养老保险制度的意见》调整为 100—1000 元、1500 元、2000 元 12 个档次;集体补助并无变化;政府补贴部分在保留对参保人缴费补贴标准不低于每人每年 30 元基础上,后者增加了"对选择 500 元及以上档次标准缴费的,补贴标准不低于每人每年 60 元"的规定,鼓励多缴多补。

2. 养老金待遇

"农民的养老金待遇由基础养老金和个人账户养老金组成,支付终身。"《国务院关于开展新型农村社会养老保险试点的指导意见》确定的基础养老金标准为每人每月 55 元;《国务院关于建立统一的城乡居民基本养老保险制度的意见》未做详细规定,只说明"中央确定基础养老金最低标准",并适时调整;基础养老金的来源依然延续了"中央财政对中西部地区按中央确定的基础养老金标准给予全额补助,对东部地区给予50%的补助"的规定。个人账户部分并无实质性变化。

3.养老待遇领取条件

养老待遇领取条件变化相对较大,甚至是影响农保性质的部分。主要表现为在《国务院关于开展新型农村社会养老保险试点的指导意见》中规定"新农保制度实施时,已年满60周岁、未享受城镇职工基本养老保险待遇的,不用缴费,可以按月领取基础养老金,但其符合参保条件的子女应当参保缴费。"《国务院关于建立统一的城乡居民基本养老保险制度的意见》取消了对"子女应当参保缴费"的限制,实现了由老人与子女"捆绑"到二者"脱钩"的转变,是由"强制"向"自愿"的调整。而对"中人""新人"的缴费年限要求未变。

(二)新农保制度的性质

判断新农保制度的性质,其根据在于前述的权利和义务相统一、互济性和强制性,三者缺一不可。

1.新农保制度并非真正的社会养老保险

以上述社会保险的三大特征为根据,对比我国的农保制度,会发现该制度具有以下特点:

首先,在权利和义务关系上,在"制度实施时已年满60周岁的,不用缴费,可以按月领取基础养老金",亦即60周岁及以上的农民只享受权利不承担义务,因此也就不体现权利和义务关系,显然不属于社会保险范畴。即便履行缴费义务的参保者,由于其待遇主要由基础养老金和极少量的个人账户积累基金构成,基础养老金领取数额和参保人缴费水平之间关联度低,参保者的权利和义务之间不存在完整的对应关系,因此新农保并非社会保险。

其次,在互济性上,按规定"距规定领取年龄不足 15 年的,应逐年缴费,也允许补缴,累计缴费不超过 15 年;距领取年龄超过 15 年的,应按年缴费,累计缴费不少于 15 年"。这里突出的是参保者的缴费义务,应"按年缴费",并缴够相应年份,形式上体现了缴费年限,似乎可以看作社会保险。但是参保者"个人缴费,集体补助及其他经济组织、社会公益组织、个人对参保人缴费的资助,地方政府对参保人的缴费补贴,全部记入个人账户",且"参保人死亡,个人账户资金余额可以依法继承"。这就意味着个人账户无法实现互济;而且除个人账户外,新农保又没有其他积累,完全依靠中央和地方财政支持,制度的互济性难以体现。这也不符合社会保险的特征。

最后,在强制性上,无论是《国务院关于开展新型农村社会养老保险试点的指导意见》,还是《国务院关于建立统一的城乡居民基本养老保险制度的意见》,对于制度实施时 60 周岁以下的农民,强调"应逐年缴费"或"应按年缴费"。当使用"应"或"应当"表述时,通常意味着"强制性规范",具有强制性。此外,《国务院关于开展新型农村社会养老保险试点的指导意见》还规定"已年满 60 周岁、未享受城镇职工基本养老保险待遇的,不用缴费,可以按月领取基础养老金,但其符合参保条件的子女应当参保缴费"。这就将 60 周岁以上老年人的待遇享受与其子女的参保进行了"捆绑",凸显了制度的强制性。

综上所述,虽然农保制度具有一定强制性,但不具互济性,权利享受与义务承担之间也不对等,这就说明农保制度并非真正的社会保险制度。

2. 新农保制度的性质是"无差别普惠制养老金+强制性"个人账户

既然如此,那么新农保制度的性质究竟是什么? 这需要和城镇职工基本养老保险制度进行比较。在形式上,我国新农保待遇实行"基础养老金+个人账户"模式,这类似于城镇职工基本养老保险制度的"社会统筹和个人账户"。但内容上二者却有本质区别:城镇职工基本养老保险制度中的社会统筹由企业缴费,且与职工收入关联,企业缴纳保险基金在退休人口中进行再分配,是一种典型的社会保险制度;而新农保制度的基础养老金完全源于政府,而非像城镇职工养老保险那样源于企业、个人、政府等"社会化"主体,按照李珍教授等的观点,其实质是"普惠制养老金+自愿性个人账户"的制度。①

本书认为,新农保基础养老金源于财政,并不体现权利与义务对等原则,因而并非社会保险,认同李珍教授等的"普惠制养老金"的观点。同时在此基础上还应更进一步,即"普惠制养老金"的数额,由于在《国务院关于开展新型农村社会养老保险试点的指导意见》中规定的政府每月 55 元的基础养老金未对 60 周岁以上农村老人的年龄与地域加以区别,是统一的,或者说是"无差别"的,所以基础养老金应为"无差别普惠制养老金"。"无差别"体现的是量,"普惠制"体现的是质,因而"无差别普惠制养老金"是质与量的统一。

同时,无论是《国务院关于开展新型农村社会养老保险试点的指导意见》,还是《国务院关于建立统一的城乡居民基本养老保险制度的意见》,对于农民参保的规定,都强调符合条件者"应逐年缴费"或"应按年缴费",具有强制性,且《国务院关于开展新型农村社会养老保险试点的指导意见》还对 60 周岁以上老年人的待遇享受与其子女的参保进行了"捆绑",更增强了其强制性。即便撇开"捆绑"性,仍然可看作"强制性"而非"自愿性"账户。由此本书认为,新农保制度的性质应是"无差别普惠制养老金+强制性个人账户"制度。

农保制度的上述规定,否定了新农保的社会保险性质,突出了其强制性。这种强制性,既突出了国家对公民宪法权实现的保障,凸显了政府执行公共服务职能,也体现为制度依法实施以实现国民收入再分配,最后才是对参保者的强制。但同时也表明,无差别普惠制养老金虽然遵循社会公正的

---

① 李珍、王海东、王平:《中国农村老年收入保障制度研究》,《武汉大学学报(哲学社会科学版)》2010 年第 5 期。

平等理念,但这只是"共享机会的平等",而非"有差别的机会平等",平等性尚不充分。

第二节 无差别普惠制养老金与农村养老保障需求的偏差

一、农民基本需求

农民的基本需求,既一般又特殊。一般指的是农民与城市居民有共同的需求;特殊指的是其需求的手段与城市居民又有所不同。

(一)农民基本需求的质

所谓农民基本需求的质,是指农民需求的类属性,也是作为人的共性。我国研究者提出应从需求的起源和需求的对象角度进行分类(见表6-1)。

表6-1 需求的类型

分类依据	名称	核心定义	举 例
起源	生理需求	为了保存和维持有机体生命和种族延续而产生	维持机体平衡的需求,如对饮食、运动、睡眠等需求;回避伤害的需求,如对有害或危险情景的回避;性的需求,如配偶、嗣后的需求
	社会需求	为了提高自己的物质和文化生活水平而产生	对知识、劳动、艺术创作的需求,对人际交往、尊重、道德、名誉地位、友谊和爱情的需求,对娱乐消遣、享受的需求等
对象	物质需求	对物质对象的需求	对衣、食、住等有关物品的需求,对工具和日常生活用品的需求
	精神需求	对社会精神生活及其产品的需求	对知识、文化艺术、审美与道德的需求等

资料来源:任浩主编:《组织行为学——现代的观点》,清华大学出版社2011年版,第125—126页。

在我国,对个体基本生活需求包含的内容可参见国家统计局相关统计,如统计局每年对"食品烟酒、衣着、居住、生活用品及服务、交通和通信、教育文化和娱乐、医疗保健、其他用品和服务"八大类进行统计,作为"居民消费价格"涨幅的内容。由此我们可以推断,这八项内容就是维持人的"基本生活"所需求的支出范围,也是农民"基本生活"质的规定性。

对于农民的需求,我们也可将其进一步归纳为解决温饱的需求(生存需求)、基础教育的需求(发展需求)、公共卫生和医疗救助的需求(健康需求)。① 由此可见,"生存需求"是"生活需求"的最低层次,也是维持人的生存所必需的内容。此外,我国对城乡居民制定了不同的最低生活保障标准,针对城市居民,《城市居民最低生活保障条例》第六条"城市居民最低生活保障标准,按照当地维持城市居民基本生活所必需的衣、食、住费用,并适当考虑水电燃煤(燃气)费用以及未成年人的义务教育费用确定"。针对农村居民《国务院关于在全国建立农村最低生活保障制度的通知》"农村最低生活保障标准由县级以上地方人民政府按照能够维持当地农村居民全年基本生活所必需的吃饭、穿衣、用水、用电等费用确定"。前者可归纳为"衣、食、住、教"(水电燃煤、燃气等可归到"食""住"范畴);后者可归纳为"衣、食"(同上,水、电可归到"食"范畴)。② 两相比较,农村居民低保保障范围相较于城市居民低保保障范围差距较大,实际上,农村居民也涉及住房,以及未成年人的义务教育费用问题。因此,城乡居民的低保保障范围应趋同,此为农民"基本生存"的质的规定性。

(二)农民基本需求的量

农民基本需求的量,首先是从生物学的角度,维持一个人的基本生存所需

---

① 景天魁:《城乡统筹的社会保障:思路与对策》,《思想战线》2004年第1期。

② 公维才:《"五位一体":我国城乡低保制度一体化的基本架构》,《中国特色社会主义研究》2010年第1期。

要的能量,每天摄取的能量如果达不到一定标准,会导致生存困难,甚至危及生命。能量的摄取途径主要为食物,而食物能量的转化率因食品种类不同而有差异。其次是从经济学的角度,在市场经济条件下,不同的食物价格有别,生活保障费用也因此而异;此外,非食物生活必需品也需要相应费用去购置。由此形成了农民基本需求量的规定性。人对物质需求的无限性,即需求无上限,但人们维持基本生活或生存却有下限。因此,该部分重点阐述农民需求的下限,即最低生活保障的量的需求。

1. 最低需求量的衡量方法

人们需要的食物一般为粮食、蔬菜、肉、蛋、奶、油等食品,并根据其数量,以及价格水平确定贫困线。计量贫困线的方法主要有市场菜篮子法、"1 天1.25 美元"、马丁法、恩格尔系数法、比例法等。这些方法各有利弊,综合考虑,杨立雄教授建议采用马丁法。该法因由世界银行专家马丁·瑞沃林(Martin Ravallion)提出而得名。该方法在确定基本食物支出基础上,以食物支出与总支出之间的比例关系确定贫困线。由此确立的贫困线有两条:低贫困线和高贫困线,也可称为绝对贫困线和相对贫困线。前者即食物贫困线+最基本的非食物必需品支出;后者即一般居民的食物线。食物线的计算同预算标准法;非食物线与经济社会发展水平关联,并进行年度调整。其优势在于,该法兼顾了绝对贫困和相对贫困。食物线考虑了低贫困线,重在"饱肚子";非食物线考虑了满足衣、住、医、教育、交通等方面支出,重在"保面子"。①

根据杨立雄教授的研究,按照马丁法,最低生活保障线由食物线和非食物线构成。其计算公式为:

$$MLS = FPL + NFPL \tag{6-1}$$

其中,MLS 为最低生活标准,FPL、NFPL 分别为食物线和非食物线。

---

① 杨立雄:《贫困线计算方法及调整机制比较研究》,《经济社会体制比较》2010 年第 5 期。

食物线的计量需从生物学的角度衡量,根据中国营养学会提供的标准,维持人的生存因性别、劳动强度等而不同(见表6-2)。

表6-2 不同劳动强度、性别所需能量支出标准　　（单位:千卡;克）

劳动强度	性别	所需能量	蛋白质	供应总量
轻度	男	2400	75	蛋白质:10%—15%,脂肪:20%—30%,碳水化合物:55%—65%
	女	2100	65	
中度	男	2700	80	
	女	2300	70	
重度	男	3200	90	
	女	2700	80	

资料来源:中国营养学会。

根据上述食物所能提供的能量,可据此将这些能量分解为不同的食物种类和数量,再根据其价格计算总支出,形成食物线。计算公式为:

$$FPL = F1 \times P1 + F2 \times P2 + \cdots + Fn \times Pn \tag{6-2}$$

非食物线公式为:

$$NFPL = FPL \times (1-E)/E$$

其中,E为低收入群体的恩格尔系数。[①]

2. 食物线的确定

按照马丁法,食物线有低贫困线和高贫困线之别,前者为绝对贫困线,是维持人们基本生存的贫困线;后者为相对贫困线,是一般居民的食物线,可理解为食物平均消费水平。改革开放以来,农村居民人均食物消费量见表6-3。

---

① 杨立雄:《贫困线计算方法及调整机制比较研究》,《经济社会体制比较》2010年第5期。

表 6-3 改革开放以来农村居民人均食物消费量　　（单位：千克）

年份 \ 指标	粮食	蔬菜	食油	猪牛羊肉	蛋类及其制品	水产品	食糖	酒	总额
1978	247.80	141.50	2.00	5.80	0.80	1.10	0.70	1.20	400.9
1979	256.70	131.20	2.40	6.50	0.90	0.70	0.80	1.40	400.6
1980	257.20	127.20	2.50	7.70	1.20	1.10	1.10	1.90	399.9
1981	256.10	124.00	3.10	8.70	1.30	1.30	1.10	2.30	397.9
1982	260.00	132.00	3.40	9.00	1.40	1.40	1.20	2.70	411.1
1983	259.90	131.00	3.50	10.00	1.60	1.60	1.30	3.20	412.1
1984	266.50	140.00	4.00	10.60	1.80	1.70	1.30	3.50	429.4
1985	257.40	131.10	4.00	15.00	2.10	1.60	1.50	4.40	417.1
1986	259.30	133.60	4.20	11.80	2.10	2.00	1.60	5.00	419.6
1987	259.40	130.40	4.70	11.70	2.30	2.00	1.70	5.50	417.7
1988	259.50	130.10	4.80	10.70	2.30	1.90	1.40	5.90	416.6
1989	262.30	133.40	4.80	12.00	2.40	2.10	1.50	6.00	424.5
1990	262.10	134.00	5.20	11.30	2.40	2.10	1.50	6.10	424.7
1991	255.60	127.00	5.60	12.20	2.70	2.20	1.40	6.40	413.1
1992	250.50	129.10	5.80	11.80	2.90	2.30	1.50	6.60	410.5
1993	251.80	107.40	5.70	11.70	2.90	2.80	1.40	6.50	390.2
1994	257.60	107.90	5.70	11.00	3.00	3.00	1.30	6.00	395.5
1995	256.10	104.60	5.80	11.30	3.20	3.40	1.30	6.50	392.2
1996	256.20	106.30	6.10	12.90	3.40	3.70	1.40	7.10	397.1
1997	250.70	107.20	6.20	12.70	4.10	3.80	1.40	7.10	393.2
1998	248.90	109.00	6.10	13.20	4.10	3.70	1.40	7.00	393.4
1999	247.40	108.90	6.20	13.90	4.30	3.80	1.50	7.00	393.0
2000	250.20	106.70	7.10	14.40	4.80	3.90	1.30	7.00	395.4
2001	238.60	109.30	7.00	14.50	4.70	4.10	1.40	7.10	386.7
2002	236.50	110.60	7.50	14.90	4.70	4.40	1.60	7.50	387.7
2003	222.44	107.40	6.27	15.04	4.81	4.65	1.24	7.67	369.52
2004	218.27	106.61	5.29	14.76	4.59	4.49	1.11	7.84	362.96
2005	208.85	102.28	6.01	17.09	4.71	4.94	1.13	9.59	354.6
2006	205.62	100.53	5.84	17.03	5.00	5.01	1.09	9.97	350.09

续表

年份\指标	粮食	蔬菜	食油	猪牛羊肉	蛋类及其制品	水产品	食糖	酒	总额
2007	199.48	98.99	5.96	14.88	4.72	5.36	1.07	10.18	340.64
2008	199.07	99.72	6.25	13.94	5.43	5.25	1.11	9.67	340.44
2009	189.26	98.44	6.25	15.33	5.32	5.27	1.07	10.08	331.02
2010	181.44	93.28	6.31	15.83	5.12	5.15	1.03	9.74	317.9
2011	170.74	89.36	7.48	16.32	5.40	5.36	1.04	10.15	305.85
2012	164.27	84.72	7.83	16.36	5.87	5.36	1.19	10.04	295.64
2013	178.51	90.63	14.34	20.54	6.96	6.56	1.19	0.00	318.73
2014	167.65	88.94	13.56	20.69	7.21	6.76	1.30	0.00	306.11
2015	159.51	90.34	10.07	21.20	8.30	7.15	1.32	0.00	297.89
2016	157.24	91.46	10.20	20.70	8.48	7.15	1.32	0.00	296.93
2017	154.60	90.20	10.10	21.40	8.90	7.40	1.40	0.00	294.0

资料来源：国家统计局相关年份数据，由万得数据库提供基础信息后整理而得，2017年后数据不再更新。

从表6-3所显示的数据看，人们对食物的消费数量最大时是在1978—1992年，除1978年、1979年、1980年、1981年接近400千克外，其余年份都超过400千克；1993年后人们的食物消费量年均普遍低于400千克，并且2012年，以及2015年后普遍跌破300千克。这些差距，主要是由粮食和蔬菜的消费量的差别引起的。在1992年以前，农村居民的粮食消费和蔬菜消费量较大，平均占到消费总量的94.4%。而自1993年起至2009年国家新农保试点前，粮食与蔬菜的消费降到89.88%，其余提升到10.12%，且消费总量下降。这说明自市场经济体制改革以来，人们的消费结构发生较大变化，油、肉、蛋、水产品、糖等的消费量在上涨。尤其是2010年以来，随着国家新农保的开展，粮食和蔬菜的消费总量基本维持在改革开放之初粮食消费量的2/3左右，人们的饮食结构发生了较大变化。

(三)农村老年人基本生活需求量

农村老年人具有一种被动的"责任伦理",为了维护家庭和谐,尽量压缩自己的开支,降低自己的生活需求。据调查,农村老年人无论在饮食、衣着,还是家居、住房、家电及精神生活方面的需求普遍低于年轻人;即便在最基本的饮食方面,平均水平高于子女的仅占3.6%,低于子女的男性、女性老年人分别高达64.2%、72.6%。[①]

农村老年人基本生活需求可参考农村低保标准。根据农民的需求层次,可将低保标准分为生存型、基本型、发展型三个层次。生存型低保标准包括食品、衣着、居住等最基本生活消费支出;基本型低保标准,是在前者基础上增加教育文化和医疗保健支出;发展型低保标准,是在前两者基础上增加家庭设备及服务、交通通信、其他用品及服务。[②]

作为生命个体,维持基本生存需要衣着、食品、居住等最基本条件,但这也仅是维持而已;而老年个体对医疗的需求相对于其他群体要高得多,所以医疗保健支出应被纳入基本保障范畴。所以本书认为,老年人的基本生活保障需求应至少包括衣着、食品、居住、医疗保健支出四项,这是维持个体生理需求的前提。以此为标准,老年农民的最低保障标准就高于生存型,低于基本型标准,并且这些支出为总消费支出的70%左右。这与民政部基本服务标准规定的低保标准不低于居民人均消费性支出的35%相比整整提高了1倍。这种以人均总消费为参照的方法和以人均可支配收入为参照的方法,计算起来同样便利,因为国家每年都会统计、公布相关数据;并且这种以消费为参照的方法更切合农村老年人实际。

以四项支出合计测算的农村老年人基本需求,可以维持其基本物质生活。70%左右的比例与同期农村"五保"标准基本持平,是农村低保标准的1.8—

---

① 张洪芹:《农村家庭养老与子女支持愿望》,《东岳论丛》2009年第9期。
② 王倩、毕红霞:《我国农村最低生活保障标准研究》,《调研世界》2016年第10期。

2.3 倍。鉴于老年农民还有个人劳动收入、子女的代际支持,所以总体上应以不低于当前农村低保的标准为根据确定政府养老保障标准。

二、农民基本需求的实现途径

市场经济条件下,农民基本需求的实现靠收入,这些收入既可以用实物形态来表示,也可以用价值形态或货币来表示。实物既可以满足自身需求,也可以通过交换实现其价值。

(一)农民的收入形态

1. 农民收入的价值形态

根据来源和结构的不同,农民收入既可从产业角度(第一、第二、第三产业)分析;也可从收入结构角度(家庭经营收入、工资性收入、财产性收入、转移性收入)分析。据国家统计局的数据,农民收入来源情况分别见表 6-4 和表 6-5。

表 6-4　农村居民人均收入来源情况(产业角度)　　　(单位:元)

指标 年份	农村居民家庭恩格尔系数	农村居民家庭人均纯收入	第一产业经营:总计	第一产业经营:农业收入	第一产业经营:牧业收入	第二、第三产业经营:合计	第二产业收入	第三产业收入	第一产业与第二、第三产业收入之比
2000	49.10	2253.42	1090.67	833.93	207.35	336.60	99.40	237.20	3.24:1
2001	47.70	2366.40	1126.55	863.62	211.96	333.08	100.00	233.08	3.38:1
2002	46.20	2475.63	1134.99	866.67	210.62	351.55	108.57	242.98	3.23:1
2003	45.60	2622.24	1195.59	885.71	245.68	345.69	108.61	237.08	3.46:1
2004	47.20	2936.40	1398.05	1056.50	271.08	347.74	108.21	239.53	4.02:1
2005	45.50	3254.93	1469.60	1097.71	283.60	374.93	108.25	266.68	3.92:1
2006	43.00	3587.04	1521.30	1159.90	265.58	409.66	121.67	287.99	3.71:1
2007	43.10	4140.36	1745.12	1303.76	335.06	448.55	137.58	310.97	3.89:1

续表

指标 年份	农村居民家庭恩格尔系数	农村居民家庭人均纯收入	第一产业经营:总计	第一产业经营:农业收入	第一产业经营:牧业收入	第二、第三产业经营:合计	第二产业收入	第三产业收入	第一产业与第二、第三产业收入之比
2008	43.70	4760.61	1945.85	1426.96	397.52	489.71	149.00	340.71	3.97:1
2009	41.00	5153.18	1988.17	1497.93	360.36	538.61	164.49	374.12	3.69:1
2010	41.10	5919.02	2231.00	1724.00	356.00	604.00	185.00	419.00	3.69:1
2011	40.40	6977.30	2520.00	1897.00	463.00	702.00	193.00	509.00	3.59:1
2012	39.33	7916.58	2722.00	—	—	811.00	—	—	3.36:1
2013	37.70	8895.90	2828.00	—	—	965.00	—	—	2.93:1
2014	37.80	9892.00	—	—	—	—	—	—	—
2015	37.10	10772.00	—	—	—	—	—	—	—
2016	32.20	12363.00	—	—	—	—	—	—	—
2017	31.91	13432.00	—	—	—	—	—	—	—
2018	30.10	14617.00	—	—	—	—	—	—	—
2019	30.00	16021.00	—	—	—	—	—	—	—
2020	32.70	17131.00	—	—	—	—	—	—	—

注:2016年以后的数据为"农民人均可支配收入"。

资料来源:国家统计局相关年份国民经济和社会发展统计公报,由万得数据库提供基础信息后整理而得。

由表6-4可知,农村居民家庭恩格尔系数总体呈下降趋势。根据恩格尔系数的传统标准,59%以上为贫困,50%—59%为温饱,40%—50%为小康,30%—40%为富裕,低于30%为最富裕。以此为据,衡量农村居民的收入水平,自2000年来农民家庭恩格尔系数已降至50%以下,达到"小康"水平;2012年以来农村居民家庭恩格尔系数降至40%以下,达到"富裕"水平,这与农村实际不完全相符。我国城乡居民收入差距明显,城镇居民收入一直是农村居民收入的3倍左右。由此看来,恩格尔系数只能从数据上反映人们的支出中用于食物支出的比例,并不能全面反映人们的生活状态。

表 6-5　农村居民收入来源情况（结构角度）　　（单位:元）

指标 年份	农民人均 年纯收入	家庭经营 收入	其中农 业收入	工资性 收入	财产性 收入	转移性 收入
2000	2253.42	1427.27	833.93	702.30	45.04	78.81
2001	2366.40	1459.63	863.62	771.90	46.97	87.90
2002	2475.63	1486.54	866.67	840.22	50.68	98.19
2003	2622.24	1541.28	885.71	918.38	65.75	96.83
2004	2936.40	1745.79	1056.50	998.46	76.61	115.54
2005	3254.93	1844.53	1097.71	1174.53	88.45	147.42
2006	3587.04	1930.96	1159.56	1374.80	100.50	180.78
2007	4140.36	2193.67	1303.76	1596.22	128.22	222.25
2008	4760.61	2435.56	1426.96	1853.73	148.08	323.24
2009	5153.18	2526.78	1497.93	2061.25	167.20	397.95
2010	5919.02	2832.80	1724.00	2431.05	202.25	452.92
2011	6977.30	3221.98	1897.00	2963.43	228.57	563.32
2012	7916.58	3533.37	—	3447.46	249.05	686.70
2013	8895.91	—	—	—	—	—
2014	9892.00	—	—	—	—	—
2015	10772.00	—	—	—	—	—
2016	12363.00	—	—	—	—	—
2017	13432.00	—	—	—	—	—
2018	14617.00	—	—	—	—	—
2019	16021.00	—	—	—	—	—
2020	17131.00	—	—	—	—	—

注:2016 年以后"农村居民人均纯收入"的数据为"农村居民人均可支配收入"。

资料来源:国家统计局相关年份国民经济和社会发展统计公报,由万得数据库提供基础信息后整理而得。

由表 6-5 可见,"家庭经营收入"和"工资性收入"是构成农民收入来源的主干,近年来二者基本持平。家庭经营收入主要由农业收入和牧业收入构成,其中,农业收入和工资性收入相比,2005 年后,农民的工资性收入超过农业收入,成为农民收入的主干,其比例由 2005 年的 1.07∶1,逐步扩大到 2011 年的

1.56∶1,这与农民工的工资性收入是分不开的,也是工业化、城镇化发展的结果。

2.农民收入的实物形态

农民以农为业,其实物收入自然为农产品。农民实物收入的多少也就成为衡量农民富裕程度,能否实现其基本需求的重要载体。

广义的农业是指种植业、林业、畜牧业、渔业;狭义的农业仅指种植业,包含粮食作物、经济作物、饲料作物和绿肥等生产活动。国家统计局的统计指标中,农产品主要包括:粮食(主要为稻谷、小麦、玉米)、棉花、油料、糖料、茶叶、肉类(猪肉、牛肉、羊肉、禽肉)、禽蛋、牛奶、水产品(养殖水产品、捕捞水产品)、木材等,属于广义的农业范畴(见表6-6)。

表6-6 农产品产量 [单位:万吨;(木材)万平方米]

名称 年份	粮食	棉花	油料	糖料	茶叶	肉类	禽蛋	牛奶	水产	木材
2013	60194	631	3531	13759	193	8536	2876	3531	6172	8367
2014	60710	616	3517	13403	209	8707	2894	3725	6450	8178
2015	62144	561	3547	12529	224	8625	2999	3755	6690	6832
2016	61624	534	3613	12299	241	8540	3095	3602	6900	6683
2017	61791	549	3732	12556	255	8431	3070	3545	6938	7682
2018	65789	610	3439	11976	261	8517	3128	3075	6469	8432
2019	66384	589	3495	12204	280	7649	3309	3201	6450	9028
2020	66949	591	3585	12028	297	7639	3468	3440	6545	8727

资料来源:国家统计局相关年份国民经济和社会发展统计公报。

这些实物,在实行市场经济体制之前,除一部分以公粮形式上缴国家,另一部分在市场上出售贴补家用外,大部分粮食、油料、棉花等留作自用,目的是获得其使用价值,以维持家庭正常运转,即自给自足,因为此时的粮食产量由于种子、肥料、生产技术等多重因素的影响,产量相对较低。而随着市场化程度的提高,农民生产多元化,粮食作物、经济作物、饲料作物和绿肥等得到普遍种植和使用,加之人们对粮食、蔬菜等消费量的减少,农民的种植目的更多地在于实现产品的价值,再以货币为媒介满足消费者的使用价值。所以,当今农民的生产更多以市场为导向,而非以自足为导向。

(二)老年人收入主要来源

老年农民的收入来源,按提供主体的差异进行分类,主要有三类。

1. 个人收入

由于年龄、劳动能力、区域等的差异,老年人个人收入有较大差别。据调查资料显示,农村 60 岁以上的老年人 51% 的男性和 40% 的女性仍以"自己的劳动收入"为主要生活来源。[①] 其表现是虽然达到了退休年龄,但仍劳而不辍者多。其根本原因在于农业劳动目前仍有利可图,尽管收益不高。据笔者调查,即便种植粮食,当前每亩地的收益也在 1000 元以上;如果种植经济作物,收益大多在 5000 元以上,有的收益甚至超过万元。当然,由于老年农民的年龄缘故,大多以种植粮食作物为主。按国家统计局数据,2011 年农民家庭农业收入达 1897 元。随着工业化、城镇化水平的提高,农村留守群体以老人、妇女、儿童为主,其中老人又是粮食种植的主干,因此将近 2000 元的农业收入很大程度上是老年农民劳动的结果。老年农民的个人收入中,还有一部分源于财产性收入,2011 年达 228.57 元。另外,老年农民的收入还可由其储蓄进行必要补充。

2. 代际支持

代际支持是指子女对父辈的支持,其能否实现,受"子女的支持愿望、父母自身的经济实力和需求愿望"的影响。[②] 子女支持父母的前提是要有较强的经济实力,目前 90% 以上的成年子女相对于父母经济较宽裕,具备了支持父母的经济条件;相反,绝大多数老年人自身经济实力较弱,一半左右的老年

---

① 张洪芹:《农村家庭养老与子女支持愿望》,《东岳论丛》2009 年第 9 期。
② 张洪芹:《农村家庭养老与子女支持愿望》,《东岳论丛》2009 年第 9 期。

人主要以自己的收入作为主要生活来源,这就意味着有另一半的老年人需要子女的支持。子女支持可细分为儿子支持和女儿支持,据调查,37%的老年男性和41%的老年女性分别依靠儿子、女儿支持;由女儿提供经济支持的母亲是父亲的4倍,说明母亲更多依靠女儿的供养。除50%左右的老年人主要依靠自己的收入维持生计外,其余老年人因不能完全自养而需要子女支持,当然也就具有被支持的愿望。

不过,中国的父母具有"责任伦理"①,他们千方百计为子女成家立业,而宁愿自己节衣缩食承担责任,向子女付出的多而索取的少,实现养老责任的自我内转,其表现就是老年人主动降低自身生活水平以减轻子女负担,从而缓解家庭矛盾。与老年人的"责任伦理"相对的却是部分儿子对父母的"盘剥",其突出表现就是儿子订婚、结婚、买房、买车等环节上,老年人尽量满足年轻人的愿望,而沉重的债务负担却压在了老人身上,这是一种典型的逆向支持。相对于父母对子女支持的全力以赴,子女对父母的供养有时却表现出不情愿,甚至多子女之间互相推诿。可见,中国老年人之所以具有这种"责任伦理","主动"降低自身需求,尽量不给子女增添麻烦,并非老年人自愿,而是实属无奈。

3. 养老金

按照居民基本养老保险制度规定,农民的养老待遇由基础养老金和个人账户养老金构成。二者之中,基础养老金是养老金待遇的主要部分。政府对农村老人的补贴主要体现为社会救助和实施农村社会养老保险。社会救助主要体现为农村"五保"供养和农村低保制度,但覆盖率较低,并不能成为绝大多数老年人的主要收入来源。能够成为老年人主要生活来源的政府补贴就是基础养老金,虽然每月100元左右的基础养老金并不能完全满足老人的养老需求,但至少可以起到一定补充。综观基础养老金数量的变化,明显体现了政府经济责任,政府补贴的规范程度不断加强、政府的保障理念不断完善。以山

---

① 杨善华、贺常梅:《责任伦理与城市居民的家庭养老——以"北京市老年人需求调查"为例》,《北京大学学报(哲学社会科学版)》2004年第1期。

东省为例,在财政补贴数量上,经历了从 55 元到 118 元的多次调整。调整额度、时间跨度见表 6-7。

表 6-7　山东省基础养老金补贴数量及时间跨度　　（单位:元）

月基础养老金	118	100	100		85	65	75	60	65	55	60
年份	2018	2017	2016		2015	2014		2013		2012	
月份	1—12	1—12	7—12	1—6	1—12	1—4	5—12	1—9	10—12	1—9	10—12

资料来源:山东省人力资源和社会保障厅。2019 年 1 月 1 日起,山东省居民养老保险基础养老金最低标准每 5 年至少调整一次。基础养老金对 65 岁及以上参保城乡居民予以适当倾斜,其中 65—74 岁基础养老金每人每月高于最低标准 5 元,75 岁(含)以上人员高出 10 元。

此外,个人账户也是养老金待遇的组成部分。该待遇的高低取决于年龄、个人缴费档次。年龄决定了个人参保缴费时间的长短,有的甚至并没有缴费;个人缴费档次决定了个人账户的累积额度,也决定了每月发放金额的多少。据调查,山东省 LC 市 2016 年养老待遇领取人员月养老金为 103.37 元,其中,基础养老金待遇平均为 95.93 元,占 92.8%;个人账户养老金待遇为 7.44 元,占 7.2%。

由上可见,老年农民养老的实现途径主要是老年人自我养老(包括劳动收入、个人账户余额及储蓄等方式)、子女支持和养老保险金,是自我养老、家庭养老、社会养老的结合。其中,在老年人尚有劳动能力时,依靠自我劳动收入实现养老是主流途径,子女的支持、政府的补贴仅起到一定补充作用。

三、无差别普惠制养老金与农村实际的偏离①

撇开各地制度,仅就《国务院关于开展新型农村社会养老保险试点的指导意见》确定的基础养老金标准为每人每月 55 元和《国务院关于建立统一的城乡居民基本养老保险制度的意见》"中央确定基础养老金最低标准"而言,这是一种"无差别普惠制养老金制度"。之所以是"普惠制养老金",是因为基

---

①　公维才、薛兴利:《农保新构想:"梯度"普惠制养老金》,《山东社会科学》2012 年第 8 期。

础养老金数额与个人参保缴费档次选择无关。无论是选择最低 100 元(或后期调整的最低 300 元),还是最高 500 元(或后期调整的最高 2000 元)档次,中央规定的基础养老金数额都是相同的,由当初 55 元提高到目前的 100 元。之所以是"无差别"的,是基于无论年龄、区域差别,参保者所获得的基础养老金都是相同的。这种"无差别普惠制养老金"偏离农村老人劳动年龄、区域及基本生活需求实际。

(一)偏离农村老人劳动年龄实际

中国城乡有别。享受机关事业单位养老金和职工基本养老保险待遇者退休后大多不再从事劳动,主要依靠退休金颐养天年,是"退""休";而达到"退休"年龄的农民,其实绝大多数依然劳作,尤其是低龄老人大多依然从事农业生产,是"退"而"不休"。其原因:一是在传统观念上,农业社会中人们并无"退休"的想法,更缺乏相应制度安排;拥有的是根深蒂固的只要干得动就绝不停止劳作的观念,而一旦真正不能劳作时就会意味着孤独,甚至是死亡。二是在现代社会中,尽管有"养儿防老"的意识,但由于缺乏完全能解除后顾之忧的保障制度,加之子女养老能力不足,因此老人并不愿过早给子女增加负担。三是在经济利益上,农业生产依然有利可图,通过农业生产或多或少会有些赢利,或至少能解决人们的粮食、油料需求,是生活保障的重要来源,因此人们不愿意放弃劳作。四是在劳动强度上,随着农业现代化的推进,农业机械化程度不断提高,社会化服务持续提供,较之过去肩挑背扛、牛拉人推的高强度劳动下降了许多,因此老年人仍能胜任农业经营。总之,低龄老人仍有较强的自给能力,而 65 岁及以上高龄老人劳动能力下降相对较快。[①] 从年龄分组看,也将 0—14 岁和 65 岁及以上人口看作非劳动适龄人口;换言之,理论上,65 岁及以上人口不宜再进行高强度的体力劳动。

---

① 张洪波:《胶东农村劳动力年龄结构分析》,《河北农业科学》2009 年第 10 期。

　　不仅如此,随着经济发展、城市化和人们教育水平的提高,也存在老年人地位下降的内在机制(见图6-1)。

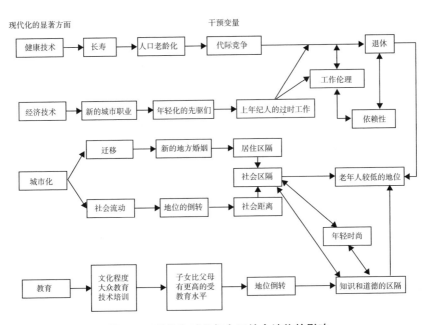

图6-1　现代化对老年人口社会地位的影响

资料来源:佟新主编:《人口社会学》,北京大学出版社2010年版,第171页。

　　总之,随着年龄的不断增大,健康技术、经济技术、城市化水平、教育状况等都对老年人构成不利影响,与年轻人相比,易导致他们居住区隔、社会区隔、知识和道德的区隔,进而形成老年人较低的社会地位。[1] 而按目前规定,政府向符合养老金领取条件者发放统一的基础养老金,未对65岁及以上老人给予更多的资金支持作出统一规定,这难免会降低中高龄老人的生活水平。因为中高龄老人主要以种地为生,而粮食种植与人均纯收入呈明显负相关,其相关系数为-0.479[2],并且中高龄老人劳动能力下降,难以自食其力。

---

　　①　佟新主编:《人口社会学》,北京大学出版社2010年版,第171页。
　　②　段玉恩、郭斌:《农村居民最低生活保障制度实证研究——以山东省自然村为例》,《山东社会科学》2011年第10期。

国际上,对 65 岁以上人口通过国民收入再分配进行调节是必要的,"发达国家作为整体用于 65 岁以上老龄人口的人均社会开支是 15—64 岁年龄层所用资金的五倍"①。

(二)新农保"无差别普惠制养老金"偏离农村老人区域实际

中国地域辽阔,农村差距大,区域发展不平衡,东中西部差距明显。以东部的上海市和西部的甘肃省为例,2010 年上海市农民人均纯收入 13746 元,而西部甘肃省却只有 3424.7 元,前者是后者的 4 倍,绝对值相差 10321.3 元。数年后,两地的绝对值进一步扩大,如 2020 年上海市和甘肃省农民的人均可支配收入分别为 34911 元和 10344.3 元,差距缩小到 3.37∶1,但绝对值却相差 24566.7 元。即便同是东部省份,2020 年上海市的农民人均可支配收入(34911 元)也是海南省农民人均可支配收入(16279 元)的 2.14 倍。虽然农民人均可支配收入差距如此之大,但对基础养老金的规定上,《国务院关于开展新型农村社会养老保险试点的指导意见》规定为"每人每月 55 元,地方政府可以根据实际情况提高基础养老金标准",《国务院关于建立统一的城乡居民基本养老保险制度的意见》规定为"中央确定基础养老金最低标准,建立基础养老金最低标准正常调整机制,根据经济发展和物价变动等情况,适时调整全国基础养老金最低标准"。作为原则性规定,对地方政府的约束力不强,这会降低发达地区基础养老金的替代率,拉大了老年人与其他劳动者之间的收入差距。

(三)偏离农村老人基本生活需求实际

建立农村社会养老保险制度的根本目的,在于"保障农村居民老年基本生活",但这需要"与家庭养老、土地保障、社会救助等其他社会保障政策措施

---

① 佟新主编:《人口社会学》,北京大学出版社 2010 年版,第 169 页。

相配套";或者要"与社会救助、社会福利等其他社会保障政策相配套,充分发挥家庭养老等传统保障方式的积极作用",才能"更好保障参保城乡居民的老年基本生活"。居民基本养老保险制度的保障水平与城镇职工基本养老保险制度"保障离退休人员基本生活"(《关于完善企业职工基本养老保险制度的决定》)、机关事业单位工作人员养老保险制度规定的"切实保障退休人员基本生活"(《国务院关于机关事业单位工作人员养老保险制度改革的决定》)有实质性差别。后两者仅靠制度本身提供的养老金就可以保障"基本生活",而居民基本养老保险制度需要和其他保障政策相配套才能实现保障"基本生活"的功能。所以,制度制定的出发点的差异决定了养老金支付水平的差异。

事实上,"家庭养老""社会救助"或"社会福利"等保障政策具有社会性,所有群体都可以享受,并非农村居民所独享。与其他社会群体相比,农村居民最大的优势就是"土地保障",也是农保制度设计中政府支付的养老金低于机关事业单位人员和企业职工养老保障待遇的主要理由。但土地并不能完全弥补城乡养老保险待遇差距,一方面因为农民人均土地较少,使土地保障能力有限。由表6-5可见,如果把"农业收入"当作"土地保障",2000—2003年,年均"农业收入"从未达到1000元;2004年以来,大多数年份刚刚突破1000元;2011年也尚未突破2000元,这说明总体上土地的保障能力相对较弱。另一方面,对于农村老年人,尤其是就高龄老人而言,土地保障功能的发挥存在困难。"土地是财富之母,劳动是财富之父",如果仅有土地资源,而没有劳动力加于其上,则不可能有实物产出。作为高龄老人,在土地用途和性质不发生变化的条件下,当其丧失劳动能力时,土地对于老年人的保障只是将土地进行流转,以获得有限的租金收益。

反观农保制度养老金待遇,无论是农保制度试点初期的每人每月55元(年均660元),还是当前大多数地方的每人每月100元(年均1200元)的基础养老金,都与农村贫困标准有很大差距,与农村年均支出差距更大。如

2010 年当基础养老金年均 660 元时,农村贫困线为 1274 元,二者相差 614 元,与农村老年人最低生活保障需求额每人每年 1139.52 元相差 479.52 元[①],其替代率仅为 18.61%[②]。当 2015 年基础养老金年均 1020 元时,农村贫困线为 2800 元;当目前基础养老金年均 1200 元,农村贫困线已上升到 3000 元,二者的差距已达 1.5 倍以上。这与农村养老保险金的替代率应维持在 50% 左右[③],差距较大,也与城镇职工基础养老金目标替代率 35% 相去甚远[④]。而到 2019 年,人均 1200 元的基础养老金尚达不到当年农民人均可支配收入 16021 元的 7.5%,仅为人均生活支出 13328 元的 9%。这就说明依靠目前无差别普惠制养老金难以真正维持老年人的基本生活,尤其不利于改善老龄农民的生活质量。同时,目前的基础养老金数量与农村低保的标准差距更大。相关数据见表 6-8。

表 6-8 农村低保年人均标准及补助水平 (单位:元)

年份	农村低保年人均标准	农村低保年人均补助水平
2009	1210	816
2010	1404	888
2011	1718.4	1273.2
2012	2067.8	1248
2013	2434	1392
2014	2777	1552

---

① 肖金萍:《农村老年人最低生活保障水平的测量及实施》,《人口与经济》2010 年第 6 期。

② 按照 2010 年《中华人民共和国统计年鉴》,2009 年农村中等收入户人均支出为 3546.04 元,660 元基础养老金的替代率=660/3546.04=18.61%。

③ 郑功成:《中国社会保障改革与发展战略——理念、目标与行动方案》,人民出版社 2008 年版,第 157—158 页。

④ 《国务院关于完善企业职工基本养老保险制度的决定》颁布后,政府在《人民日报》上披露了养老金的目标替代率:"以职工缴费年限 35 年退休为例,改革后目标替代率调整为 59.2%,其中基础养老金替代率调整为 35%,个人账户养老金目标替代率调整为 24.2%。"

续表

年份	农村低保年人均标准	农村低保年人均补助水平
2015	3177.6	1766.5
2016	3744.0	2212
2017	4300.7	2600
2018	4833.4	3003

资料来源:中华人民共和国民政部相关年份《社会服务发展统计公报》和《民政事业发展统计公报》。网站数据更新到 2018 年。

第三节　实施梯度普惠制养老金[①]

一、实施梯度普惠制养老金制度的必要性

既然"无差别"普惠制养老金制度不完全符合农村实际,因而应对其修正,使该制度既与农村老人年龄挂钩,又与区域相关,让老年人分享各地发展成果,即实行"梯度"普惠制养老金制度。亦即"梯度"普惠制养老金制度是指对不同年龄组、不同地区的退休农民由政府提供不同数额养老金的制度。该制度的基本特点有二:一是"普惠"——政府提供的养老金不附带个人缴费条件;二是"梯度"——养老金额因退休者年龄大小、地区差异而有区别。

(一)缩小城乡收入差距的需要

按照国际标准,目前我国已进入工业化高级阶段。[②] 这与农民的贡献密

---

① 公维才、薛兴利:《农保新构想:"梯度"普惠制养老金》,《山东社会科学》2012 年第 8 期。

② 按照国际标准,工业化初期人均 GDP 为 1200—2400 美元,中期为 2400—4800 美元,高级阶段为 4800—9000 美元。而据国家统计局统计,2010 年我国人均 GDP 超过 4500 美元;2016 年我国人均 GDP 达 8100 美元,接近工业化高级阶段上限。这说明,我国目前已进入工业化高级阶段。

不可分。据统计,新中国成立后,农民以各种方式为国家工业化建设贡献了17.3万亿元。其中,1952—1997年以工农产品价格"剪刀差"的方式提供资金12641亿元,1978—2007年农民工以低工资和无强制保险方式为城镇发展节约资金11.6万亿元,1987—2007年以土地转让方式提供资金44235亿元。① 当今,农村老年人正是工业化资金的提供者,同时包含老年人在内的农民工则为城镇发展节约了庞大资金。正是由于农民对我国工业化的贡献,因此无论老年农民还是年轻农民工,他们都有理由享受工业化带来的成果。换言之,政府理应对农民提供"普惠制"养老金,以"反哺"农民。更何况目前城乡二元社会保障制度使我国社会保障处于"同类人待遇不同,且不同类人之间的待遇差距超过合理范围"的最低公平级别②,其结果,既拉大了城乡老人收入差距,又提高了老年农民的贫困发生率。据统计,城乡老年人口人均收入的比例为4.7∶1,高于一般城乡居民收入的比例3.22∶1;城镇老年人贫困发生率约为2.5%,而农村约为8.5%,农村老年人贫困发生率相当于城镇的3倍以上。③ 因此有必要通过实施普惠制养老金,切实保障农民利益,提高农村老年人的生活水平,缩小城乡差别。这既是公平、正义、共享的社会保障理念的要求④,也是城乡基本生活成本趋同化使然,因为一县之内,无论城乡居民,人们的消费习惯、消费内容、消费方式基本相同,且粮油、肉蛋、蔬菜、服装等日用消费品价格并无实质性差别,有时还会出现城市低于农村的情况。

---

① 孔祥智、何安华:《新中国成立60年来农民对国家建设的贡献分析》,《教学与研究》2009年第9期。

② 杜飞进、张怡恬:《中国社会保障制度的公平与效率问题研究》,《学习与探索》2008年第1期。

③ 赵殿国:《积极推进新型农村社会养老保险制度建设》,《经济研究参考》2008年第32期。

④ 杜飞进、张怡恬:《中国社会保障制度的公平与效率问题研究》,《学习与探索》2008年第1期。

（二）缩小农村内部收入差距的需要

一方面,这是基于 65 岁及以上老年人劳动收入下降的要求,据曲兆鹏、赵忠对我国农村 1988 年、1995 年、2002 年数据分析,农民收入在整个年龄范围内,大致呈倒"U"形的趋势:年轻时收入较低,而后随年龄的增加而增加,其峰值的位置在 50 岁左右,此后,收入逐渐下降,尤其 65 岁左右是收入下降较快的年龄点。[①] 因此对 65 岁及以上年龄者增加普惠制养老金数额是保障高龄老人生活的重要手段。

另一方面,也是基于不同经济水平地区实际消费水平差异的考虑,尤其是经济发达地区,其整体消费水平与物价水平较高,老人最低生活水平的保障,也需要更多的支出;并且通过增加养老金,也可以使经济发达地区高龄老人分享经济社会发展成果,以缩小区域内差别、降低区域内的不公平感,有利于维护区域内和谐与稳定。

二、实施梯度普惠制养老金制度的基本原则

实施梯度普惠制养老金制度要本着"全覆盖、有梯度、分层次、可持续"的原则进行。

（一）全覆盖

"全覆盖"是指凡达到 60 周岁,且未参加城镇职工基本养老保险的农业户籍人员,无论其本人,抑或子女是否缴纳养老保险金,都有权利享受政府提供的普惠制养老金。这是基于国民身份和户籍身份而非职业实施的保障,是国民所拥有的宪法权力。当然这里的"全覆盖"和真正意义的社会保险制度需要权利与义务对等原则不同,后者是对"符合一定条件"者实现覆盖,而这

---

① 曲兆鹏、赵忠:《老龄化对我国农村消费和收入不平等的影响》,《经济研究》2008 年第 12 期。

里的"全覆盖"如果说有条件,那就是年龄、国籍和户籍,理论上应实现 100% 覆盖。

(二)有梯度

"梯度"意味着差别,这里包含两方面含义:一方面是年龄上的梯度,即对"不同年龄"段退休者支付有差别的养老金,也就是对低龄老人和高龄老人支付数额不同的养老金;另一方面是地域上的梯度,即对"不同地区"中高龄老人支付有差别的最低养老金,也就是对经济水平等于或低于全国平均水平地区的农民按农村贫困线标准支付最低养老金,而对经济发达地区的农民应提高养老金数额。这种"梯度"体现了社会公正"有差别机会平等"的理念,符合社会公正。

(三)分层次

"分层次"是指养老金的来源要体现不同层次主体的责任,即中央、省、县等行政主体要各负其责,各有担当。在不同主体责任承担上,一是考虑公平性,做到财权与事权相匹配;二是考虑不同层级财政主体的承受能力,财力充沛、承担能力强的主体应承担更多责任。前者要求国家一视同仁,公平对待不同地区的农民;后者则要求考虑中央、省、县三级财力状况的差别,在资金支付上有主有次,做到责任清晰。

(四)可持续

如果说"分层次"突出的是责任担当主体,"可持续"则要说明的是保障的适度性。普惠制养老金显然是政府公共服务的组成部分,依靠公共财政维持运转,这就要求有可保障运行的财力。维持制度运转的基础是税收,因此税收财力就成为制约该制度能否有效实施的关键。农保制度保障过高或过低都不利于制度的持续运行:保障过高,则财力紧张,并限制经济发展;保障过低,可能仅具有政治意义,而实际保障能力有限。

除上述财务的可持续性外,农保制度的"可持续"性还包括制度功能的可持续性、基金运营管理和经办管理服务的可持续性、外部支持条件的可持续性等。

三、实施梯度普惠制养老金制度的路径

实施梯度普惠制养老金制度,其关键有二:一是确定不同年龄、不同地域老人的养老金额度;二是确定养老金支付主体及承担比例。

(一)确定梯度普惠制养老金额度

对农村老年人养老金额度的确定,既考虑到我国延迟退休政策情况,也要兼顾农村老年人劳动年龄实际和地区差别。

1.对不同年龄组农村老人支付有差别的养老金

农村领取养老金的年龄男女皆统一为 60 周岁,这一方面与目前城镇男性职工、机关事业单位员工退休年龄接轨,另一方面与退休年龄政策发展趋势相一致。鉴于国际上大多数国家延长退休年龄至 65 周岁,所以本书将 60—64 周岁农村居民称为低龄老人,65 周岁及以上农村居民称为中高龄老人,这虽然与通行的划分办法不完全一致①,但符合农村老年人劳动年龄实际。因为农民在达到 65 周岁以后劳动能力呈不断下降趋势,劳动产出水平大幅度降低。对于 60—64 周岁,以及 65 周岁及以上老人分别给予不同的养老金,既符合农民的劳动年龄实际,也有利于未来的制度衔接;对前者支付当前政策规定的基础养老金,对后者则要支付维持其基本生存的最低养老金。

对 60—64 周岁的低龄老人,支付统一的基础养老金,如 2010 年制度试点区域,中央规定的基础养老金为每人每月 55 元,后来逐步调整,至 2016 年为

---

① 说明:按通行的分法,一般将年龄差异分为三个阶段:中老年阶段(65—75 岁之前)、高龄阶段(76—85 岁之前)、老迈阶段(85 岁以上)。

每人每月 100 元;而对 65 周岁及以上中高龄老人,则应支付不低于农村贫困线标准的最低养老金,即对于这一群体仅依靠最低养老金,他们可以至少维持最低保障水平,满足基本生存需求;而对发达地区的农民,还应分享地区发展所带来的成果,按一定机制进行必要调整。这也体现了前述绝对贫困标准和相对贫困标准的要求,符合马丁法食物线和非食物线的标准。

2. 对经济发展程度不同地区的中高龄老人支付有差别的最低养老金

以国家公布的农村贫困线为标准,凡农民人均收入水平不高于平均收入水平的地区按贫困标准线发放最低养老金,因为中国贫困线仍只是保障"吃饭权"的贫困线。而农民人均收入水平高于全国农民平均收入水平的地区,则要相应提高保障标准,以使农民分享当地经济社会发展成果。其公式为:

$$若 M>N, S = (M \div N) \times L \tag{6-3}$$

$$若 M \leqslant N, S = L \tag{6-4}$$

其中,S 为最低养老金,M 为当地农民人均纯收入,N 为全国农民人均纯收入,L 为贫困线标准。举例说明,以甘肃省和上海市为例:甘肃省 2010 年农民人均纯收入 3424.7 元,低于全国农民人均纯收入 5919 元,即 M<N,其最低养老金应维持当年国家公布的农村贫困线标准 1274 元;而上海市农民人均纯收入 13746 元,是全国农民人均纯收入 5919 元的 2.32 倍,故其最低养老金应为 2.32×1274 = 2955.7 元。2016 年,两省市的最低养老金,依据上述公式分别调整为 2300 元和 4747.71 元。

(二)确定梯度普惠制养老金的支付主体及承担比例

梯度普惠制养老金,应由中央财政与省级财政承担,中央财政应承担主要部分,因为与省级财政相比,中央财政具有更强的支付能力。这里之所以未体现县级财政责任,是因为一方面县级财政相对困难,另一方面县级财政重在补贴养老保险个人账户。

1. 省级以上政府按现行政策负担60—64周岁农村老人的基础养老金

也就是说,对60—64周岁的老人,按"中央财政对中西部地区按中央确定的基础养老金标准给予全额补助,对东部地区给予50%的补助"执行。根据制度试点之初每人每月55元的支付标准,以及60—64岁全国农民数量,在东部省份补助50%,其余由中央财政负责的情况下,据笔者测算,2010年由中央财政负担的基础养老金总额为170.19亿元,约占当年中央财政收入42470亿元的0.40%。2016年基础养老金上调为100元/人·月,按同样方法计算,中央支付的基础养老金为361.40亿元,约占当年中央财政收入159604.97亿元的0.22%。

2. 中央、省级财政按7∶3的比例分担65周岁及以上老人最低养老金

对于65周岁及以上中高龄农村居民,中央、省(直辖市、自治区)共同支付最低养老金,最低养老金数量与各省份农民人均纯收入水平和当年的贫困线相关。之所以最低养老金不能像基础养老金一样,由中央财政对中西部地区全额补助,对东部地区补助50%,一方面是因为省级政府作为国家机构理应承担责任,另一方面是因为最低养老金额度,即最低贫困线(2010年、2019年分别为1274元、2300元)高出基础养老金(2010年为660元/年·人、2019年1200元/年·人)近1倍(经济发达地区更高),若执行上述标准则无论对中央财政,还是对东部省份财政都有较大压力。

按照上述思路,通过各年龄段农村老年人口数量、人均享受普惠制养老金数额、中央及省(直辖市、自治区)各自承担比例,经测算,以2016年为例,由中央财政支付的数额2016年较2010年在绝对值上有了较大幅度提高,由最初的668.26亿元上调到1516.54亿元,但相对值,即养老金所占财政收入的比重在下降,由2010年的1.97%下降到2016年的0.95%,这说明中央财政的承担能力不断增强,保障能力不断提高。

具体到各省份,其负担水平差别较大。总体上,中西部,尤其是西部部分省份负担相对较重,如2010年甘肃省、贵州省、西藏自治区都超过了财政收入的 1.5%;在东部省份中河北省的负担比重最高,超过 1%,而上海市的负担最轻,仅为 0.08%;2016 年河北省的负担水平跃居全国首位,甘肃省紧随其后,说明这两个省份负担相对较重,而负担最轻的依然是上海市,下降到 0.06%。

第四节 政府承担居民养老
保险金的理论分析

根据制度规定,我国居民基础养老金源于财政,由政府承担。与大多数国家一样,我国也实行分级分税制预算管理体制,以提高资源配置效率,彰显社会公平,维护社会稳定。

一、分级分税预算管理体制的基本属性

中央和地方政府分级分税预算管理体制有其自身特点、实施的理论依据和实现方式。

(一)分级分税预算管理体制的特点

分级分税预算管理体制可简称为分税制,有狭义与广义之分。狭义上,是指中央与地方的财政分税制度;广义上,是指各级政府间基于财政分配的全面利益分配关系,其基本内容可概括为"三分"("分权定支出""分税定收入""分机构建体系")"一转"("转移支付配财力")"一返"("税收返还保存量")"一挂钩"("系数挂钩调增量")。其中,"分权定支出""分税定收入""转移支付配财力"是分税制的核心,体现了政府间财政关系的"事权""财权""财力"的内在逻辑联系;"分机构建体系""税收返还保存量""系数挂钩调增量"属于辅助措施,旨在保障分税制的顺利推行以及预定改革目标的实现。[1]

---

[1] 高鹏、李文华:《"分税制"财税体制综合改革:历史性回顾与思考》,《财经政法资讯》2010 年第 6 期。

这种管理体制体现为以下特征:一是各级政权预算相对独立,自求平衡。各级预算分别由不同立法机关审批,中央预算和地方预算分别由国家立法机关和地方立法机关审批。二是中央和地方事权范围相对明确,中央预算以社会保障、社会福利和经济发展为主,地方预算以文教、卫生保健和市政建设为主,国防费和外交支出划归中央支出,行政管理费由各级自身负责。三是收入划分实行分税制,且收入划分比例上中央预算占主导地位,以确保中央调控权和调控力度。四是实行转移支付制度,尤其是由中央向地方的纵向财政转移支付,是预算调节的主要手段。

(二)分级分税制实施的理论依据——公共物品的层次性和"外溢性"

公共物品据其适用范围可分为全国性公共物品、地区性公共物品和交叉性公共物品。全国性公共物品的受益范围覆盖全国,公民可无差别地享用其所带来的利益,因而适于由中央政府提供,如国防和外交等费用需由中央政府统一支出;地区性公共物品受益范围具有区域性,因而费用适于由地方政府提供,如区域性福利应由地方政府承担;交叉性公共物品则是全国范围内符合条件的公民都可享受,但同时又具区域性特征,如居民养老保险,费用应由中央政府和地方政府共同提供。

再者,公共物品的"外溢性"也是确定费用支出主体的依据,所谓"外溢性"是指某项公共物品的效益扩展到了区域之外,给相邻地区带来利益,由此受益方应支出必要的费用。由于是公共物品,费用的支出主体应是政府,因此,作为地区性公共物品的"外溢性"问题的解决可通过主受益区举办、中央给予补助,或由中央与地方联合投入等方式解决。①

---

① 陈共编著:《财政学》,中国人民大学出版社 2015 年版,第 246—247 页。

（三）地方政府预算平衡的实现方式——转移支付

从各国分税制实践看，政府间事权和财权并不平衡，总体上，存在财权逐级上收、事权逐级下移。换言之，支出责任（事权）下移、地方政府自有收入（财权）基本稳定甚至下降是一种国际现象。这就必然形成地方政府支出责任和自有收入的不匹配，造成入不敷出。为此，需要实行转移支付制度。

1. 实行转移支付制度的必要性

一方面，转移支付制度是实现财政收支平衡、促进公共服务均等化的需要。由于各区域经济发展的不平衡，自有收入差距明显，提供公共服务的能力也自然有别，若没有转移支付制度，则会形成区域间公共物品的巨大差异；而通过转移支付制度，平衡各地间财政支付能力，为提供基本公共服务奠定基础。另一方面，转移支付制度也是保障上级政府对下级政府权威的有效手段。尤其是在集权制国家中，自上而下措施的落实需要充分调动地方的积极性，地方政府层级与服务对象越贴近，则效率越高。中央或上级政府调动地方政府的有效措施就是利益驱动，而财权的上移为中央政府提供了较为充足的财政收入，也为实施纵向转移支付制度提供了条件。

2. 实行转移支付制度的方式

实施转移支付制度，旨在保持财政支出责任与政府事权相适应，实现二者之间的平衡。这种平衡既包括维持各地区间最低公共服务水平大体均衡的横向平衡，也包括维持上下级政府间财力与支出责任大体均衡的纵向平衡。在实践层面，主要是中央政府或上级政府弥补地方政府财政缺口，其具体方式为无条件均衡拨款或专项拨款（或称为一般性转移支付和专项转移支付），前者表现为拨款的无条件附加，拨款接受地区可自主使用；后者则在用途上受到一定限制。显然，不同政府对两种拨款方式的态度不同：地方政府倾向于无条件拨款，而中央政府或上级政府则倾向于专项拨款，以实现其发挥调节作用的目的。上述分级预算管理体制的相关内容可简单归纳如表6-9所示。

表6-9　分级分税预算管理体制基本属性

基本特点	(1)各级预算相对独立,自求平衡;(2)事权范围与财权范围相对明确;(3)实行中央与地方分税制;(4)采取转移支付制度			
理论依据	公共物品的层次性和"外溢性"	公共物品类型	适用范围	提供主体
		全国性公共物品	全国	中央政府
		地区性公共物品	地方	地方政府
		交叉性公共物品	综合	中央与地方政府联合
实现方式	转移支付	功能		实现方式
		(1)弥补纵向财政缺口(2)弥补横向财政缺口(3)弥补地区性公共物品辖区间的外部效应(4)支持落后地区的经济发展		(1)无条件均衡拨款(2)专项拨款

资料来源:陈共编著:《财政学》,中国人民大学出版社2015年版,第246—250页。

二、我国分税制改革中事权与财权的偏离与校正

事权(分权定支出)、财权(分税定收入)、财力(自有收入+转移支付配财力),一直是财政管理体制的重点。新中国成立后到改革开放前,我国实行的是高度集中的预算管理体制,即事权、财权与财力皆归中央,并强调"统一领导、分级管理"。1980年起实行财政包干体制,即"划分收支、分级包干",使地方预算成为责、权、利相结合的相对独立的一级预算主体,其主要特征表现为在总额分成基础上对增收部分加大地方留成比例,调动了地方政府的积极性,全国财政收入也不断增长。为进一步规范中央和地方的财政关系,实现"财力与事权相匹配",1994年始我国实行分税制改革,建立了分税制财政管理体制。2016年根据《国务院关于推进中央与地方财政事权和支出责任划分改革的指导意见》,我国又强调"事权与支出责任相适应"。虽然称谓上有变化,但不变的是如何协调中央和地方在事权和财权、财力上的关系。综观分税制改革以来,我国总体上存在事权与财权的不完全匹配,表现为中央财政收入偏

農村社会养老保险制度创新研究

高、支出偏低,以及地方财政收入偏低、支出偏高的颠倒现象。

（一）中央财政收入比重偏高、支出比重偏低

分税制改革以来,事权下移、财权上收现象非常明显,出现了明显的事权与财权的偏离。其直观表现就是无论在20世纪90年代,还是进入21世纪后,转移支付前中央收入比重较高,几乎每年都超过或接近财政总收入的50%,2000年更是高达56.6%,2011年后有所下降,但下降幅度较小,依然占财政总收入的45%以上（见表6-10）。

与中央政府偏高的财政收入（财权）相反,中央财政的支出（事权）却相对较低,长期维持在20%以下,形成了收入与支出间的巨大差距。

表6-10　2009—2019年我国财政收支情况　（单位:亿元;%）

年份	全国财政收入	中央财政收入	地方财政收入	中央财政收入比重	地方财政收入比重	全国财政支出	中央财政支出	地方财政支出	中央财政支出比重	地方财政支出比重
2009	68518.30	35915.71	32602.59	52.42	47.58	76299.94	15255.80	61044.14	19.99	80.01
2010	83101.51	42488.47	40613.04	51.13	48.87	89874.13	15989.70	73884.43	17.79	82.21
2011	103874.43	51327.32	52547.11	49.41	50.59	109247.80	16514.10	92733.68	15.12	84.88
2012	117253.52	56175.23	61078.29	47.91	52.09	125952.90	18764.60	107188.30	14.90	85.10
2013	129209.64	60198.48	69011.16	46.59	53.41	140212.10	20471.80	119740.30	14.60	85.40
2014	140370.03	64493.45	75876.58	45.95	54.05	151785.60	22570.10	129215.50	14.87	85.13
2015	152269.23	69267.19	83002.04	45.49	54.51	175877.80	25542.20	150335.60	14.52	85.48
2016	159596.65	72357.30	87239.35	45.34	54.66	187841.10	27404.00	160437.10	14.59	85.41
2017	172592.77	81123.36	91469.41	47.00	53.00	203085.49	29857.15	173228.34	14.70	85.30
2018	183359.84	85456.46	97903.38	46.61	53.39	220904.13	32707.81	188196.32	14.81	85.19
2019	190390.08	89309.47	101080.61	46.91	53.09	238858.37	35115.15	203743.22	14.70	85.30

资料来源:根据相关年份《中国统计年鉴》整理所得。

根据表6-10,可作图6-2,更直观地显示出中央、地方财政收入支出的比重。

（单位：%）

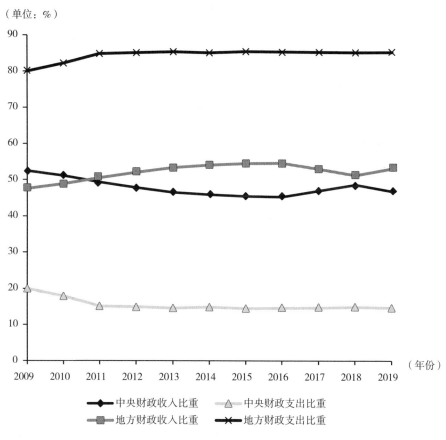

图6-2　2009—2019年中央、地方财政收支比重比较

资料来源：国家统计局相关年份，由万得数据库提供基础信息后整理而得。

（二）地方财政支出比重偏高、收入比重偏低

与中央财政收支相反，地方财政的财权收入占比为50%左右，2011年以来超过50%，这表明其财政收入比重逐步提高，但远远比不上其事权提升幅度。2009年以来，地方政府的财政支出比例从未低于80%，大多数年份超过85%；相反，中央财政的支出比重逐步下降，由改革前的近30%下调为2010年后的20%以下。以2015年为例，全国一般公共预算支出为175768亿元，而中央本级一般公共预算支出仅为25549亿元，只占全国数额的14.5%，与世界范

围内大多数国家相比处于一个非常低的水平。①

(三)中央与地方政府之间的平衡

过高的收入(财权)和偏低的支出(事权),或者相反,过低的收入和偏高的支出,都将不可持续。如何实现收支的基本平衡,达到财权与事权的匹配?其措施除地方政府的预算和制度收入外,地方政府最主要的手段是源于中央或上级政府的财政转移支付。

通过财政转移支付制度,可对边远的少数民族地区和贫困地区进行重点支持,调节这些地区的最低公共服务水平;每年国家都通过大量的转移支付对区域差距进行调整,这从分税制改革前后数据可见一斑。实行分税制改革后,我国中央财政收入有了大幅度提升,如分税制改革前的 1993 年,转移前的中央收入比重仅为 22%,而在分税制改革后的 1995 年,转移前的中央收入比重剧增了 30%以上,达到 52.2%,其他年份也徘徊在 50%上下,名义上具有较高的调控能力。但在通过转移支付后,中央收入比重占比急剧下降,前后差距接近 40%,结果造成中央政府的财力大大下降,远不能满足其事权开支,形成较大缺口。从中可见,之所以出现转移前后中央收入差距过多,可能反映出财权上移、事权下移的分权模式并没有真正厘清财权与事权的匹配关系,还存在公共服务受益范围模糊、政府职能与市场边界不清,以及政府职能未完全转变的事实。其结果是增大了中央政府的转移支付,也加重了中央财政的支出比重。因此,亟须建立中央"事权与支出责任相适应"的制度。

三、政府承担居民养老保险金的根据

无论是从《国务院关于建立统一的城乡居民基本养老保险制度的意见》规定,还是本书"梯度普惠制养老金"提出的基础养老金或最低养老金的来

---

① 贾康、苏京春:《现阶段我国中央与地方事权划分改革研究》,《财经问题研究》2016 年第 10 期。

源,都体现了中央政府和地方政府,尤其是省级政府的财政责任,亦即政府应承担居民养老金,其根据在于:

(一)宪法赋予公民的权利

居民养老保险制度无论在名义上属于社会保险的范畴,还是实质上作为无差别的普惠制养老金制度,都需要政府提供基础养老金和最低养老金。因为普惠制养老金是基于一国公民身份,公民达到一定年龄后给予其物质待遇的制度,这是基于《中华人民共和国宪法》第四十五条的规定:"中华人民共和国公民在年老、疾病或者丧失劳动能力的情况下,有从国家和社会获得物质帮助的权利。国家发展为公民享受这些权利所需要的社会保险、社会救济和医疗卫生事业。"政府作为国家的代表机构,理应承担作为普惠制养老金的基础养老金或最低养老金,并且养老金的数量仅为维持基本生存,亦即仅是从国家获得的"物质帮助"。即便作为社会养老保险,在公民履行一定缴费义务之后,获得一定养老金收入也是权利的体现,是从"国家和社会"中获得物质帮助。由此来看,无论如何界定当前居民养老保险制度的性质,居民都有权利从"国家和社会获得物质帮助",这是公民政治权力和经济权利相统一的体现。

(二)养老保险的福利属性使然

社会养老保险属于社会保障。社会保障是"各种经济福利性的、社会化的国民生活保障系统的统称"[①],具有社会性、公平性、福利性和强制性的特征。其"福利性"体现为社会保障的实施手段是国民收入的再分配,是国家和社会资源的一种再调整,而各级政府的财政支出就是"再分配"的典型形式。作为社会保障子概念的社会保险也自然"享受"再分配,由政府提供必要的财政支持。之所以如此,是因为工业化社会不同于传统农业社会,在现代社会

---

① 郑功成:《社会保障学》,商务印书馆 2000 年版,第 11 页。

中,人们生产、生活方式都发生了较大甚至根本性变化。生产上,劳动力与生产资料的分离增加了劳动者的生存风险;生活上,由于城镇化的推进、家庭结构小型化,致使土地和家庭保障功能弱化。在这种状况下,就需要建立国家意义上、保障大多数人利益的制度,即社会保障制度①。既然作为社会保障制度,具有福利属性,"福利"的来源为国家和社会,作为国家代表的政府就理应成为利益的提供者。具体到居民养老保险制度就是提供维持基本生存的基础养老金或最低养老金。

(三)兼顾公平与效率的要求

政府具有三大职能:资源配置效率、社会公平和经济稳定。② 由政府支持的梯度普惠制养老金也可实现这三者。首先,包括居民养老保险在内的社会保险,乃至社会保障制度,旨在通过提供经济支持保障特殊群体在遇到风险时免受风险,或降低风险的程度,维护社会稳定,以利于经济发展与稳定。其次,通过中央和省级政府提供的梯度普惠制养老金,确保其收入不低于国家贫困线标准,以满足相应群体基本生存需求,既维护现代社会中人的尊严,又彰显社会公平正义。最后,不同层级政府的共同参与,符合信息对称程度,有利于提高工作效率。居民养老保险制度是对"人"的保障,而人居住于四面八方,况且作为一个人口大国,从中央、省、市、县各级政府的信息对称程度看,越往基层,上层政府的信息失真程度就越重,因此对于基层居民,地方政府无论在经费,还是经办服务等方面提供支持,会使信息对称程度更为匹配,更利于资源的配置效率。

并且,2013 年《中共中央关于全面深化改革若干重大问题的决定》也对建立"事权与支出责任相适应"的制度作出了明确规定,将社会保障作为中央和

---

① 公维才:《我国社会保障制度城乡二元结构形成及固化原因分析》,《甘肃理论学刊》2008 年第 3 期。

② 张永生:《政府间事权与财权如何划分》,《经济社会体制比较》2008 年第 2 期。

地方的共同事权。"适度加强中央事权和支出责任,国防、外交、国家安全、关系全国统一市场规则和管理等作为中央事权;部分社会保障、跨区域重大项目建设维护等作为中央和地方共同事权,逐步理顺事权关系;区域性公共服务作为地方事权。中央和地方按照事权划分相应承担和分担支出责任。中央可通过安排转移支付将部分事权支出责任委托地方承担。对于跨区域且对其他地区影响较大的公共服务,中央通过转移支付承担一部分地方事权支出责任。"

第七章　城镇化与易地社会养老

城镇化伴随着劳动力的转移,部分农民进入城镇,成为农民工。由于他们既不是传统的农民,也不同于城镇职工、城镇居民,所以应创新其养老保险模式。同时,伴随着城镇化,农村养老服务面临的困境也需要化解。

第一节　城镇化与农民分化

城镇化伴随着农民的流动,其结果,有的在城镇安居乐业,有的则在城乡之间流动。

一、城镇化伴随着农民的流动

城镇化既是农业生产方式发生改变、科学技术大规模应用、生产率不断提高的过程,也是农村整体性变革、大量土地改变用途、农民转变生产业态和身份的过程,并伴随着农村劳动力的大规模转移。改革开放以后,农村劳动力的转移经历了由"有条件的控制流动"向"公平流动"的转变。"有条件的控制流动"主要发生在改革开放后至 20 世纪 90 年代初期,对进城务工农民实行了控制和严格管理,其手段表现为制定了临时就业务工证和就业登记制度。与这种有效控制相适应,劳动力主要是就地转移,乡镇企业成为吸纳农村劳动力的主体。1992年以后,劳动力的转移多为异地转移,企业的质量也不断提升,农村劳动力也进入到规范流动、转移阶段,其内在驱动力是随着社会主义市场经济体制改革方向的确立,要素市场逐渐建立,农村劳动力市场也随市场经济体制的确立、发展不断规范,但仍处于制度的自发期。2000年后,农村劳动力进入公平流动、转移阶段,市场经济体制中的规则不断建立、健全,包括劳动力在内的要素价格更趋合理,企业用工更为规范,社会保障逐步建立。

农村劳动力的转移也就是农业劳动者"离土",由从事农业生产经营到主要从事非农业生产经营的过程,这就意味着传统农民的分化。

二、城镇化加剧农民分化

农民分化是指农民在社会系统中由原来承担多种功能的单一社会主体发展为承担单一功能的多种不同社会主体的过程。其基本形式有两种:一是以农民职业分化为主要特征的水平向度分化,主要表现为农民群体的异质性增加,即农民群体结构要素(如农民群体、农民阶层、农民组织)的类别增多;二是以农民收入分化为主要特征的垂直向度分化,主要表现为农民因职业等的不同而带来的经济收入差距的分化。[①] 二者之间,水平向度分化是基础,其决定了农民职业的差别,进而由职业差别导致经济收入差别的垂直向度分化。本书中的农民分化主要为水平向度分化。

(一)农民分化的根据

在我国,农民不仅仅是"职业"的称谓,即以"农"为"业"的劳动者;同时还具有"身份"的特点,即凡具有农业户籍的人都被称作农民。这就意味着"农民"既是在身份上拥有农业户籍的群体,又是在职业上不断分化,从事各行各业,只是身份尚未转化的群体。由于农民从业类别及区域的差异,农民不

---

① 刘洪仁:《世纪初农民分化的实证追踪研究——以山东省为例》,《农业经济问题》2009年第5期。

再是一个整体,而是发生了较大的分化,形成了不同的职业分层、收入分层、消费分层和其他分层。①

对农民分化的研究,更多的是依据农民的职业分层。简单而言,农民从事的职业无非是农业和非农业。改革开放后,随着农村家庭联产承包责任制的实施,对农民流动限制的放松,农民从原来的农业劳动中被逐步解放出来,走向城镇、城市从事非农产业的比重不断增加,其结果就是城镇人口比重不断上升,城镇化率不断提高。相关数据见表7-1。

表7-1 改革开放后城镇与农村人口变动比率及流动人口数

（单位:万人;%）

年份	总人口	城镇人口数	城镇人口所占比重	乡村人口数	乡村人口所占比重	流动人口数
1978	96259	17245	17.92	79014	82.08	—
1979	97542	18495	18.96	79047	81.04	—
1980	98705	19140	19.39	79565	80.61	—
1981	100072	20171	20.16	79901	79.84	—
1982	101654	21480	21.13	80174	78.87	—
1983	103008	22274	21.62	80734	78.38	—
1984	104357	24017	23.01	80340	76.99	—
1985	105851	25094	23.71	80757	76.29	—
1986	107507	26366	24.52	81141	75.48	—
1987	109300	27674	25.32	81626	74.68	—
1988	111026	28661	25.81	82365	74.19	—
1989	112704	29540	26.21	83164	73.79	—
1990	114333	30195	26.41	84138	73.59	—
1991	115823	31203	26.94	84620	73.06	—
1992	117171	32175	27.46	84996	72.54	—
1993	118517	33173	27.99	85344	72.01	—

① 万能、原新:《1978年以来中国农民的阶层分化:回顾与反思》,《中国农村观察》2009年第4期。

续表

年份	总人口	城镇人口数	城镇人口所占比重	乡村人口数	乡村人口所占比重	流动人口数
]1994	119850	34169	28.51	85681	71.49	—
1995	121121	35174	29.04	85947	70.96	—
1996	122389	37304	30.48	85085	69.52	—
1997	123626	39449	31.91	84177	68.09	—
1998	124761	41608	33.35	83153	66.65	—
1999	125786	43748	34.78	82038	65.22	—
2000	126743	45906	36.22	80837	63.78	12100
2001	127627	48064	37.66	79563	62.34	—
2002	128453	50212	39.09	78241	60.91	—
2003	129227	52376	40.53	76851	59.47	—
2004	129988	54283	41.76	75705	58.24	—
2005	130756	56212	42.99	74544	57.01	14700
2006	131448	58288	44.34	73160	55.66	—
2007	132129	60633	45.89	71496	54.11	—
2008	132802	62403	46.99	70399	53.01	—
2009	133474	62186	46.59	71288	53.41	—
2010	134091	66978	49.95	67113	50.05	22100
2011	134735	69079	51.27	65656	48.73	23000
2012	135404	71182	52.57	64222	47.43	23600
2013	136072	73111	53.73	62961	46.27	24500
2014	136782	74916	54.77	61866	45.23	25300
2015	137462	77116	56.10	60346	43.90	24700
2016	138271	79298	57.35	58973	42.65	24500
2017	139008	81347	58.52	57661	41.48	24400
2018	139538	83137	59.58	56446	40.45	24100
2019	140005	84843	60.60	55162	39.40	23600

资料来源:国家统计局相关年份国民经济和社会发展统计公报,由万得数据库提供基础信息后整理而得。

伴随农民流动的加剧,农民也分化成若干阶层,根据农民所从事的具体职业及工作单位性质等的不同,可将农民分为农业劳动者阶层、农民工阶层、雇工阶层、农民知识分子阶层、个体劳动者和个体工商户阶层、私营企业主阶层、乡镇企业管理者阶层和农村管理者阶层等八个阶层。① 这种划分在 20 世纪八九十年代,因工作单位性质的不同,尚存在实质性差异,如"农民工阶层""雇工阶层"的划分,其区别点在于前者是在"国营和集体等企事业单位"从事第二、第三产业劳动,后者则"受雇于私营企业或个体工商户"。但随现代企业制度、社会保障制度的建立,农民工阶层、雇工阶层已无实质性区别;集体性质的乡镇企业所剩无几,据此管理者阶层也无实质意义;个体劳动者和个体工商户阶层都是"个体"的行为,其性质趋同;尤其是随着城镇化、工业化的推进,被征地农民数量不断增加。上述变化都意味着应对农民进行再分类。有学者将分化后的农民分为失地农民、农民工、职业农民、依附于农村的人口四类。② 本人也曾将农民分为四类:种养农民、城市农民工、乡镇企业职工、失地农民。③ 现在看来,这两种分类都有待完善,前者中"职业农民""依附于农村的人口"所从事的职业依然是农业,其区别在于二者生产能力和聚集的农业生产要素的多少。"职业农民"是具有较高的农业生产能力,能够聚集更多的农业生产要素(如土地)以获取较高的农业生产收益的劳动者;而"依附于农村的人口"是指那些农业生产能力不强,但又离不开土地耕作以获取收益养活自己,甚至还要依靠政府和村集体提供的福利来生存的群体。这两类群体因主要从事农业,是真正意义的农民。后者中城市农民工、乡镇企业职工、失地农民的划分也有待调整,因为我国社会主义市场经济体制改革以后,人们是在城市还是在乡镇就业,更多受收入水平和居住地的影响。因此,无论是从乡镇企业数量还是从业人员看,乡镇企业职工都不宜再作为独立的群体进行分

---

① 陆学艺、张厚义:《农民的分化、问题及对策》,《农业经济问题》1990 年第 1 期。
② 魏建、魏安琪:《新型城镇化、农民分化与农民权益保障》,《理论学刊》2015 年第 1 期。
③ 公维才:《中国农民养老保障论》,社会科学文献出版社 2007 年版,第 9—11 页。

析。况且,根据国家统计局的统计,"年度农民工数量包括年内在本乡镇以外从业6个月及以上的外出农民工和在本乡镇内从事非农产业6个月及以上的本地农民工两部分"。从中可见,农民工可理解为:一是从区域看,含"外出农民工"和"本地农民工",前者是指在本乡镇以外从业,后者则是在本乡镇以内从业;二是从职业看,农民工并非是完全脱离农业的劳动者,"外出农民工"在乡镇以外所从事的职业可以是多元的,可以跨三大产业,而"本地农民工"则突出其非农产业性;三是从时间看,无论是外出农民工还是本地农民工都强调在一年之内在本乡镇以外从业,或在本乡镇从事非农产业6个月及以上。

同时,伴随城镇化的推进,部分农民失去土地,加入农民工的行列,壮大了农民工队伍。

由上可见,无论是职业农民,还是依附于农村的人口,都是农民;无论是城市农民工、乡镇企业职工,还是失地农民都是农民工。由此,在考虑职业、身份,以及从业范围后,农民可分为两类:种养农民和农民工。

(二)种养农民

根据收入来源与从业性质,可将农民分为纯农户、兼业户(包括以经营农业为主的"Ⅰ兼户"和以经营非农产业为主的"Ⅱ兼户")、非农户。[①] 种养农民,顾名思义,是指职业、户籍、区域合一的,主要从事农、林、牧、渔业(种植、养殖、果品等)的劳动者。因为这些劳动者与土地、海洋、资源等自然要素有着密切联系,所以他们大多依然居住于农村,从事农作物种植、林业种植、畜禽养殖等经济活动,并构成其收入的主要来源。虽然也有部分季节性打工者,以赚取收入贴补家用,但他们的主要精力在于种植、养殖上;换言之,种养农民的外延,包括纯农户和"Ⅰ兼户"。伴随着城镇化的推进,该群体的比重呈下降

---

① 贺雪峰:《"农民"的分化与土地利益分配问题》,《法学论坛》2010年第6期。

趋势。当然,由于中国各地区域差别实际,农民分化的程度,或者说种养农民所占的比重因地区、区位、村社和家庭之间的差异而不同,呈现出分化的不平衡性。[1]

伴随城镇化水平的提高,农村青壮年劳动力的外迁,种养农民主要以老年人、妇女为主,总量超过 2 亿人。由于受自然风险和市场风险的双重影响,该群体的收入并不稳定,收入的高低既受农产品价格影响,也受自然条件制约。

(三)农民工

"农民工是不再完全从事或者完全不从事身份职业的农民,同时又是拥有农民身份的雇佣工人。实际职业与身份职业的不一致是农民工的本质特征。"[2]正如前述,农民工包括"外出农民工"和"本地农民工",前者是指 1 年内在本乡镇以外从业 6 个月及以上的农民工,后者是指在本乡镇内从事非农产业 6 个月及以上的农民工。由此看来,农民工并非一定从事非农产业,而是存在外出农民工可能从事农业,本地农民工则从事非农产业的实际情况。这也就是农民工的"身份职业"与"实际职业"的差别。

无论是农民外出从业,还是在本地从事非农产业,取决于一系列条件:一方面在于内部条件,即农民自身素质技能的提高,具备了从事非农产业的条件,或至少流动的可能;另一方面在于外部条件,即计划经济体制的突破、原料等工业生产资料供应的保证、资金的积累、技术条件和市场条件等。改革开放后,农民的流动不断加剧,农民工的数量也持续增加,这也正是农民素质技能提高的表现,其数量、结构及增长情况见表 7-2。

---

① 万能、原新:《1978 年以来中国农民的阶层分化:回顾与反思》,《中国农村观察》2009 年第 4 期。

② 杨思远:《中国农民工的政治经济学考察》,中国经济出版社 2005 年版,第 82 页。

表7-2　2010年以来农民工数量、结构及增长率　（单位：万人;%）

年份	农民工总量	增长率	其中:外出农民工	增长率	本地农民工	增长率
2010	24223	5.4	15335	5.5	8888	5.2
2011	25278	4.4	15863	3.4	9415	5.9
2012	26261	3.9	16336	3.0	9925	5.4
2013	26894	2.4	16610	1.7	10284	3.6
2014	27395	1.9	16821	1.3	10574	2.8
2015	27747	1.3	16884	0.4	10863	2.7
2016	28171	1.5	16934	0.3	11237	2.4
2017	28652	1.7	17185	1.5	11467	2.0
2018	28836	0.6	17266	0.5	11570	0.9
2019	29077	0.8	17425	0.9	11652	0.7
2020	28560	-1.8	16959	-2.7	11601	-0.4

资料来源:国家统计局相关年份国民经济和社会发展统计公报。

由表7-2可见,2010年以来,农民工的数量持续增长,截至2020年年底,总人数近2.9亿人,其中外出农民工近1.7亿人,本地农民工超过1.16亿人。从增长程度看,自2010年以来,增长幅度呈下降趋势;在农民工构成中,相对于本地农民工,外出农民工的增长幅度下降,2016年仅增长0.3%,并且2011—2018年间,本地农民工的增长速度始终高于农民工总量的增长速度,以及外出农民工的增长速度;2019年本地农民工的增速低于外出农民工增速0.2个百分点。2020年,由于受新冠肺炎疫情影响,外出农民工和本地农民工总量都有所下降,但本地农民工下降幅度低于外出农民工。这说明,本地经济的发展为农民提供了更多就业机会,也反映了第一代农民工回流的事实。

据国家统计局《2019年全国农民工监测调查报告》数据,1980年及以后出生的新生代农民工正逐步成为农民工主体,其比重占到农民工总量的

75.4%。新一代农民工与上一代农民工相比,具有受教育程度高、维权意识强、对薪酬福利的期望值较高、消费观念较为开放、城市融入感强烈、自我意识较强、接受新鲜事物能力较强等个人特征;同时也具有缺乏吃苦耐劳精神、工作中情绪波动较大、工作中服从度较低、职业稳定性较差、缺乏职业生涯规划、对工作环境的要求较高、创新能力较强、注重技能培训等职业特征。

第二节 "中间道路"

——农民工社会养老保险制度的完善

鉴于农民分化为种养农民和农民工,所以农保制度的创新也应针对这两类群体。由于种养农民养老保险制度的创新已在第六章进行了分析,所以本节主要是对农民工养老保险制度创新的思考。

截至 2020 年年底,全国农民工总量 28560 万人,比上年下降 1.8%。其中,外出农民工 16956 万人,下降 2.7%;本地农民工 11601 万人,下降 0.4%。[①] 随城镇化水平的进一步提高,将会有更多的农民工进入城镇,他们面临着与城镇职工类似的生产与生活风险,但正如"农民工"所称谓的,在身份上是"农民",在职业上是"工人",所以其养老保险制度应既区别于城乡居民基本养老保险,也区别于城镇职工基本养老保险,即走不同于二者的"中间道路"。[②]

一、农民工社会养老保险模式分歧

"农民工"体现着职业与身份的"二重性"。农民工者,农民工人也,他们是

---

① 国家统计局:《中华人民共和国 2020 年国民经济和社会发展统计公报》,见 http://www. stats.gov.cn/tjsj/zxfb/202102/t20210227_1814154.html,2021 年 2 月 28 日。

② 公维才:《"第三条道路"——城市农民工的社会养老保险模式》,《人口与经济》2006 年第 2 期。为了与吉登斯的"第三条道路"作区分,此处改为"中间道路"。

农业户口,户籍身份是农民,但就职业说,他们已是工人;[①]农民工是农村进入城镇从事非农职业,但户籍身份依然是农民的劳动者;[②]农民工,顾名思义是指兼具农民与工人身份的劳动者;[③]农民工是指从农民中率先分化出来、与农村土地保持着一定经济联系、从事非农业生产和经营、以工资收入为主要生活来源,并具有非城镇居民身份的非农化从业人员。[④] 可见,"农民工"一词具有户籍与职业两大特征:户籍上,他们依然是农民,但职业上主要以第二、第三产业为主。

建立针对农民工的社会养老保险制度非常必要。农民工虽然生产、生活于城市,但由于户籍制度的制约,他们却处于被边缘化的境地。[⑤] 因而他们就成了游离于城镇居民之外的边缘群体和弱势群体[⑥],所以建立农民工的社会保障是理性选择[⑦],以期保障他们的合法权益。更有甚者认为,仅保护其合法权益的看法还是表面上的,其实质是我们国家要建立什么样的工人阶级队伍,构建一个什么样的社会阶层结构,是建设一个城乡一体的社会主义市场经济体制,还是维持目前城乡分割的二元社会结构问题。[⑧]

然而,在对农民工社会养老保险制度设计研究上,却存在"进城""返乡"抑或走"中间道路"的分歧。

有人主张"进城":虽然当前吸纳农民工加入城镇养老保险系统存在障碍,但应该通过城镇社会养老保险制度扩面,将已在城镇就业的农民工直接纳入[⑨],应当有步骤地将进城农民纳入现代保障体系。[⑩]

① 陆学艺:《农民工问题要从根本上解决》,《社会学》2003 年第 10 期。
② 刘畅:《制度排斥与城市农民工的社会保障问题》,《中国社会报》2003 年 6 月 28 日。
③ 徐赛嫦:《农民工社会养老保险制度探析》,《社会》2003 年第 7 期。
④ 郑功成:《农民工的权益与社会保障》,《中国党政干部论坛》2002 年第 8 期。
⑤ 郑功成:《农民工的权益与社会保障》,《中国党政干部论坛》2002 年第 8 期。
⑥ 刘畅:《制度排斥与城市农民工的社会保障问题》,《中国社会报》2003 年 6 月 28 日。
⑦ 徐赛嫦:《农民工社会养老保险制度探析》,《社会》2003 年第 7 期。
⑧ 陆学艺:《农民工问题要从根本上解决》,《社会学》2003 年第 10 期。
⑨ 张启春:《谈谈进城务工人员的社会保障问题》,《江汉论坛》2003 年第 4 期。
⑩ 李迎生:《社会保障与社会结构转型——二元社会保障体系研究》,中国人民大学出版社 2001 年版,第 195 页。

有人主张"返乡"：将农民工纳入城镇保障体系困难重重，而建立新的农民工社会保障体系（含社会养老保险），无疑又是一种新的歧视。因此，应将农民工纳入完善后的农村社会保障体系。[1]

也有人主张走"中间道路"：农民工不宜加入农村社会养老保险，但平等地获得与城镇居民一样的社会养老保险同样是很困难的，因而建立农民工社会养老保险是必然的选择。[2] 本书也持此种观点。

二、"中间道路"的设计

我国实行的社会统筹与个人账户结合的社会养老保险制度，是一种公平（统筹账户）与效率（个人账户）兼顾的保险制度，具有合理性。以现有城镇职工基本养老保险制度为基础，实行社会统筹与个人账户分离、实现养老保险基金全国统筹、调整缴费年限是改革的重点。

（一）实行社会统筹与个人账户分离

职工基本养老保险制度由于未实行统账分离，其结果是在很大程度上用个人账户基金来补贴社会统筹基金，致使个人账户"空账运行"，作用难以发挥。我国设立社会统筹与个人账户结合的社会养老保险制度，其目的，一方面调动参保者的积极性，提升参保率和工作效率；另一方面在于体现社会公平，满足人们最基本的生活所需。然而，当个人账户成为"空账"时，参保者个体所缴金额与实际最终所得之间失去了必要联系，难以体现个人缴费数量对个人基本养老保险金的贡献度；并且，由于个人账户"空账"，也加剧了城镇职工基本养老保险制度的风险，增加了社会统筹基金的压力。因此实行统账分离，实现分账运行，取消个人账户对社会统筹基金的补贴，既有利于明确政府责

---

[1]　杨立雄：《"进城"，还是"回乡"？——农民工社会保障政策的路径选择》，《社会保障制度（人大复印资料）》2004 年第 6 期。

[2]　徐赛嫦：《农民工社会养老保险制度探析》，《社会》2003 年第 7 期。

任,加强政府履职,也有利于农民工,乃至城镇职工基本养老保险制度的效率。

(二)实行社会养老保险基金全国统筹

社会基金全国统筹的最大目的在于实现统筹基金的全国平衡,以一部分地区基金结余弥补另一部分地区的基金缺口,这也是保险的本质特征所在。对于农民工而言,全国统筹的最大好处在于应对农民工的强流动性,特别是跨省流动。据统计,农民工跨省流动已占41.11%①,且随着社会的发展,农民工跨省流动的比例还将提高。提高统筹层次,实现全国统筹,农民工在国内无论何处谋职,其利益都能获得有效保障。并且,从趋势看,养老保险基金全国统筹也是大趋势。党的十八大、十九大报告分别指出要"逐步做实养老保险个人账户,实现基础养老金全国统筹""完善城镇职工基本养老保险和城乡居民基本养老保险制度,尽快实现养老保险全国统筹。"由此看来,对于以养老保险、医疗保险为重点的社会保障制度,实现全国统筹不仅是未来趋势,更是迫在眉睫的现实要求。

(三)对15年缴费年限作弹性调整

由于农民工的复杂性,年龄参差不齐、收入高低不同、就业单位千差万别等缘故,如果按照城镇职工基本养老保险的缴费水平,且完成15年的缴费,对有些农民工有一定难度。因此,既然农民工已按规定缴纳了一定年限的保险费,即便未达到15年的缴费要求,其也有权获得由社会统筹基金支付的一定比例的基本养老金,该比例应是缴费年限与15年的比值。假如缴费满15年的农民工退休后每月从社会养老保险统筹账户领取的基础养老金为 m,而某农民工的缴费年限为 n(n<15),则该农民工所得到的基础养老金应为:m×(n/15)。或者建立农民工社会养老保险的返乡调整机制,即一旦农民工返回

---

① 李强:《农民工与中国社会分层》,社会科学文献出版社2004年版,第24页。

家乡,且尚未达到 15 年的缴费要求,可在缴费年限与利益所得之间建立一定对应关系,实行缴费年限弹性调整,并详细计算出缴费年限与受益之间的对应关系,鼓励多缴多得。

第三节　易地社会养老
——城镇化背景下的农村养老服务[①]

老年农民面临的并非仅仅是经济支持问题,更有生活照顾和精神慰藉的需求,后者可归纳为养老服务需求。为进一步了解城镇化背景下农民养老服务需求,课题组进行了调查。2013—2017 年,根据自然地理、交通运输、经济社会发展程度和距离城镇远近等条件,课题组选取了鲁西南 2 个乡镇 5 个自然村落,采取观察、座谈、访问、问卷调查等调研方法,进村入户,进行了人口城镇化问题的历时性研究。有关村落人口老龄化情况主要采用 2015 年的数据,因为 2016 年之后,当地村民不再到村委会报告新出生人口,且新出生人口大多位于远离村落的城镇,此时村组织已难以准确掌握本村人口数量和年龄结构。

一、城镇化背景下农村养老困境

基于对鲁西南 2 个乡镇 5 个自然村落的调研,结合国内相关研究,当前我国农村养老主要存在以下困境。

(一)农村传统养老模式面临空前挑战

城镇化背景下青壮年劳动力进城导致农村常住人口严重老龄化。在所调研 5 个村落中,2015 年户籍人口老龄化介于 18%—23%,远高于山东省和全

---

① 本节由课题组成员李学迎撰写。

国平均水平。不仅如此,这些村常住人口老龄化因青壮年劳动力进城实际上已超过40%,呈重度老龄化;且60岁以下人口中,50岁以上准老人又占比近半。由于农村青年进城大多具有不可逆性,到中老年回村者相对较少,农村新生儿也大多在城镇出生和成长;若无转移农村老人进入城镇的有效举措,15年后(当前绝大部分农业劳动力在45岁以上),所调研村落常住人口老龄化程度可能会高于80%。近年来,留守妇女、儿童数量大幅减少,农民进城呈家庭化;但农村老人跟随成年子女进城的比例较低,在所调研村落不足10%。过去,农村青壮年劳动力不仅是农业生产的主力,也是承担农村养老任务——经济支持和生活照顾的主力。他们不仅承担对父母和祖父母等的养老任务,而且也担负着对其他近亲属的养老任务。当前,尽管农村家庭仍以各种方式竭力为其成员提供保障并互助抵御风险,但越来越不足以应对城镇化和社会变迁对农村养老的冲击。

1.经济支持方面

农村绝大多数老人只要还有劳动能力,就坚持劳动,多数老人可依此获取大部分生活所需;农村老人所获外部经济支持主要来自子女和基础养老金。在对上述村落的老人养老需求的抽样调查中,60%以上的老人认为经济是最困难的,其次是生活照顾,再次是精神慰藉。据进一步观察和调研,这些村落老人一日三餐已无忧。农村老人最担心的是支付大笔医疗费用。假如拥有厚实的经济条件,就可以改善物质生活和享受良好医疗服务,尤其可以购买生活照顾等方面的优质养老服务,这就不难理解为什么农村老人将经济视为最困难的。他们的经济条件大多尚未达到可购买优质社会养老服务的程度,并且农村也大多缺乏社会化养老服务。

2.生活照顾方面

实际上,农村老人的生活照顾最重。因为经济供养可跨越时空(例如,外出的儿女寄钱或留钱就可解决老人物质生活所需),还可寄望于政府施以援手,而生活照顾不能像金钱一样寄送回村,金钱在农村也难以买到温情的生活照顾。它常要求养老义务承担人或受雇人、受托人近身亲为,失能老人尤其如此。

(1)大量农村劳力进入城镇,且在城镇安家者越来越多,导致农村代际生活照顾成本高企、代际生活照顾资源日渐匮乏。绝大多数已进城的农村劳动力尚无转移农村父母进城的能力,也难以回村亲自照料或雇人照料。尽管家庭成员仍是农村老人的重要照料者,但代际照料大幅减少;老年夫妻互助照料的占比相对上升,但这种互助照料同样不可靠,因为它只适用于部分同时健在的低龄老人。

(2)留守低龄老人照料高龄老人的现象也较为普遍。随着时间的推移,留守低龄老人将成为高龄老人,缺乏子女照料的农村高龄老人将日渐增多。随着年龄增长,丧偶老人占比大幅攀升,女性丧偶老人占比更高。在所调研5个村落的80岁以上老人中,孤身老人占比均超过75%,女性丧偶老人数量一般是男性丧偶老人的2倍左右(80岁以下老人中,女性丧偶老人数量也远多于男性)。其中,A村是不足200人的小村,该村2016年80岁以上老人全部孤身。

(3)即便子女生活在本村,由于农村老人多与子女分居,老人缺乏照料的悲剧也时有发生。例如,因子女缺乏每天向长辈问候的习惯和制度性安排,又因生命终结常不期而至,加之老人居住在更为空心化的危旧房区域,所调研村落有位本来能基本自理的七旬孤身老人在去世几天后才被发现。

(4)即便有人照料且儿孙较为孝顺,由于照料时间缺乏保障,护理设施和护理技术落后,以及卫生意识较弱,失能和半失能老人也极为悲苦。再者,农村厕所大多是庭院角落的传统简易露天或半露天深蹲式,常成老人难承之重。

3. 精神慰藉方面

老年人常面临丧偶、疾病、死亡以及生理机能下降等诸多问题,这会对其精神、心态和人生观造成不良影响,因此更需精神慰藉。在城镇化背景下,农村老人精神慰藉困境趋重。

青壮年劳动力大规模进城,导致农村代际情感交流减少和代际情感降低。

加之农村娱乐活动贫乏,加剧了农村老人精神孤独。虽说手机的普及对留守老人与后代和亲友间情感交流有所裨益,但作用甚微,而且农村高龄老人普遍不善于使用手机。

(二)社会化养老服务滞后

建立农村社会化养老服务体系,是应对城镇化背景下农村常住人口老龄化和养老困境的重要举措。我国当前相关突出问题是:社会化养老服务机构建设滞后,社会实际所需护理人员缺口大、护理人员素质低,老年人设施配套不够、落实困难,指导老年人设施配建的标准不清且缺少协调,设施配置缺少对失能老人的倾斜,养老设施建设缺乏国家政策有力扶持,农村养老社会化服务严重滞后于城镇,入住敬老院的老人受伤害事件多发等。就所调研的 H 镇而言,该镇共约 3 万人,只有可入住 84 位老人的一处敬老院(有可入住房屋42 间,在 2014 年实际集中供养 63 人);供养规模和居住条件均亟待提升。另据 2016 年新闻报道,济南市多家农村乡镇敬老院入住率不足五成,这些敬老院供养规模也多在百人以下。

可喜的是,当地农村老人健康管理服务已经起步,所调研村落老人在2017 年已获得年度性免费体检服务,糖尿病患者更是自 2016 年以来享受到了每隔两月一次的免费定期专项检查服务。其他形式社会化养老服务,如居家养老服务、托老所、社区养老服务、康复服务、长期照护服务等机构和设施建设在所调研乡镇仍是空白。

此外,在农村社会化养老事业中,国家和地方相关法规、政策与规划常遭遇执行"瓶颈"。例如,农村幸福院建设早已载入县(市、区)年度计划,但在所调研村落仍是空白。

(三)农村公共服务存在退化风险

一方面,乡镇公务人员面临工作压力大、收入低、晋升难等自身发展困境;

另一方面,乡镇党委政府和公务人员亟待提升自身素质、工作业绩和公共服务。老人缺乏生活照顾是当前农村养老最大困境,是最亟须解决的农村公共服务难题,最需爱心和时间投入,同时需加强基层政府工作创新,但乡镇公务人员的时间投入并不能满足实际需求。

(四)临终关怀空白

临终关怀发端于西方,它并非治愈疗法,而是旨在减轻患者临终前(一般不超过半年)痛苦的医疗护理;它并非旨在延长临终病人生存时间,而是旨在提高其生存质量,使其坦然、舒适、安详和有尊严地走完人生最后旅程,同时给予患者家属精神抚慰。目前,临终关怀在我国一些大城市也已起步,但在农村还是空白。

二、发展农村易地社会养老之利

农村易地社会养老,是指根据农村老年人自愿,将其转移至城镇集中安置,实现有效照顾,以化解农村养老困境。其内涵有二:一是"易地",即改变养老地点,由农村转移到城镇;二是实行社会化养老,让老人走出原有家庭环境,实现养老服务的社会化。这种做法有诸多优势。

(一)具有规模经济优势

社会分工专业化是人类社会发展趋势。发展农村易地社会养老,把养老事务一定程度上从家庭功能中分离出来,是深化社会分工的体现,顺应社会分工专业化大势,老人也可凭此享受专业化优质服务。

发展易地社会养老,由专业化养老机构为其提供养老服务,具有规模经济优势。就整个社会所付出的养老成本尤其照料成本而言,会比每个老人分别由各自赡养人照料或分别雇人照料要小得多,也比不进行转移和集中安置小得多,可大幅提高单位人力、单位时间、单位财力的养老投入收益。

（二）有助于发挥传统养老模式优势

农村传统养老模式，是中华传统文明的重要内容，并在中华民族数千年历史上发挥重要作用。近年来，农村传统养老所遭遇的最大困境在老人生活照顾方面，主要原因是赡养人和被赡养人之间的地域空间距离太大，甚至天各一方、分隔千里，以致赡养人有心无力。若对农村老人进行科学合理的转移和集中安置，并推进社会养老，则可缩短赡养人和被赡养人之间的空间距离，进而有利于子女和其他亲人看望甚至照料老人。如此，可助益传统养老模式与时俱进、优势长存，并可实现社会养老和传统农村养老的有机结合，便于发挥二者合力。当然，社会养老本身也契合"老吾老，以及人之老"[1]和"鳏寡孤独废疾者皆有所养"[2]的中华传统文化理念。

（三）可促进养老服务业发展

发展易地社会养老，可开启国家投资模式和经济发展模式创新，彰显党和政府对群体的关爱。发展农村易地社会养老，是以最广大人民群众需求为导向，可普惠于国民，保证低收入群体直接受益。倘若在城镇发展农村老人养老经济适用房和廉租房，还可吸引同城晚辈同住；不仅可助老人享天伦之乐，同城晚辈也可因此改善居住条件。此类政府投资可直接带动国内消费需求，可将民众的潜在养老需求转化为有效需求。若因此将养老产业打造成龙头产业，无疑将带来我国政府投资模式和经济发展模式的革新。

（四）可传承传统文化核心价值观

"全心全意为人民服务"是党的宗旨，是群众路线的灵魂和纲领，其内核则是无私关爱和忘我奉献。以习近平同志为核心的党中央多次强调：全党同

---

[1]　方勇译注：《孟子·梁惠王上》，中华书局2015年版，第12页。
[2]　胡平生、张萌译注：《礼记·礼运》（上），中华书局2017年版，第419页。

志要把人民群众安危冷暖放在心上,把心思和精力都用在为群众谋利益、谋福祉上,不断让人民群众得到实实在在的好处。应对人口老龄化和化解养老困境,正是相应工作要点。习近平总书记多次作出重要指示,强调人口老龄化问题事关国家发展全局,事关亿万百姓福祉;强调要立足当前、着眼长远,加强顶层设计,完善养老重大政策和制度,做到及时应对、科学应对、综合应对。

发展农村易地社会养老,是由党和政府大力支持和推动的惠民工程,可更好地体现党的宗旨和长期秉持的无私关爱、忘我奉献等价值理念,可彰显党和政府对农民群体的关爱,能广泛凝聚民心,具有良好社会效益,既有助于社会和谐与实现中国梦,也有助于进一步提升我国国际形象和声望。

三、实行易地社会养老,化解农村养老困境

对于农村养老困境,党和政府高度重视,学者建言献策,地方政府也已努力采取有益举措。本书认为,发展易地社会养老,是化解当前养老困境的更优选择。

(一)以服务创新承担起养老的部分紧迫任务

养老护理人员紧缺、社会养老缺位和农村养老刻不容缓的情况下,基层党委政府应先承担起相关工作。为此,应采取以下措施:一是大力吸纳医学与护理专业人才进入基层(尤其乡镇)公务员队伍;二是增加乡镇(街道办)党委政府和相关组织中妇女干部的比例;三是大力加强现有乡镇(街道办)干部护理知识培训;四是设立负责农村养老的专职乡镇(街道办)副书记,并实行农村养老工作乡镇(街道办)党委政府一把手负责制;五是革新基层干部考核办法,将承担农村养老工作的业绩作为干部考核、晋级和提拔的重要指标;六是对乡镇党委政府驻地附近的闲置公有房产做初步改造,使之适于临时安置农村老人;七是将农村幸福院建设落实到乡镇主要领导身上,并由乡镇公务人员尤其领导具体承担部分护理工作。

（二）助推乡镇敬老院规模与服务升级

目前，在绝大多数乡镇，敬老院是唯一的养老机构。据调研，在户籍人口3万左右的乡镇，亟须机构养老的失能老人和残疾智障者就通常超过千人，而敬老院养老规模大多在百人以下，且床位空置率高。问题在于，乡镇敬老院办院初衷和主旨是面向农村五保户养老，服务面窄，不能满足其他广大农村老人的养老需求。床位少且空置率较高，有不少乡镇敬老院床位空置率超过50%，而大量处于养老困境的老人却难以入住。这说明，敬老院及其相关工作人员的收益未能与床位利用率和养老规模合理挂钩。再者，乡镇敬老院服务质量普遍不高。此外，农村敬老院居住条件大多较差，一般是不含卫生间和厨房的双人小单间；护理人员以临时工为主，其素质和业务能力普遍不高。

由此可见，农村敬老院规模与服务均亟待改造升级。其中重要一条就是，要为农村敬老院及其工作人员设计更合理的激励约束机制，使其报酬与服务质量和服务规模紧密挂钩，并让敬老院老人有更多话语权；甚至应将这些激励约束机制落实到有关乡镇领导干部身上。再者，还应为敬老院老人的居住标准设定底线，如老人居室应多功能化，至少含卫生间、厨房和一个卧室。改造升级和规模扩大后，要将养老服务工作重点调整为养护失能老人，并扩展到残疾和智障群体。如果敬老院充满温馨与幸福，大量农村老人也乐意入住。同时应突出农村养老服务的公共物品特性，降低收费，或实施部分免费。

（三）易地转移和集中安置农村老人

若要化解农村养老困境，就需要大力发展社会养老。若要农村社会养老取得显著成效，就需要基于当事人自愿，转移和集中安置有需求的农村老人。此乃农村易地社会养老之基本含义。易地养老不同于异地养老，后者主要指经济条件较好的老人具有候鸟性质的自主性、旅居性的养老模式，前者尚无相关研究。

原址社会养老为诸多国内专家和大量国际经验所支持,但不足以应对我国当前农村养老困境。由于农村人口密度低和老人散居面大,若不转移和集中安置老人,高层次社会养老服务将难以有效实施。无论何种社会养老服务,都需老人居住较为集中和服务半径较小,规模效应和服务距离成本都是运营要考量的重要因素。基于其自愿,转移和集中安置有需求的农村老人,正是发展农村社会养老的内在要求和必要选择。对于需要照料的农村重度失能老人,即便有家人照料,因护理设施和护理技术落后,老人生活也极为悲苦。如果不进行转移和集中安置,专业化、规模化、管理水平高、科技含量高的社会化养老服务将难以施展。即便对于健康的农村老人,基于其自愿进行转移和集中安置,也便于开展社会养老服务并改善老人生活。在转移和集中安置有社会养老需求的农村老人时,还要考虑到农村乃至乡镇空心化趋势,要努力避免农村基层养老设施将来大量闲置,应为老人转移到县级以上城市提供便利。应尽量在赡养人所在城市,针对农村老人,发展以"居家养老为基础、社区服务为依托、机构照料为补充"的具有"服务综合、系统整合、资源下沉"特点的综合养老服务社区。针对农村户籍人口流动性强的特点,应尽量在此类社区多规划廉租房,配以少量经济适用房,科学规划和配建多级养护中心。

第八章　信息化与农村社区养老服务

社区养老服务具有重要意义。信息化在社区养老服务中具有重要作用，是提高社区养老服务效率与质量的重要支撑。

第一节　信息化与社区养老服务分析

党的十八大、十九大报告分别提出要"促进工业化、信息化、城镇化、农业现代化同步发展""推动新型工业化、信息化、城镇化、农业现代化同步发展"。那么，什么是信息化？什么是社区养老服务？什么是社区养老服务信息化？这都需要界定。

一、信息化

信息化起源于 20 世纪 60 年代，由日本学者首先提出。70 年代后期，信息化开始在西方国家传播。90 年代后期，我国召开全国信息化工作会议；21世纪初又提出了国家信息化发展战略，分析了面临的形势、看到了存在的问题、明确了发展战略、提出了发展的具体措施，为我国的信息化发展提供了基本途径。

（一）信息化的含义

1997 年我国首届全国信息化工作会议指出"信息化是指培育、发展以智能化工具为代表的新的生产力并使之造福于社会的历史过程"。2005 年，《2006—2020 年国家信息化发展战略》（以下简称《发展战略》）也指出"信息化是充分利用信息技术，开发利用信息资源，促进信息交流和知识共享，提高经济增长质量，推动经济社会发展转型的历史进程"。

比较上述"信息化"的界定，可以发现，随着信息化实践的不断推进，信息化的资源不断充实、领域不断拓展、目的不断明确，但不变的是其"历史过程"。这就意味着信息化是动态的，需要持续培育和发展。其重点为：开发利用信息资源，建设国家信息网络，推进信息技术应用，发展信息技术和产业，培育信息化人才，制定和完善信息化政策。

《发展战略》基于信息化是全球发展的基本趋势这一判断，重点阐述了我国信息化发展的基本形势、指导思想和战略目标、发展的战略重点、战略行动，以及保障措施。这就为我国信息化发展既指明了方向，又提供了路径。《发展战略》指出，在 21 世纪，信息化发展影响深刻；信息技术正孕育着新的重大突破，信息资源日益成为重要生产要素、无形资产，甚至是社会财富；信息化对全球经济、政治、文化、社会都将产生颠覆性的影响，甚至影响着全球军事新格局。

（二）我国信息化的战略目标和具体目标

《发展战略》对信息化的战略目标和具体目标提出了明确要求，对信息化建设具有指导意义。

1.战略目标

信息化的战略目标以我国当前信息化过程中存在的问题为前提，其目标就是要解决这些问题。面临的问题主要有：思想认识需要进一步提高、信息技术自主创新能力不足、信息技术应用水平不高、信息安全问题仍比较突出、数字鸿沟有所扩大、体制机制改革相对滞后。战略目标及相应的具体目标就是要解决这些问题，突破相关"瓶颈"。因此，我国信息化发展的战略目标是：实现综合信息基础设施基本普及，信息技术自主创新能力显著增强，信息产业结构全面优化，国家信息安全保障水平大幅提高，国民经济和社会信息化取得明显成效，新型工业化发展模式初步确立，国家信息化发展的制度环境和政策体系基本完善，国民信息技术应用能力显著提高，为迈向信息社会奠定坚实基础。

2.具体目标

以战略目标为指导，信息化建设的具体目标表现为：

（1）促进经济增长方式的根本转变。通过广泛、深入应用信息技术，既推动经济结构战略性调整，服务循环经济发展；又推动科技进步和劳动者素质技能提升，提高经济增长的质量和效益。

（2）实现信息技术自主创新、信息产业发展的跨越。通过吸收一批引进技术，突破一批关键技术，掌握一批核心技术，实现信息技术的自主创新，以及信息产业的跨越。

（3）提升网络普及水平、信息资源开发利用水平和信息安全保障水平。强化网络技术综合信息基础设施建设，提升信息资源地位，发展知识密集型产业。基本形成信息安全的长效机制，完善国家信息安全保障体系。

（4）增强四个能力，即增强政府公共服务能力、社会主义先进文化传播能力、中国特色的军事变革能力和国民信息技术应用能力。通过能力提升，使电子政务、先进文化传播、国防和军队信息化建设取得重大进展。

（三）我国信息化的战略重点及保障措施

信息化战略目标和具体目标为信息化建设的战略重点指明了方向，同时，目标的实现需要一系列措施的保障。

1.我国信息化发展的战略重点

根据战略目标和具体目标,结合我国实际,信息化建设的战略重点有九个:一是推进国民经济信息化,推进面向"三农"的信息服务,利用信息技术改造和提升传统产业,加快服务业信息化,鼓励具备条件的地区率先发展知识密集型产业。二是推行电子政务,改善公共服务,加强社会管理,强化综合监管,完善宏观调控。三是建设先进网络文化,以加强社会主义先进文化的网上传播,改善公共文化信息服务,加强互联网对外宣传和文化交流,建设积极健康的网络文化。四是推进社会信息化,加快教育科研信息化步伐,加强医疗卫生信息化建设,完善就业和社会保障信息服务体系,推进社区信息化。五是完善综合信息基础设施,实现向下一代网络的转型,建立和完善普遍服务制度,推动普遍服务市场主体的多元化。六是加强信息资源的开发利用,建立和完善信息资源开发利用体系,加强全社会信息资源管理。七是提高信息产业竞争力,突破核心技术和关键技术,培育有核心竞争能力的信息产业。八是建设国家信息安全保障体系,全面加强国家信息安全保障体系建设,大力增强国家信息安全保障能力。九是提高国民信息技术应用能力,造就信息化人才队伍,培养信息化人才。

其中,第四项战略重点要求在推进社会信息化中,需完善就业和社会保障信息服务体系要求,加快全国社会保障信息系统建设,提高工作效率,改善服务质量。这为我国社区养老信息化建设提供了战略指导。

2.我国信息化发展的保障措施

信息化战略目标和战略重点的实现,需要一系列保障措施。《发展战略》提出的保障措施共九条,包括完善信息化发展战略研究和政策体系,深化和完善信息化发展领域的体制改革,完善相关投融资政策,加快制定应用规范和技术标准,推进信息化法制建设,加强互联网治理,壮大信息化人才队伍,加强信息化国际交流与合作,完善信息化推进体制。

在上述保障措施中,人是最重要因素,社会成员的信息意识和信息素质,关系着信息化的成败,对信息技术人才的培育和全民信息素质的提高至关重要。所以,信息化不仅仅是发展技术,也不仅仅是卖硬件,更要重视人的观念的转变、素质的提高。而对于信息化人才,一方面要研究和建立信息化人才统计制度,对信息化人才进行需求调查,在摸清底数基础上,编制信息化人才规划,确定信息化人才工作重点。另一方面,尊重信息化人才成长规律,以信息化项目为依托,既要培养高级人才、创新型人才和复合型人才,又要高度重视"走出去,引进来"工作,引导海外留学人员参与国家信息化建设。

二、社区养老服务

社区养老是国际通行的养老方式,早在 1992 年,联合国《老龄问题宣言》就指出,"以社区为单位,让老人尽可能在家里居住"。社区养老方式不仅符合中国人的传统,而且也是老龄化社会中社会养老服务发展的方向。

(一)社区养老服务的含义及价值

对于社区养老服务,项丽萍认为,社区养老是以社区为载体,以社区基层组织为主导,发挥政府、社区、家庭和个人多方面的力量,为社区老年人提供物质支持、生活照料、医疗护理、心理保健、文化教育、体育娱乐、法律咨询等服务。[①] 郑莹、高源认为,社区养老是政府扶持、社会参与、以社区服务为依托、为居家老人提供的养老服务,既包含上门服务又整合社区内各种服务资源提供社区服务的养老模式。[②]

综上,社区养老服务是养老主体、养老对象、养老载体、养老资源、养老内容的结合体。其服务对象主要面向家庭日间暂时无人或者无力照护的社区老年人提供服务。与机构养老相比,社区养老具有独特的价值:一是社区养

---

①　项丽萍:《我国社区养老服务方式探析》,《青海社会科学》2007 年第 5 期。

②　郑莹、高源:《政府购买社区养老服务的法学审视》,《辽宁大学学报(哲学社会科学版)》2017 年第 3 期。

老服务能够弥补机构养老的缺口,有效避免或延缓老年人入住养老机构;二是社区养老服务能更好地满足老年人的心理需求,缓解老年人的孤独感,更好地满足老年人的归属感;三是社区养老服务能就近满足老年人的各种特殊需求,如社区可更好地协助解决老年人的家庭纠纷、子女赡养、老年婚姻、疾病医治等问题。① 总之,这种模式利于老人居住于家庭之中,享受家庭欢乐以及家人的照顾,同时老人生活于熟悉的环境之中,不远离社区,利于老人的身心健康。

(二)社会养老服务的内容

按服务内容,我国社区养老服务可分为居家社区养老服务、日间照料和短期入住服务、社区老年人活动中心等设施提供的养老服务等。②

居家社区养老服务受到国家政策的支持,也是最重要的服务内容,旨在为老年人提供精神慰藉、生活照料、家政、康复护理等服务,这主要是针对能够自理的老年人设置的;日间照料和短期入住服务主要是为那些无力进行日间照顾,或者短期内暂时离开家庭而老年人又需要照顾的家庭提供的,避免需求者拥向养老机构;社区老年人活动中心设施是为了满足老年人对娱乐、文化、体育、老年教育、医疗卫生等的需求而提供的,这些设施的提供为老年人的聚集提供了空间,利于融洽老年人的感情,和谐社区关系。

(三)社区养老服务的实现模式

社区养老服务模式的实现,在于主体功能的发挥,包括政府、社区、家庭、个人等多方面力量。其中,政府是最主要的实现力量。据此,应由政府实现社

---

① 青连斌:《社区养老服务的独特价值、主要方式及发展对策》,《中州学刊》2016年第5期。

② 青连斌:《社区养老服务的独特价值、主要方式及发展对策》,《中州学刊》2016年第5期。

区养老:一类是政府在社区设立养老机构,并维持其运行;另一类是政府购买服务,将养老服务业务外包。① 根据政府的参与方式,政府购买的服务可分为四种:一是委托性购买模式,即公办民营模式,政府选择信誉好的企业,出资让其提供养老服务;二是形式性购买模式,即由政府向依附于自己,具有双方不平等地位的民间组织购买的社区养老服务;三是直接资助模式,即对符合一定条件、具有养老服务职能的民间组织进行资助;四是补贴模式,也称间接购买模式,即政府将经费以购买券的方式发放给社区养老服务的对象,作为其购买社区养老服务的补贴。

三、农村社区养老服务信息化

农村社区养老服务是指以农村社区为载体,以社区基层组织为主导,有效发挥政府、社区、社会和个人多方面的力量,充分整合政府与社会的财力、物力和人力资源,为老年人的安老、养老提供力所能及的支持,使老年人能在熟悉的环境里得到必要的救助和照料。② 随着信息技术的发展,信息化养老也必将成为趋势。它是指以信息化养老终端采集数据为基础,把互联网技术、移动通信网技术,以及物联网技术作为手段,建立一个集成化的养老服务系统和信息化的养老互动平台。③ 实行农村社区养老信息化具有诸多优势。

(一)有利于老人的归属感和认同感

社区养老模式符合老年人的生活习惯和情感心理,它是中国传统养老文化的一种转化,在社区内生活的是有一定的共同价值观和行为准则的乡里乡亲,这让老人有一定的归属感和社区认同感。这种归属感和认同感,是社区的

---

① 郑莹、高源:《政府购买社区养老服务的法学审视》,《辽宁大学学报(哲学社会科学版)》2017年第3期。

② 任祥君、韩俊生:《我国农村社区养老机构存在的问题及对策研究》,《劳动保障世界》2011年第12期。

③ 孙慕梓:《多媒体技术在信息化养老服务中的应用》,《社会福利》2016年第2期。

一个基本构成要素。[1]

(二)有利于为老年人提供全面服务

农村社区养老是一种综合性的养老服务,不仅仅局限于物质供养和生活照料,还涉及医疗护理、文化体育娱乐以及社会融入等方面的需求,可实现全面综合的养老服务。如涉及日托、老人医养护公寓等敬老养老机构,为老年人提供普遍性的老人食堂服务;在医疗卫生方面,老年医疗保健机构和康复中心可以为老年人的生活照料、医疗健康管理、家庭病床等提供专业化服务;在文体娱乐方面,为老年人提供老年学校、老年情感等平台;特别是老年人对于精神慰藉的需求,不仅仅来源于家庭成员、亲友、朋友,社区服务人员、志愿者、护工等来自社会的力量也可以提供强大的精神慰藉。依靠社区这一平台,不但可以弥补家庭养老难以提供全面化专业化养老服务的缺陷,也可解决机构养老温情不足的局限。

(三)有利于整合各种资源

农村社区养老的特点是为老年提供包括无偿的公益服务、低偿的基本养老服务以及较高的个性化养老服务在内的系统服务。[2] 对于特殊群体,如低保户、"五保户"以及其他生活困难的老人,通过政府补贴、企业的捐款捐物、爱心人士的资助等形式让这些老人享受到基本的免费养老服务,让他们有尊严地获得最基本的生活照料和医疗保障服务,这也是底线公平的体现。养老资源在社区内的整合,充分利用了闲置资源,达到了社区内资源的最有效配置。

---

[1] 青连斌:《社区养老服务的独特价值、主要方式及发展对策》,《中州学刊》2016 年第 5 期。

[2] 景天魁:《创建和发展社区综合养老服务体系》,《苏州大学学报》2015 年第 1 期。

第二节　信息化与新农保经办服务

《国务院关于开展新型农村社会养老保险试点的指导意见》第十一条"经办管理服务"要求,"建立全国统一的新农保信息管理系统,纳入社会保障信息管理系统('金保工程')建设,并与其他公民信息管理系统实现信息资源共享;……加强新农保经办能力建设,运用现代管理方式和政府购买服务方式,降低行政成本,提高工作效率。"《国务院关于建立统一的城乡居民基本养老保险制度的意见》进一步强调,信息化建设,"要切实加强城乡居民养老保险经办能力建设""整合形成省级集中的城乡居民养老保险信息管理系统,……;要将信息网络向基层延伸,实现省、市、县、乡镇(街道)、社区实时联网,有条件的地区可延伸到行政村"。

由上可见,一方面加强包括新农保在内的城乡居民基本养老保险经办服务、提高经办能力与服务质量,不仅是新农保建设的重要内容,也是新农保建设水平的标志;另一方面通过建立全国统一的信息管理系统,实现信息资源共享,既是农保工作的方向和建设内容,也是提高工作效率的重要手段。而在信息化和农保经办服务关系上,信息化起主导作用:它既可为农保经办服务提供重要支撑,提高信息准确化程度、提高工作效率,是提升居民满意度的重要保障;同时,新农保的信息化水平在一定程度上是检验新农保建设水平的标志,新农保经办服务水平的提升离不开信息化建设。

不仅如此,《中华人民共和国社会保险法》规定:"统筹地区设立社会保险经办机构。""社会保险经办机构的人员经费和经办社会保险发生的基本运行费用、管理费用,由同级财政按照国家规定予以保障。""社会保险经办机构提供社会保险服务,负责社会保险登记、个人权益记录、社会保险待遇支付等工作。"由此我们可理解为社会保险经办机构是由财政供款、免费为参保单位和个人提供经办服务的组织,是政府履行公共服务职能的重要机构。

一、信息化是农保经办服务的保障

制度建设成效最终体现在落实水平上。具体到新农保制度则直接体现为经办的服务质量、效率和水平,在信息化时代,能否提供高效、可靠的技术保障和人员保障,是检验经办服务质量的重要环节。为此,人力资源和社会保障部印发了城乡居民基本养老保险经办规程、经办管理服务工作的通知,各省人力资源和社会保障厅印发了新农保信息系统管理的暂行办法和技术规范,以确保居民养老保险制度的落实。

(一)新农保经办主体的职能

新农保业务由社会保险经办机构、乡镇劳动保障事务所具体经办,行政村村民委员会协办人员协助办理,实行属地化管理。其具体经办内容包括参保登记、保险费收缴、基金申请和划拨、个人账户管理、待遇支付、保险关系注销、保险关系转移接续、基金管理、档案管理、统计管理、待遇领取资格核对、内控稽核、宣传咨询、举报管理等环节。在经办各环节中,自省级以下,各主体的职能各有不同。

省和市地社保机构的职责重在制定规则、组织指导和监督考核。具体表现为:一是制定办法,包括新农保业务经办管理办法、财务管理办法和基金会计核算办法;二是监督考核,主要依据保险内控和稽核制度,展开内控和稽核工作;三是规范、督导与培训,如保险费的收缴、养老金发放和社会化管理服务工作,组织开展相关人员的业务培训;四是业务分析,如参与养老保险信息化建设与管理、参保人员数据应用分析,以及保险基金预决算、财务和统计报表等。

县级社保机构重在各环节的落实,包括上述从参保登记、保险费收缴,直到宣传咨询、举报受理等各环节,加之编制、上报本级居民养老保险基金预决算、财务和统计报表等都在其业务之内,同时县级社保机构还承担着对乡镇事务所经办业务的指导和监督考核工作。

乡镇事务所重在负责参保资源的调查与管理,如对参保人员参保资格、基本信息、缴费信息、待遇领取资格及关系转移资格等进行初审与信息录入,同时受理咨询、查询、政策宣传及情况公示等工作。

村协办员重在协助乡镇做好相关工作,一是收集和上报业务环节所需材料,如居民参保登记、缴费档次选择与变更、待遇领取、保险关系注销、保险关系转移接续等材料的收集与上报;二是发放、提醒、通知等具体事务,如向参保人发放相关材料,对参保人员进行及时缴费提醒,通知相关人员办理补缴和待遇领取等事宜,同时协助乡镇事务所做好政策的宣传与解释、居民基本信息的采集与公示等工作。

(二)信息化是提升新农保服务水平的重要保障

为保障新农保制度的顺利开展,切实提升工作质量和服务水平,人力资源和社会保障部印发了《新型农村社会养老保险信息系统建设指导意见》,就开展新农保信息系统建设的重要意义、坚持的基本方针、信息系统建设具体方案提出了明确要求。

1.开展新农保信息系统建设的意义

我国新农保具有参保人数众多、地域分散、缴费档次多且缴费灵活,权益记录的时间及保障时间长等特点。如果没有信息系统的支撑,其工作难度是可想而知的。因此,在信息化时代,充分借助信息系统,开展新农保制度建设及经办服务工作,具有重要意义。

(1)有利于规范和统一新农保业务,从而以信息化为手段改进服务手段,提高工作效率,提升经办能力和服务水平。

(2)有利于保障新农保的工作质量,信息化记录的经办数据及经办过程,可以增强工作透明度,为开展内部控制和稽核工作提供支撑。

(3)有利于进一步完善政策,通过信息化可以及时获取第一手的业务信息,把握新农保业务的开展情况,为完善政策和进一步决策提供数据支持。

2. 开展新农保信息化建设的基本方针

坚持统一建设是信息化建设的基本方针。"统一"体现为三点：

（1）统一规划、整体设计。新农保的开展是全国性的，养老保险制度的总趋势是一体化而非碎片化。因此，统一规划、整体设计不仅仅是针对新农保的，更应是针对整体养老保险制度的。这必然首先要求，在农保制度层面要做到全国统一，在全国范围内统筹进行新农保信息系统的规划与设计，统一信息系统建设技术方案。

（2）统一标准、信息共享。这主要是指新农保信息系统与"金保工程"信息系统的标准统一、信息共享。为在全国范围内实现保障信息共享，我国提出了旨在建设统一规划、统筹建设、网络共用、信息共享、覆盖各项劳动和社会保障业务的电子政务工程，即"金保工程"。该工程以先进信息技术为手段，以中央、省、市三级网络为依托，涵盖县、乡等基层机构，支持劳动和社会保障业务经办、公共服务、基金监管和宏观决策四项功能。新农保的信息系统作为社会保障系统的组成部分，其建设必然以"金保工程"为基础，统一建设标准，实现信息共享。

（3）统筹兼顾、逐步推进。新农保业务的开展在实施范围上由试点区域不断展开到实现全覆盖，在具体操作规程上也是一个由业务经办，进而公共服务和统计分析的过程。这就意味着新农保信息系统建设不可能一蹴而就，而是需要不断完善。因此应统筹新农保业务开展和信息系统建设，使业务开展和信息系统建设同步推进。

3. 开展新农保信息系统建设的具体业务

新农保信息系统建设的意义和建设的基本方针具有方向性和指导性，其根本目的在于推进信息系统建设。因此，如何具体开展是非常关键的，要求做到以下几点：

（1）全面推进数据集中。即利用"金保工程"已经建设的统一数据中心，建设新农保数据库和系统，通过网络支持各市地、县、乡镇新农保业务的开展。

在建设要求上，应实现"金保工程"的四大功能，即业务经办、公共服务、基金监管和宏观决策。

（2）推动网络向基层延伸。为进一步提高工作效率、保证服务质量，应通过信息系统建设，将业务专网覆盖到农村乡镇，甚至行政村。

（3）实施全国统一的应用软件。全国统一的应用软件规范了统一的业务流程和格式标准，既是养老保险转移接续的要求，也是未来实现包括农保制度在内的养老保险制度全国统筹的基础，是统筹推进新农保和新农保信息系统融合的必然。

（4）发行和应用社会保障卡。社会保障卡是保障包括农村居民在内的全体参保者享受社会保障权益的重要标志，该卡应执行全国统一的标准、规范和管理要求，为实现其全国通用奠定基础。

（5）积极探索与相关领域的信息共享、系统衔接。主要包括与公安部门公民信息管理系统的衔接，以其提供的人口基础信息为基础，直接建立参保人员的基础数据库；与金融机构业务系统衔接，实现参保缴费、待遇发放、账户查询等业务工作的社会化；与民政、计生、残联等部门相关信息系统衔接，实现新农保与扶持政策、计生家庭户奖励扶助政策、农村"五保"优抚、低保政策的统筹等。

（三）以居民基本养老保险服务规范开展相关业务

《城乡居民基本养老保险服务规范》国家标准于 2016 年 1 月 1 日起施行。该规范是实施居民养老保险经办服务的标准，也是经办服务规范化的标志性文件；其内容涵盖养老保险业务的各个环节，从参保登记、信息变更、参保缴费、个人账户，到待遇核定与支付、保险关系转移与终止，再到服务监督、评价与改进等诸环节都做了标准化的规定。服务规范的行文格式可分为两类：一类是程序性的，即主要阐述相关服务的基本要求、申请、审核与变更，如参保登记服务包含基本要求、参保申请、审核与登记等内容，参保信息变更服务包括基本要求、参保信息变更申请、审核与变更等内容;与其格式相同的还有关系转移服务、关系终止服务。另一类是可操作性的,主要包括养老保险费收缴、个人账户权益、待遇支付服务等,如养老保险费收缴服务包括基本要求,养老保险费缴存、代扣、补缴、补助或资助等内容;个人账户权益服务包括基本要求,个人账户建立、记录、支付结算、查询等内容;待遇支付服务包括基本要求,待遇核定、支付、调整,资格认证等内容。

服务规范为新农保建设的标准化提供了基本指导和规范,为该项制度的全国统一规范操作提供了指南。以此为据,可全面规范居民基本养老保险各项经办业务。当然,规范的颁行只是新农保建设的必要条件,并不意味着经办服务各环节不存在问题,也并不意味着经办服务能力的同步跟进。

一是以服务规范的程序为标准,做到参保登记和缴费不重、不漏、不错。参保登记和缴费是居民基本养老保险工作的首要环节,这就需要强化对参保人员各项信息的核查和比对,确保信息的真实性。"不重"就是要避免居民养老保险参保人同时参加城镇职工基本养老保险;"不漏"就是要实现"应保尽保";"不错"就是要确保参保人各项信息的准确性,切实保障参保人的权益。

二是按服务规范的主体内容要求,做好资格认证和待遇发放工作,确保养老金按时、足额、准确发放。养老金待遇的支付以参保人资格认证为前提,通过与公安、民政等部门沟通协调,完善信息比对机制,及时掌握参保人的状况,才能确保待遇支付的及时性和准确性;同时加强与财政部门的沟通,健全财政补助资金划拨机制,确保资金及时划拨。

三是以服务监督、评价与改进为标准,严格基金管理和内控稽核工作,确保基金安全完整、平稳运行。完善的财务制度及其严格执行是确保基金安全的前提与保证。这必然要求严格执行财务会计管理制度,规范财会行为和会计核算。尤其要严格实行"收支两条线"管理,确保基金单独记账、独立核算;实行基础养老金和个人账户基金分账管理。同时,健全内部控制制度,加强风险稽核,实现相互制衡,确保基金安全。

二、信息化水平制约新农保经办服务质量

信息技术的普及程度,或者说信息化程度的高低对新农保经办服务具有重要影响:信息化程度高,既能保证工作效率,又能提高服务质量,进而提升参保人满意度;相反,则会降低工作效率与服务质量,甚至招致不满。

(一)基层协办员信息化水平制约新农保经办服务水平

提高新农保经办服务水平,既需要硬件的支持,以使参保信息准确、及时、全面登记、汇总和比对;更需要软件,如网络的覆盖,以及主体能力的提升。

按相关要求,信息化应覆盖到乡镇,有条件的可覆盖到行政村。在硬件方面,信息化的重要标志是电脑的配备,大部分村实际上也配备了电脑,具备了信息化的基本硬件,这为信息化提供了基础。

硬件只是信息化的基础,而其软件,如网络及利用网络的人的水平则对信息化更具决定作用。从实际情况看,有的农村虽然配备了电脑,但没有联网,或者即使联网了,却没有人能够操作,致使电脑和网络成了摆设。此外,在基层新农保经办服务中,村协办员的作用至关重要,因为他们最熟悉村中各参保人员的基本信息、参保家庭的经济状况。如果村协办员能将基本信息准确及时录入,则无疑会大大提高工作效率。但现实是一系列因素制约着村协办员能力或积极性的发挥,主要表现为:一是年龄偏大,对现代信息的接收、掌握及熟练程度大打折扣,甚至难以完成信息录入、资格认证等重要环节;二是整体素质有待提高,如新农保协办员大多由村妇女主任或会计兼任,他们并不属于体制内人员,缺乏垂直的领导与约束机制;三是待遇上缺乏激励机制,村协办员大多实行固定补贴,且数额较少,工作量大小、工作质量好坏与收益之间缺乏必要的关联,一定程度上制约了协办员的工作积极性。其结果,信息录入、资格认证等基础性环节更多依靠乡镇保险事务所人员来完成,极大地增加了乡镇管理人员的工作量,即便超负荷工作有时也难以提高效率,并且增大了信

息失真的可能性。

(二)信息共享和系统衔接程度低降低了经办效率①

正如前述,新农保经办机构与公安、金融机构、民政计生残联、财政等部门存在内在关联性,这些部门与新农保经办机构之间的信息共享程度及系统衔接程度直接决定了经办水平,进而影响着参保者的满意程度。

一是经办机构与公安部门信息难共享,致使部分人利益受损。由于公安部门和农保经办机构信息难以共享,致使部分人,尤其是高龄老年人身份信息难以确定,或者个别人由于身份信息变动,而公安部门不能及时提供变动信息的情况下,既加大了社保经办机构的工作量,也影响了居民养老保险中参保信息的准确性,损害了参保人的利益,甚至会形成重复参保,有损国家利益。

二是经办机构与民政部门信息难共享,致使保险基金流失。民政部门直接掌握着参保人员的生存状况,尤其是参保者死亡后民政部门会第一时间得到信息并予以登记。如果经办机构与民政部门信息共享,参保者死亡信息会及时汇总,从而既省去了参保者生存认定环节,又避免了参保人员死亡后养老金的超支发放,避免了养老金的损失。

三是经办机构与合作金融机构配合不畅,致使摩擦时有发生。按规定,60周岁以上的老年人才有领取基础养老金的资格,他们大多文化水平低、身体状况欠佳,且人数众多,再加上目前大多把养老金领取时间都集中在月末,导致合作银行员工的工作负荷量加重,因此双方在接触时常有摩擦,某些银行服务质量有所下降,如何兼顾两者利益成为难题。此外,银行间缺乏严格的绩效评估体系和有效的竞争机制,不利于社会公平的实现,也缺乏对银行工作的有效监督。

四是经办机构与财政部门的配合不畅,致使养老金发放延迟时有发生。

---

① 李美玲:《城乡居民社会养老保险制度研究》,聊城大学 2014 年硕士论文,第 35—36 页。

由于基础养老金源于财政,这就意味着财政部门每月须向合作金融机构及时划拨养老保险金方可保障待遇的顺利发放。但是,由于农保经办机构与财政部门之间沟通不畅,导致养老金延迟发放的事件时有发生。此外,随着居民养老保险工作的推进,保险基金规模逐渐扩大,金额越来越多,财政部门在对基金的管理过程中也存在诸多问题,直接影响参保者的利益,比如大量资金长期滞留在银行的活期账户中,降低了个人账户的利息收入。另外,财政部门与有关机构间缺少有效的监督机制,存在严重的安全隐患。

(三)信息安全漏洞威胁着经办安全

信息是一个系统,由一系列硬件和软件构成。信息系统具有极高的效率和信息交流比对功能。然而,信息的安全性也极大影响着经办安全和服务质量,如果不能确保信息系统安全,其损失可能是无法估量,甚至是毁灭性的。从世界来看,许多国家将信息安全上升为国家战略,给予高度重视:美国继1993年提出了国家信息基础设施(NII)国家规划后,进而又提出了全球信息基础设施(GII)的构想,谋求其信息霸权。德国政府不仅于1996年出台了《信息和通讯服务规范法》,而且还通过了电信服务数据保护法,加强保护。另外,法国、俄罗斯、日本等国都出台了相关规定确保信息安全。① 即便如此,也不能确保信息不泄露,如日本年金经办服务发展中就曾出现过记录丢失、黑客攻击事件,导致参保人员信息泄露。

信息化管理风险主要存在于主机、网络、数据库信息等系统之中,也可能存在于经办业务人员之中。换言之,信息安全漏洞主要表现在两方面,一方面是系统本身软、硬件的漏洞,可称为物理漏洞,这方面的问题是通过技术手段可以解决的,相对较为容易。另一方面是人为漏洞,尤其是制度漏洞和执行漏洞的统一,即由于制度的不完善或执行制度的不严格所导致的,本应可以避免

---

① 倪健民:《信息化发展与我国信息安全》,《清华大学学报(哲学社会科学版)》2000年第4期。

但实际上却可能造成巨大损失。

1. 物理漏洞

主要存在于主机、网络、数据库信息等系统之中。据《新京报》2015 年 4 月 23 日报道,逾 30 个省份的社保系统存在高危漏洞,社保类信息安全漏洞统计就达到 5279.4 万条,涉及千万人,包括身份证、社保参保信息、个人薪酬、房屋等敏感信息。[①]

当然,系统存在高危漏洞和信息泄露是两个不同概念,政府官员也明确表示,就全国监控情况看,社保系统总体运行平稳,未发现公民个人信息泄露事件。但信息漏洞很可能导致信息泄露,而一旦信息泄露,轻则侵害公民隐私权,重则为非法复制身份证、盗刷信用卡、停止发放社保金等违法犯罪行为提供便利,其风险不容小觑。[②]

2. 人为漏洞

人为漏洞主要表现在制度方面,这主要表现为两点:

(1)制度本身的不完善。2012 年《全国人民代表大会常务委员会关于加强网络信息保护的决定》(以下简称《决定》)明确了国家保护能够识别公民个人身份和涉及公民个人隐私的电子信息,并对网络服务提供者和其他企事业单位收集、使用公民个人电子信息作出了要求;同时其第十条规定,有关主管部门应依法履职,采取技术措施和其他必要措施防范、制止和查处窃取或者以其他非法方式获取、出售或者非法向他人提供公民个人电子信息的违法犯罪行为,以及其他网络信息违法犯罪行为。《决定》明确了国家在个人信息保护中具有责任,但却回避了信息泄露后的责任主体问题,以及由谁来调查泄露和罚款范围幅度等,其结果是决定的可操作性不强,"集体追责"也可能导致"无人负责"。

(2)执行制度不严格。执行制度不严格或者存在违法行为致使参保人利

---

① 朱巍:《社保系统的信息安全漏洞怎么补》,《新京报》2015 年 4 月 23 日。
② 朱巍:《社保系统的信息安全漏洞怎么补》,《新京报》2015 年 4 月 23 日。

益可能受损,甚至损失巨大。对此,2006 年的上海社保基金案给我们敲响了警钟。社会保险内部人员利用职务之便违规拆借、挪用保险资金达上百亿元,占上海市补充养老保险基金的 1/3。此外,广东、河北、海南、山东等省份也出现了社保资金被挪用、诈骗案件,其损失之大、影响之深无不令人担忧。这些大多发生在直接和社会保险资金接触的管理者中,他们对制度的理解,对制度存在的问题及可能造成的损失应该是最为清楚的,但却发生这么严重的违法犯罪行为,显然是人为的结果。

社保信息网站属于政府网站,而政府网站出现大面积的信息漏洞,其原因关键在人:一方面是管理人员技术水平不高,对其所采用的系统不够了解;另一方面也是更为重要的,是相关管理人员的责任心不强、懒政惰政,即便漏洞信息已通报给政府网站,但往往迟迟不予回应。这就需要建立强有力的问责机制,责任到人,以防笼统的"集体负责"最后变为"无人负责"。

三、加强信息化建设,提升新农保经办服务水平

信息化建设既需要提升硬件水平,又要提高经办人员的服务水平。相比之下,人是最为重要的因素。

(一)提高基层协办员信息化能力,提升新农保经办服务水平

能力的高低是相对的,它与业务复杂程度成反比,即业务越复杂,能力表现得越低;相反,如果业务越简单,对人的能力的要求就越小,表现为人的能力就越高。

具体到新农保,在现有业务复杂程度下,基层协办员年龄偏大、整体素质不高、待遇缺乏激励等矛盾凸显,从而制约了新农保业务的开展。为了更好地推进新农保经办服务,除在现有的制约因素框架内进行思考,如通过激励机制的调整,吸引年轻的、素质高的人员加入,或者通过培训提升现有基层协办员的水平外,另一可行的途径是简化新农保业务经办程序,这既利于提高工作效

率,也利于提高参保人的积极性。

(二)强化信息共享和系统衔接,提高经办效率

正如前述,新农保经办机构与公安、金融机构、民政计生残联、财政等部门存在内在关联性,这些部门与新农保经办机构之间的信息共享程度及系统衔接程度直接决定了经办水平,也影响着参保者的满意程度。这就需要建立自上而下的工作机制,以确保工作的顺利开展。

(三)强化责任意识,防控信息危险

为了强化对信息的保护,有必要对因政府主管部门管理体制或技术问题造成的监管不力而导致个人信息泄露的,除直接侵权人承担法律责任外,政府主管领导和信息直接管理者也应承担事故责任。另外,还需适时引入"安全官"制度,将个人信息安全保护与搜集和利用信息的部门分开,各司其职,明确责任清单。尽快将个人信息保有者问责机制写入法律,倒逼政府履责到位,提升其对信息泄露的警觉。[①]

从发展趋势看,随着信息化的普及,"电子社保"是必然,这就要求社保经办业务实现四大转变,即核心业务系统从"业务信息化"到"管理服务一体化",经办服务从"一站式服务"到"一窗口经办",网上经办从"网上查询"到"网厅一体化",利用移动互联等新技术推动电子社保建设从"网上社保"到"掌上社保"。[②]"云(云计算)""移(移动互联)""物(物联网)""大(大数据)""智(智慧城市)"五大技术创新也给"电子社保"的建设提供了驱动力。为确保信息安全,既需要加强制度建设,落实责任到人;也需要加强技术防范,构筑全方位、多层次的安全防护系统。

---

① 朱巍:《社保系统的信息安全漏洞怎么补》,《新京报》2015 年 4 月 23 日。
② 尚芳:《"互联网+"时代到来,如何用信息化手段提升经办服务?》,《中国社会保障》2015年第 6 期。

第三节　信息化与农村社区养老服务的趋势
——虚拟养老

　　社区养老是对家庭养老和社会养老的结合,虚拟养老是对居家养老和社区养老的创新。虚拟养老基于一系列主客观条件,目前只在个别城市,如苏州市姑苏区、徐州经济开发区、兰州市城关区等地试点,并且还存在诸多亟待解决的难题。在无论经济条件还是人们意识都与城市存在较大差距的当下,农村虚拟养老院的建设为时尚早,但又是趋势。

一、虚拟养老产生的条件

　　虚拟养老的产生基于一系列主客观条件。主观条件关键在于人们的意识与现实需求,客观条件重点在于信息化,此外,还需要理论的支撑。

(一)主观条件——服务对象的意识与需求

　　虚拟养老的服务对象是针对有需求的老年人的。当前,对农村老人,政府、社区能够提供的主要还是经济支持。随着人们生活水平的提高,尤其是部分农村老年人进入城市,他们也追求更加丰富多彩的晚年生活,希望获得更加丰富、优质、廉价的养老服务。越来越多的老年人对精神慰藉、权益保障和社会参与等服务有着更多需求。

　　这种养老服务的需求,同时伴随着老年人思想观念的转变,以及老年人文化水平的提高。与传统大家庭不同,当下的老年人大多与子女分住,有了更多的闲暇,也就具备了参与社会的意识;再者老年人的文化程度不断提高,对信息的了解程度与使用能力也逐步增强,为获取信息化服务提供了方便。

（二）客观条件——信息技术的发展

虚拟养老需要技术的支持,而现代信息技术,如信息和通信技术的发展为虚拟养老提供了技术支撑。现有的虚拟养老服务平台就是依靠"通信网络+信息服务"的平台,该平台利用通信技术连接了服务对象和服务提供者,也可通过信息技术及时了解服务对象的个性化需求,以便及时提供个性化的服务;同时也可通过信息技术了解对服务的满意程度,以便及时调整服务内容与服务方式。

（三）理论基础——福利多元主义、系统组织理论

福利多元主义的核心在于福利供给主体的多元化。该理论的首倡者是英国学者罗斯(Rose),他提出了社会福利的三分法,即社会福利是由家庭、市场和国家提供的福利之和;后来德国学者伊瓦斯(Evers)提出了福利四分法,即福利的提供主体有市场、国家、社区和民间四种。此外,也有的主张福利应该由政府、企业、社区、志愿者组织和家庭提供,这实际上是福利五分法。系统组织理论由美国管理学家切斯特·I.巴纳德(Chester I.Barnard)提出,认为组织具备三要素——协作的意愿、共同的目标、信息的交流。虚拟养老模式中,在信息交流要素上,政府要与服务主体、服务对象之间做好信息交流,同时服务主体与服务对象之间也要做好信息交流。

上述理论为虚拟养老由多方提供支持,依托信息化平台系统组织、实施提供了理论支撑。

既然虚拟养老需要多方支持,那就离不开相关主体的发展或调整,例如,需要政府职能的转变,使我国政府向"小政府、大社会"的管理模式转变;需要社会组织的发展,尤其是社会企业和非营利组织的发展;需要社区功能的不断完善,尤其是除加强传统的针对老年人的生活和健康照顾外,还需要针对老年人的实际需求,开展各项学习、娱乐活动。

二、虚拟养老的现状

虚拟养老的现状可从研究现状和实践现状两方面分析。

(一)研究现状

虚拟养老是由政府引导、扶持,企业、非营利组织、家庭等多元主体共同参与,以信息服务平台为中心,社区作为重要载体,通过信息的传递和反馈,更全面、便捷、优质地为老年人提供不同种类的养老服务。[①] 其特点表现为:一是养老场所以家庭和社区为主。这不仅符合老人在家养老的意愿,而且也能够为老人提供实在的照料服务。二是养老资金来源多元化。可采取政府财政拨款、社会集资、政策优惠吸引投资、各方援助、街道委员会出资等多种来源。三是养老服务供给主体多元化。可实行政府、市场等专业机构提供的正式照顾服务与家庭、邻里、社区提供的非正式照顾服务相结合。四是服务内容全面化、照顾方式多样化。如提供生活照料、医疗卫生、保健康复、心理慰藉、法律咨询、家政便民、娱乐学习、日常陪护、临终关怀、餐饮服务等十大类服务。五是充分利用信息技术优化服务模式。以信息化之"虚",务创造养老服务之"实",将信息化引入居家养老服务。

(二)实践现状[②]

虚拟养老的实践探索始于苏州,此后太原、兰州、徐州等地在借鉴基础上也进行了相应实践。近年来,天津、南京、淮安、北京等地也进行了探索。

1. 实践模式的变化

目前虚拟养老的实现方式是建立虚拟养老院,其实践模式主要表现为三

---

① 张帆:《我国虚拟养老院的问题及对策研究》,安徽大学2017年硕士论文,第11页。

② 柏正杰:《社会养老服务体系建设与虚拟养老院的创新和发展研究》,国家社科基金结项报告,第113—118页。

种并存情况:一是在运营方式上,由最初的公办公营,逐步发展为集公办公营、私办私营、公办民营等多种方式并存;二是在试点范围上,由最初的以城区为单位,逐步发展到以城区、县(区、市)为单位并存;三是在服务供给主体上,由最初的政府和公益组织为主,发展到政府、企业、非营利组织等多种供给主体并存。

2.实践中的困境

实践中,虚拟养老院面临一系列问题,困扰着虚拟养老的发展。主要表现为:

(1)对虚拟养老院的性质难以确定。目前,虚拟养老院属性复杂,有的属"公办公营",如兰州市城关区虚拟养老院由区政府主办,由民政局、老龄办运营,其性质为事业单位;有的属"公办私营",如苏州市姑苏区的虚拟养老院由政府负责建设,由物业公司运营,其性质为民办非企业单位。由于性质的不同,决定了选择不同的运营方式,所以在虚拟养老院建设规划之初就需要明确其性质。

(2)服务供给主体与服务对象参与度不高。主要表现为两方面:一方面是二者加入虚拟养老院的意愿不高;另一方面是即便加入后,服务主体提供服务的积极性,以及服务对象享受服务的积极性都不高。当然,不同性质的虚拟养老院二者的参与度又有差别,对于公办公营的虚拟养老院由于政府的参与,人们出于对政府的信任,参与度相对较高;而对于公办私营的相对次之,对于私办私营的参与积极性就更低。在享受服务的积极性上,在实践中就更低,如,兰州市城关区虚拟养老院能够长期接受服务的老人仅为入住老人的4%。

(3)养老服务的问题。主要表现为服务内容不全面、服务质量不高、服务人员参差不齐、服务价格偏高等。目前,各虚拟养老院提供的养老服务项目最主要的是家政便民类服务和主动问候类服务,二者占到90%以上,其他的则相对较少。老年人养老服务需求侧重于养老生活和健康医疗方面,而实际供给偏向生活,较少提供医疗服务。同样对于上门服务,由于少数服务人员的素质不高,无论服务态度还是服务质量都亟须提升,尊老敬老意识有待加强。

(4)养老资金逐年提高。与传统家庭养老不同,对虚拟养老院的基础设施要求较高,这就需要修建新设施或完善原有设施,这都需要大量支出;同样,在家庭中,养老主要由子女照顾,无须或仅需要很少的费用,而在虚拟养老院中,服务供给主体提供服务还需要一定支出,这都可能增加费用。在实践中,由于虚拟养老院大多以公办为主,这就要求政府建设养老院,或至少补贴建设费和运营费,都增加了财政支出。如兰州市城关区虚拟养老院在成立之初就投入了1500万元,并计划每年投入1000万元运营费,而到2014年运营费增长到1700万元,并且依然有增长的趋势。

3.虚拟养老服务困境的原因分析

之所以出现上述一系列问题,原因是多方面的。主要包括对虚拟养老认识不足,建设、运营成本高与筹资渠道单一的矛盾,相关制度不完善等。

(1)对虚拟养老的认识不足。虚拟养老是利用虚拟的信息系统,连接多元的服务主体,整合多方资源共同为老年人提供养老服务。其中,信息是虚拟养老的核心,如果没有信息的支持,无论在家庭中,还是在社区中,养老都还只是传统的养老模式。而信息的支持和应用,改变了传统的养老模式,为虚拟养老提供了保障。而在对虚拟养老的认识上,虚拟养老的性质是首先应该确定的,界定为公共物品或准公共物品,还是私人物品,决定了其实现方式是不同的。本书认为,虚拟养老应属于准公共物品,因而其提供的主体首先应是政府,至于政府实现虚拟养老的方式则根据各地实际,或者由政府直接提供,或者由政府购买。正是由于对虚拟养老性质认识的模糊,所以导致现实中提供主体多元化。

(2)建设、运营成本高与筹资渠道单一的矛盾。正如前文所述,虚拟养老的前期建设费用主要用于基础设施,如系统开发、设备购置,以及社区基础设施的改造与升级等;此外,也需要一定的日常运行费用。基于对虚拟养老性质的判断,这些费用显然大多源于财政投入,以及零星的慈善捐助。正是基础投入及运行费用的不断扩大,以及筹资渠道较为单一的矛盾,加剧了虚拟养老的困难。

(3)运行机制不完善。虚拟养老的运行机制主要包括准入机制、监督机制、评估机制、奖惩机制、人才培养机制等方面。准入机制是政府规划的首要内容,以此吸引社会组织加入虚拟养老建设;监督机制是发现运行中的问题并判断问题的严重性,以及不断进行调整以解决问题的渠道;评估机制是对实施效果的评价,并进而根据评价予以调整;奖惩机制是提高虚拟养老服务质量的保障,而人才培养机制是实现高质量服务的关键。这些相关机制可以较好地保障虚拟养老的运行。但恰恰是这些机制的不完善致使养老运行困难。

三、农村虚拟社区养老服务的设想

虚拟养老在我国个别城市刚刚起步,并艰难运行,这是新生事物的必然,也预示着信息化与养老服务的结合是必然趋势。

(一)构建虚拟社区养老服务体系的原则

构建虚拟社区养老服务体系,应坚持普惠性、需求优先原则。

1.普惠性

这是指在构建虚拟社区养老服务体系过程中,应使尽可能多的老人从中受益,而非具有选择性。虚拟社区养老服务属于准公共物品,在该体系所能承受的老人数量范围内,具有非排他性和非竞争性。但当老人数量超过其承载范围,有限的社区养老服务难以满足更多老人需求时,就具有了竞争性。只有到此时,才可采取适当收费的办法。

2.需求优先

养老服务体系是关系到老人能否安度晚年的社会公共服务工程,具有普惠性、公平性等特征。因此,在对社区养老服务资源进行配置时必须坚持公平性,以使所有老人具有平等地享受社区养老服务的机会。但由于资源的有限性,在实践中应坚持需求优先原则,即优先考虑身体不健康,尤其是不能自理者,将其纳入公共服务之内,为其提供专业、廉价甚至无偿的服务。此外,也应兼顾"五保"、低保老人等低收入群体。

(二)农村虚拟社区养老服务体系的构建①

农村虚拟社区养老服务体系主要包括三个要素:智能终端设备、信息化互动平台和线下社区养护服务。

1.智能终端设备

智能终端设备是利用信息技术开发的智能化养老产品,包括可穿戴的智能终端设备和提供养老服务的智能家居设备。② 如深受老年人喜欢的智能手环,操作简单,佩戴方便,不但具备随时随地进行求助、实时跟踪定位等功能,还可以随时监测老人血压、血糖、脉搏、心跳等健康数据,并可随时把相关数据自动上传至信息互动平台,互动平台通过对老人健康数据的甄别、分析、保存,能迅速有效地把分析结果反馈给线下社区养护人员或监护人。

2.信息化互动平台

信息化互动平台是农村社区养老信息化的核心。信息化互动平台包含医疗卫生、社区服务、个人信息、调度中心等四大模块。医疗卫生包括对老人日常监控数据的监测分析和保存,及时输出反馈结果,并针对不同老人制定专业化和个性化的服务;还包括与各大医疗机构的对接,不但可以弥补社区医疗资源的不足,还可以通过远程诊断、医学知识普及等服务减少老年人因行动不便、等候造成的就医难等问题,这也有利于推进"养护医"的协调统一。社区服务主要包括社区老人的家政、送餐、理发、购物等基本生活服务,这项服务对

---

① 本部分由课题组成员王全美撰写。
② 于潇、孙悦:《"互联网+养老":新时期养老服务模式创新发展研究》,《人口学刊》2017年第1期。

于生活不能自理和腿脚不便的老人尤为重要。个人信息包括老年人基本信息情况、每日健康数据、历史呼救记录、历史生活服务记录等;另外,老人子女可以随时随地通过信息化平台了解到老人的各项数据和身体状态。调度中心是各模块中的协调者,如老人通过智能终端设备一键呼救,调度中心可以最快速度提取老人的基本健康信息、所处地点等重要信息,然后向距离最近的养护人员、医疗机构等求助,以实现及时有效的帮助。

3.线下社区养护服务

线下服务是最终环节,没有线下服务无法形成农村社区养老服务信息化的有效供给。受教育、文化知识、经济条件、基本能力等因素的影响,大部分农村老人并未形成利用互联网的习惯,对于稍微复杂的设备并不能得心应手地使用,这就要求社区养护人员对于一键呼救等智能终端设备的呼救要有迅速有效的反馈和回应,以免发生恶性事件;对于健康数据未及时上传的现象要及时诊断。特别是对生活不能自理或者半自理的老人,有效、迅速、专业的线下服务尤其重要。

无论是信息化互动还是传统的居家养老服务,核心还在于人,要注重对人的观念的转变和信息化人才的培养。在信息化过程中要创新老年产品的供给,满足老年人多样化、多层次的护理保障需求,力求通过智能终端设备、信息化互动平台与线下社区养护服务最终形成"养护医"相结合的养老服务模式。

四、加强社区养老服务信息化的关键点

为应对我国人口老龄化的严峻态势,我国加强了包括社区养老服务在内的养老服务业的建设。当前我国农村社区养老服务面临的主要问题是:投入不足导致农村社区养老服务信息化发展不足,农村社区养老服务和信息化专业人员不足,社区养老服务供给与需求不匹配等。相应措施也需要从这几方面着手。

（一）增加对农村社区养老服务信息化的投入

政府作为养老服务的责任主体构成了政府的底线责任。① 在切实保障信息数据安全的前提下，着力推动老年人信息共享，消除"信息孤岛"。应高度重视农村社区养老服务信息化的发展和建设，强化各级政府对养老事业的投入，建立分类、分级的农村养老服务资金投入制度，推动农村社区基础设施和硬件设施的完善。倡导社会各界对农村老龄化事业进行捐赠，形成财政资金、社会资本、慈善资金等多元结合的投入机制，促进农村社区养老信息化发展。另外，在政策上支持和鼓励公有制、私有制的企业或个人参与到农村社区养老服务中来，对将信息技术应用到养老服务业中的企业、组织或个人给予一定的奖励，促进社会资源的有效整合。政府要采取切实措施提高社区养老服务工作人员的工资待遇和福利水平。

（二）培养农村社区养老服务和信息化人员

社区养老服务有自身的特点，是一项需要爱心、耐心、责任感和奉献精神，又需要具备一定的医疗、护理、保健等专业知识和技能的工作。但现有从业人员大多不具备专业知识和技能，许多人是凭着自己的经验或者边干边学。另外，由于农村经济落后，从事农村社区养老服务和信息化的工作人员紧缺，许多亟待开展的农村社区养老服务因缺乏人手而难以展开。这会影响农村社区养老服务质量，影响农村社区养老服务信息化的发展，难以满足老年人越来越高的养老服务需求。

（三）增加老年人用品供给，提升老年用品科技含量

支持老年用品制造业创新发展，采用新工艺、新材料、新技术，促进产品升

---

① 景天魁：《创建和发展社区综合养老服务体系》，《苏州大学学报》2015 年第 1 期。

级换代。丰富适合老年人的食品、药品、服装等供给;加强老年用品测试和质量监管,鼓励开辟老年用品展示、体验场所,发展老年用品租赁市场,支持办好老龄产业博览会。加强对老年用品产业共性技术的研发和创新。支持推动老年用品产业领域大众创业、万众创新。支持符合条件的老年用品企业牵头承担各类科技计划科研项目。支持技术密集型企业、科研院所、高等学校及老龄科研机构加强适合老年人科技研发和成果转化应用。落实相关税收优惠政策,支持老年用品产业领域科技创新与应用项目。

农村是我国社区养老信息化服务中的重点和难点,解决好农村养老问题对我国构建和谐社会具有重大意义。在信息化背景下,以社区为依托,以普惠性、需求优先为原则,以惠民为主线,全面提高农村社区养老服务水平,创新智慧化养老服务业发展,打造公共服务均等化,为老年提供舒适、便利、智能化的服务,建设具有中国特色的养老服务体系,已然成为趋势。

第九章　农保自愿性个人账户及基金管理模式创新

农民养老金待遇由基础养老金+个人账户养老金构成,且明确个人账户的"自愿性"。但由于农民基础养老金的享受与个人账户的"捆绑"性,使该"自愿性"个人账户实际具有"强制性"。这既有失公平,又难以确保基金保值增值,降低了个人账户保障能力,因此应切实落实"自愿性"个人账户。个人账户必然存在基金积累,所以应创新个人账户基金管理模式。

第一节　设立自愿性个人账户①

新农保制度存在隐性强制,主要表现为制度实施之初,在养老金待遇领取条件上,《国务院关于开展新型农村社会养老保险试点的指导意见》规定"新农保制度实施时,已年满60周岁、未享受城镇职工基本养老保险待遇的,不用缴费,可以按月领取基础养老金,但其符合参保条件的子女应当参保缴费"。这就意味着已超过60岁的老年人虽然可以不缴费,但如果其符合条件的子女没有参保,老人则不能领取基础养老金。由此看来,新农保虽然采取"政府主

---

① 公维才、薛兴利:《做实新农保"自愿性"个人账户的前提与思路》,《农村经济》2011年第10期。

导和农民自愿相结合"的原则,农民"自愿参加新农保",但实际上具有一定的强制性。

一、设立强制性个人账户的初衷

之所以在新农保制度中设立强制性个人账户,既有人口老龄化形势的客观压力,也有制度设计者的主观考量。

(一)我国人口老龄化形势所迫

据《中国人口老龄化发展趋势预测研究报告 2006》,21 世纪中国将是一个不可逆转的老龄社会,在 2020 年、2050 年、2100 年,老龄化水平分别达到 17.17%、30%、31%,80 岁及以上老人,届时将分别占老年人口的 12.37%、21.78%、25%—30%;农村老龄化水平高于城镇 1.24 个百分点的状况,将一直持续到 2040 年。按照 2020 年第七次人口普查的结果,我国 60 岁及以上人口占总人口的 18.70%,与 2010 年相比,上升 5.44 个百分点。[1] 面对如此严峻的人口老龄化形势,如不设立个人账户,必将对未来劳动阶段人口造成极大压力。

(二)社会保险权利与义务相统一的要求

社会保险要求权利与义务的统一[2],不尽缴费义务,就无法享受养老保险待遇权利。如,在城镇职工基本养老保险制度中,职工缴纳一定数额及一定年限的养老保险金,是退休后领取社会统筹养老金的前提。按照制度设计者的想法,同样是防范居民老年风险的新型农村社会养老保险制度也应遵循这一原则,即农民只有先缴费参保,才能享受基础养老金待遇;并且这从形式上也

---

① 陆娅楠:《第七次全国人口普查主要数据公布 人口总量保持平稳增长》,《人民日报》2021 年 5 月 12 日。

② 向春华:《社会保险法原理》,中国检察出版社 2011 年版,第 201 页。

符合部分积累制模式要求。

(三)提高农村老人生活水平的需要

按照《国务院关于开展新型农村社会养老保险试点的指导意见》,农民的最初基础养老金为年均 660 元。此外,老年农民还有来自土地的收益,约为 987.48 元。① 二者合计替代率为 31.97%,低于农民基本养老金应在 40%—60%的最低限。② 也就是说,仅靠最低基础养老金和农民土地收益尚不能完全满足农民的基本养老需求,难以实现基本保障。因此要保障老年农民基本生活,提高老人的生活质量,必须增加其保障来源,其中个人账户就是其一。并据研究,"新农保"个人账户所提供的替代率下限应为 14.4%,如果低于这个水平,"新农保"个人账户将很难起到保障作用。③

二、新农保强制性个人账户存在明显"软肋"

设立"强制性"个人账户的初衷,既符合社会养老保险制度形式上的要求,又能实现对个人账户对农民养老的有效补充。但初衷可能难以实现。

(一)新农保制度并不适用权利与义务对等原则

社会保险法强调权利与义务相统一是针对真正意义上的保险制度而言的。如城镇职工基本养老保险制度中的社会统筹由企业缴费,且与职工收入关联,企业缴纳的保险基金在退休人口中实行再分配,是一种典型的"社会"

① 农民收入主要源于工资性收入、家庭经营纯收入、财产性收入、转移性收入。由于老年农民无力从事工资性劳动(主要是指外出务工),故老年农民收入暂以低收入户的后三项为主。按《中国统计年鉴 2010》统计,2009 年低收入户的后三项合计为 987.48 元。

② 贾宁、袁建华:《基于精算模型的"新农保"个人账户替代率研究》,《中国人口科学》2010年第 3 期。

③ 李珍、周艺梦:《社会养老保障制度的"瑞典模式"——瑞典名义账户制度解决了什么?》,《经济学动态》2010 年第 8 期。

保险制度。但新农保制度的基础养老金无论源于中央政府,还是地方政府,都是以一般税收支付的收入保障制度,实际是普惠制养老金,它并不适用权利义务的对应关系。① 因而虽然新农保制度与城镇职工基本养老保险制度在形式上都采取部分积累制模式,但在内容上却有本质区别,不能一概而论。因此,农民是否参保缴纳个人账户养老金,并不能成为是否享受基础养老金的前提。

(二)个人账户与基础养老金享受的"捆绑性"有失公平

《国务院关于开展新型农村社会养老保险试点的指导意见》规定,新农保制度实施时,已年满 60 周岁、未享受城镇职工基本养老保险待遇的,不用缴费,可以按月领取基础养老金,但其符合参保条件的子女应当参保缴费;距领取年龄不足 15 年的,应按年缴费,也允许补缴,累计缴费不超过 15 年;距领取年龄超过 15 年的,应按年缴费,累计缴费不少于 15 年。这种规定一方面对 60 岁及以上"老人"有失公平,因为虽然老人不用缴费,"但符合条件的子女需参保"。这就可能出现子女"应该"参保,但因各种原因未参保,从而使老人无法享受到基础养老金,这显然有损老人的利益。另一方面对 45—59 岁的"中人"和 45 岁以下的"新人"也不公平,因为现实生活中总会有人由于主客观原因不能按规定缴费,结果退休时不能领取基础养老金,致使可能无法保障晚年生活。

(三)个人账户的保障能力有限

设立个人账户的目的之一是提高养老金替代率,替代率是反映保障能力的重要指标。新农保个人账户替代率水平取决于缴费档次高低、缴费时间长短、缴费方式选择及收入增长率等因素。据研究,在固定额缴费(即每年100—500 元五个缴费档次)、农民人均纯收入增长率为 8.22%、人民币一年期

---

① 李珍、王海东、王平:《中国农村老年收入保障制度研究》,《武汉大学学报(哲学社会科学版)》2010 年第 5 期。

存款利率为 2.52% 的情况下,个人在其选择 100 元缴费标准时,个人账户替代率仅为 0.25%—3.52%;随个人缴费档次的提高,个人账户替代率也随之提高,当缴费标准为 500 元时,其个人账户替代率为 1.04%—16.98%。① 也就是说,在农民选择年缴费 100 元或 500 元,缴费 1 年即退休者("中人"),个人账户替代率为 0.25% 或 1.04%,而连续缴费 44 年才退休者("新人"),其替代率为 3.52% 或 16.98%。因此,一个人即使从 16 岁开始参保,且按 500 元的最高档连续缴费至退休,其个人账户养老金替代率也低于城镇职工基本养老保险个人账户养老金替代率 24.2% 的预期。②

(四)个人账户难以实现保值增值

新农保个人账户能否实现保值增值,取决于个人账户基金收益率与农民消费价格指数的比较。如果前者大于后者,则会实现保值增值;反之则会出现亏损。由于"个人账户储存额目前每年参考中国人民银行公布的金融机构人民币一年期存款利率计息",因此将一年期存款利率水平与农村居民消费价格指数比较就可得出结论。比较情况见表 9-1。

表 9-1　2010 年以来农村居民消费价格指数和一年期存款利率比较

（单位:%）

项目 年份	农村居民消费 价格指数	其中:食品烟酒 消费价格指数	其中:居住消费 价格指数	一年期存款 利率
2010	3.6	7.5	4.5	2.63*
2011	5.2	10.7	7.0	3.25
2012	2.5	4.0	1.9	3.13*
2013	2.8	4.9	2.3	3.13*

---

① 邓大松、薛惠元:《新型农村社会养老保险替代率的测算与分析》,《山西财经大学学报》2010 年第 4 期。

② 白天亮:《养老新举措"新"在哪儿》,《人民日报》2005 年 12 月 15 日。

项目\年份	农村居民消费价格指数	其中:食品烟酒消费价格指数	其中:居住消费价格指数	一年期存款利率
2014	1.8	2.6	1.9	2.75
2015	1.3	2.4	−0.3	2.0
2016	1.9	4.0	0.6	1.5
2017	1.3	−1.1	2.7	1.5
2018	2.1	1.1	3.3	1.75
2019	3.2	7.9	1.5	1.75
2020	3.0	9.6	−0.5	7.75
平均值	2.61	4.87	2.26	2.29

注:带*者为当年利率平均计算结果。

资料来源:相关年份的《中华人民共和国国民经济与社会发展统计公报》以及《人民币存款利率表》。

由表 9-1 可知,自 2010 年以来银行利率总体较低,10 余年间整存整取一年期银行存款利率平均为 2.29%,而同期农村居民消费价格指数平均为 2.61%;其中"食品烟酒"与"居住"在农民生活支出中占很大比重,这两类消费品的消费价格指数平均为 4.87%和 2.26%,高于或接近一年期存款利率。这就使个人账户资金仅靠存银行很难保值。如果不采取有效措施,则必然导致农民个人账户资金大幅度缩水,实际购买力水平大幅度下降。

三、做实自愿性个人账户的主体与重点

在实行"梯度普惠制养老金"制度、保障农民最低生活水平的前提下,应由农民个人根据自身实际选择个人账户,真正将"自愿"落到实处,做实个人账户。

(一)做实个人账户的主体应是县级政府

在最低生活保障金完全由中央、省级财政承担的前提下,县(市、区)级政府应对个人账户负责。其责任有二:一是对新农保的组织、管理与经费支持。

县(市、区)政府机构,贴近农村实际,了解农村实情,应当承担落实新农保制度之责,包括参保者信息收集、最低养老金的支付,以及个人账户基金的收缴、入账、支付等业务。这些业务实施中的经费应由县(市、区)级财政负担。二是对个人账户的贴息。目前个人账户资金"存银行,买国债"并不能保值,为确保其保值增值,需由县(市、区)级财政贴息,贴息额不少于农村居民 CPI 与一年期存款利率之差。《国务院关于开展农村社会养老保险试点的指导意见》关于"地方政府应当对参保人缴费给予补贴,补贴标准不低于每人每年 30元"的规定,其实质就是鼓励农民参保。与其实行固定额度补贴,不如变为浮动贴息,更容易引导农民多缴多得。

(二)做实个人账户应开辟多元化投资渠道

投资渠道多元化既是投资理论的要求,更是我国投资环境使然。现代投资理论认为,有效的多元化投资组合,能够尽可能地分散系统风险,获取比较稳定的收益。西方国家的养老保险基金投资实践也证明了,养老保险基金资产构成的分散性和多样性,使各类投资盈亏互相弥补,能够较好地保证基金的保值增值。再者,我国宏观投资环境并不理想——资本市场不成熟、法律不健全、市场参与主体难以有效运作市场等,要求我们应采取存银行和买国债、养老保险个人账户基金入市、养老保险基金境外投资、投资金融机构股权、加大国家基础设施建设资金的投入力度等多种方式,分散经营风险、增加投资收益。

(三)做实个人账户应强化基金监管

基金监管的重点有四:一是构建多主体参与的养老保险基金监管模式。在个人账户中农民是主要缴费主体,农民对个人账户具有所有权,而所有权作为根本性权利,派生对资金的占有权、经营权等一系列权利。因此,在基金监管中,应设立包括农民、集体、职工、用人单位、政府代表等组成的"基金缴纳者代表委员会",由其对其他实施主体授权,行使基金的占有权和经营权职能。二是选择严格限量监管模式。在我国资本市场刚刚起步,法律法规尚不健全,专业人才尚大量缺乏的情况下,必须采取规定明确、便于监督检查的严格限量监管模式,明确基金在各领域投资的比例。三是加快中介机构的建设和发展,建立起一套完整的外部审计制度和机构,并积极完善会计师和精算师等市场中介机构,更好地发挥监管功能,促进我国养老保险基金制度健康运行。四是完善社保基金营运和监管的法律框架。尽快出台较为完善的社会保障法,对社会保障的范围、社保基金上缴份额的计算及发放、基金委托管理、基金投资、基金监管、社会保障纠纷的裁定和诉讼、社保部门的设置及其职能等作出明确的法律规定。[①]

第二节　新农保个人账户基金管理模式分析

我国社会养老保险制度的基本原则是兼顾公平与效率。这就需要既加强对公共基础养老金的政府管理,又加强对个人账户基金的市场化管理。前者注重公平,后者侧重效率。本书侧重对农保个人账户基金市场化管理的探讨。

从广义上看,养老保险基金管理包括养老保险基金筹集、保值增值、管理监督等内容。在这些环节中基金筹集是前提,筹集方式不同,基金来源各异,其管理方式自然也不同。

一、新农保个人账户基金筹集模式

相对于养老保险基金筹集模式,新农保个人账户基金筹集模式比较特殊,要分析这一特殊性,需先明确一般性。

---

① 公维才:《新型农村社会养老保险个人账户基金管理创新分析》,《聊城大学学报(社会科学版)》2010年第3期。

（一）养老保险基金筹集的一般模式①

根据筹集方式的不同,养老保险基金的筹集模式可分为现收现付制、完全积累制和部分积累制。

现收现付制是一种以近期横向收支平衡为指导原则的基金筹集方式,由社会保障机构按所需支付的保险金总额进行社会筹资。该模式的优点是简便易行,避免了因物价上涨而造成基金贬值的危险;缺点是缺乏稳定性,难以应付突发的经济波动,以及不断提升的人口老龄化所带来的压力。采用这一制度的国家主要是美国。

完全积累制是一种以远期纵向平衡为指导原则的基金筹集方式,其实质是个体一生中的代内收入再分配。这种方式的优点是充分体现了基金的储备职能,使社会保障有较为稳定的经济保障,不会出现寅吃卯粮、入不敷出的问题。但其缺点是一方面对其长期测算和科学管理的专业性要求强,另一方面还会面临储备金的投资安全、保值增值问题,以及国际政治经济环境变动的风险。由于制度强调的是个人责任,不具有再分配功能,也不是真正的社会保险制度,所以无法实现社会保障的公平目标。采用这种制度的国家主要有智利和新加坡。

部分积累制也称"部分基金制",是前两种模式的结合。它既保持了现收现付制下的代际间的收入再分配功能,又能通过部分资金积累,降低现收现付制下当代人的负担与完全积累制下货币贬值的风险和资金保值增值的压力,是一种兼容近期横向平衡和远期纵向平衡的基金筹集方式。可以借鉴现收现付制和完全积累制的优点,而在一定程度上消除各自的弱点。我国现行的职工养老保险制度所采取的"社会统筹+个人账户"模式就属于部分积累制。

---

① 尤琛:《我国部分积累制养老保险制度析》,《武汉理工大学学报》2006年第1期。

（二）我国新农保基金的筹集模式

按《国务院关于开展新型农村社会养老保险试点的指导意见》，农村社会养老保险基金筹集主体由个人、集体和政府构成。但由于农民分化为种养农民和城市农民工，所以其收入来源不同。如种养农民的收入主要以种植、养殖为主，兼有短期打工收入；城市农民工的收入主要源于工资收入。正由于收入来源有别，所以其筹资模式也应有别。

种养农民的个人账户资金源于个人、集体和政府。而城市农民工，如果有单位作依托，按法律规定，其应参加城镇职工基本养老保险，个人账户的缴费主体就是个人和单位；如果没有单位作依托，其可选择加入居民基本养老保险或职工基本养老保险，个人账户的缴费主体为个人、集体和政府。

二、新农保个人账户基金投资主体与投资对象多元化

由于新农保待遇实行基础养老金和个人账户养老金相结合的部分积累制模式，而这两种养老金在资金来源、资金性质、支付方式与要求等诸多方面又有不同，故二者的管理也应分开。正如前述，基础养老金的目的是维护社会公平，采取现收现付制，其管理可交由政府；个人账户基金的性质、要求与前者不同，故更注重效率。因此，这里所说的养老保险基金投资主体、投资对象的多元化主要是针对新农保个人账户基金而言的。

（一）投资主体多元化的必要性分析

养老保险基金个人账户基金投资主体多元化是指只要有实力并符合法定条件的金融投资机构，不论是商业银行、信托投资机构、保险公司、基金管理公司，还是其他任何投资机构，都可以经过法定的筛选程序并通过公开招标方式获得经营管理权，成为或成立养老保险个人账户基金的专业投资机构。对包括新农保在内的社会保障基金个人账户投资主体多元化选择是基于多方面的要求。

1. 新农保个人账户基金保值增值的要求

根据《国务院关于开展新型农村社会养老保险试点的指导意见》规定,新农保基金"个人账户储存额目前每年参考中国人民银行公布的金融机构人民币一年期存款利率计息",即按照存入银行专户的利息标准为农民个人账户提供保值增值。这种方式的优点是操作简便,收益较为固定。但由于受到通货膨胀的影响,可能会降低若干年后基金的实际购买能力和偿付能力,因而并不能确保基金保值增值。根据《国务院关于印发基本养老保险基金投资管理办法的通知》,其规定的投资限于国内,投资范围包括银行存款、国债、养老金产品、国家重大工程和重大项目建设、国有重点企业改革或上市股权等,并对相关范围做了投资的比例限制。从国际经验看,基金的保值增值主要靠市场化运营,即将基金投放到债券、股票、期货等资本市场,而不是存银行。鉴于我国目前资本市场的发育程度,任何单一的投资主体和投资对象都难以承担起养老保险基金保值增值的重任,因此,投资主体多元化是现阶段的必然选择。

2. 市场经济条件下竞争机制的要求

竞争是市场经济的法则之一。既然需要竞争,则必然需要多个竞争主体。这就要求新农保个人账户基金应有足够数量的不同业的金融投资机构参与。当然,在主体选择上应以现有金融机构为主,不宜再新建专门的社会养老保险基金管理公司,因为这除将产生高昂的创建成本和其他问题外,新建公司未必会取得理想的效果。

3. 我国现代金融业三大支柱难以独立支撑的要求

我国现代金融业有三大支柱机构——国有商业银行、商业保险公司、信托投资公司,但还没有哪一类机构能够独立肩负起社会养老保险个人账户基金保值增值的使命。因为国有商业银行在资金运用及利率浮动上受到国家严格控制,资金的投资回报率并不高。商业保险公司的经营管理者鱼龙混杂,管理水平不足,加上国家严格限制其投资活动,其投资收益的稳定性令人担忧。信托投资公司投资流动性差,缺乏有效的监管,投资领域杂乱,很难对其绩效作出比较清晰的判断。因此,只有允许所有现存的各类金融投资机构参与竞争,实现投资主体的多元化,才能够培育社会养老保险个人账户基金管理高效运转的竞争秩序。

(二)投资对象多元化的原因分析

投资对象多元化是指新农保个人账户基金投资渠道的多元化,即不仅仅将农保基金的个人账户储存额按中国人民银行公布的金融机构人民币一年期存款利率计息,而是采取多元化的渠道进行投资。它既是现代投资理论的要求,更是我国投资环境使然。①

1.现代投资理论的要求

现代投资理论认为,有效的多元化的投资组合,能够尽可能地分散系统风险,获取比较稳定的收益。但要进一步分散系统风险,就必须同时投资于资本市场之外更广阔的领域。而一个好的资产组合应该是一个平衡的整体,能够在各种可能的情况下,为投资者提供保护和机会。养老保险基金投资的国际实践也表明养老保险基金资产构成的分散性和多样性,使各类投资盈亏互相弥补,能够较好地保证基金的收益。

2.我国投资环境使然

迄今为止,我国资本市场经历了萌芽孕育阶段(1981—1985 年)、初步形成阶段(1986—1991 年)、成长与规范阶段(1992—1999 年)和快速发展阶段(2000 年至今)。②

(1)资本市场存在问题。快速发展阶段的典型特征是建立了多层次的资本市场体系,包括股票市场、债券市场、投资基金市场、信托业市场和期货期权

---

① 李珍、孙永勇:《多元化——养老社会保险基金管理的合理选择》,《经济评论》2001 年第6 期。

② 宁佰超:《对我国资本市场发展历程的简要梳理与评价》,《产权导刊》2012 年第 10 期。

市场等。虽然我国的多层次资本市场已初具规模,但仍存在四方面问题①:

一是我国资本市场规模不够大,结构不合理,尚未充分发挥出资本市场调配社会资源和企业资源的作用。我国融资仍以银行融资、间接融资为主,其他融资,如企业债券占比为 10.4%,非金融企业境内股票融资占比仅为 1.3%。二是证券发行和交易行政化、计划化、审批化,成为制约我国资本市场发展的一大障碍。尤其在股票市场不景气时,为了稳定市场而停发新股,使拟上市公司大量积压,导致债券市场发展缓慢,难以发挥资本市场的作用。三是众多中小企业难以从资本市场上获得股权和债权融资。当前,主板仍以大型企业为主;以中小企业、自主创新企业为主的中小板、创业板市场规模相对较小,发展速度较慢,难以解决中小企业融资问题。四是广大中小投资者的权益未能得到有效保护,未能充分享受到资本市场的财富效应。由于我国资本市场投资者 90% 是散户,他们无法获得一级市场股票,大部分人只能通过二级市场高价买进,而由于股市的低迷,相当一部分投资者被套;即便股票上涨时,也有一部分中小投资者难以解套,利益受损。面对这样的投资环境,为了保障养老保险基金的安全与利益,需要进行多元化的选择。

(2)投资法律法规体系不健全。目前,我国与投资相关的法律法规既分散又层次不高,尚没有一部专门有关风险投资的国家立法。在分散的法律法规中,有的是由全国人大常委会颁布的法律,如《中华人民共和国社会保险法》《中华人民共和国劳动法》《中华人民共和国证券投资基金法》等;有的是国务院及相关职能部门颁布的文件,如《关于加强科学技术进步的决定》《关于建立风险投资机制的若干意见》等;有的则只是地方政府规章、政策,如《深圳市人民政府印发关于进一步扶持高新技术产业发展的若干规定(修订)》等。这些分散、层次较低的法律法规,使我国的风险投资不能很好发展。

(3)市场参与主体难以有效运作证券市场。这取决于至少两方面的因

---

① 曹凤岐:《从七大方面发展和完善多层次资本市场》,《证券日报》2014 年 12 月 13 日。

素;一是市场参与主体自身能力不够、经验不足,缺乏足够的专业知识,又没经历过资本市场的历练,仅凭着经验、跟着感觉走,结果是投资出现偏差;二是监管体系不完整,难以对市场参与者有效监督,致使一些基金公司运作不规范,出现基金黑幕、转移利润等问题。这就需要设计一种合理的养老保险运行机制,克服资本市场不完善、法规不健全的障碍,降低运行的风险,实现保值增值。

(三)投资对象多元化的组合

鉴于养老基金的重要性、安全性,许多国家对养老保险基金投资对象、投资工具都做了限制。如比利时、法国规定投资于政府债券的比例分别为15%、34%;英国规定分别将5成、2成的基金投资于国内和国外股票市场;瑞士则规定国内股票为30%、外国货币资产为20%、外国股票为10%。

根据《国务院关于印发基本养老保险基金投资管理办法的通知》,包括居民养老基金在内的基本养老保险基金(简称"养老基金",另包含企业职工、机关事业单位工作人员养老基金)坚持市场化、多元化、专业化的原则,根据社会保险法、劳动法、证券投资基金法、信托法、合同法等法律法规和国务院有关规定,对养老基金进行投资。

投资限于境内,投资范围与比例限定为:一是银行存款。投资银行活期存款、一年期以内(含一年)的定期存款、中央银行票据、剩余期限在一年期以内(含一年)的国债、债券回购、货币型养老金产品,货币市场基金的比例、合计不得低于养老基金资产净值的5%。二是债券。投资一年期以上的银行定期存款、协议存款、同业存单,剩余期限在一年期以上的国债,政策性、开发性银行债券,金融债,企业(公司)债,地方政府债券,可转换债(含分离交易可转换债),短期融资券,中期票据,资产支持证券,固定收益型养老金产品,混合型养老金产品,债券基金的比例,合计不得高于养老基金资产净值的35%。其中,债券正回购的资金余额在每个交易日均不得高于养老基金资产净值的40%。三是基金入市。投资股票、股票基金、混合基金、股票型养老金产品的比例,合计不得高于养老基金资产净值的30%。四是国家重大工程和重大项目建设。投资国家重大项目和重点企业股权的比例,合计不得高于养老基金资产净值的20%。五是国有重点企业改制、上市时的股权。

三、新农保个人账户基金监管模式选择

要明确养老基金投资监管模式,需要首先了解我国养老基金的委托—代理框架。按照《国务院关于印发基本养老保险基金投资管理办法的通知》,在整个养老基金投资链条上,存在四个主体,即养老基金投资委托人(简称委托人)、养老基金投资受托机构(简称受托机构)、养老基金托管机构(简称托管机构)和养老基金投资管理机构(简称投资管理机构)。

委托人是各省、自治区、直辖市人民政府,在目前基金省级统筹形势下,将要投资的养老基金归集到省级社保基金财政专户,然后与受托机构签订养老基金委托投资合同、划拨委托投资基金。

受托机构是指国家设立、国务院授权的养老基金管理机构,其主要职责在于选择、监督、更换托管机构和投资管理机构,制定养老基金投资运营策略并组织实施,接收委托人划拨的委托投资资金;根据委托人通知划出委托投资资金,并根据托管合同、投资管理合同对养老基金托管、投资情况进行监督。

托管机构是接受养老基金受托机构委托,具有全国社会保障基金、企业年金基金托管经验,或者具有良好的基金托管业绩和社会信誉,负责安全保管养老基金资产的商业银行。其职责在于安全保管养老基金资产,负责养老基金会计核算和估值,监督投资管理机构的投资活动等。

投资管理机构是接受受托机构委托,具有全国社会保障基金、企业年金基金投资管理经验,或者具有良好的资产管理业绩、财务状况和社会信誉,负责养老基金资产投资运营的专业机构。核心职责在于管理养老基金投资组合和项目。

上述委托—代理关系中四者的关系可用图9-1表示。在委托人、受托机

构、托管机构和投资管理机构四者关系中,自上而下形成了纵向的制衡关系,也由此构成了养老保险基金的监管模式。

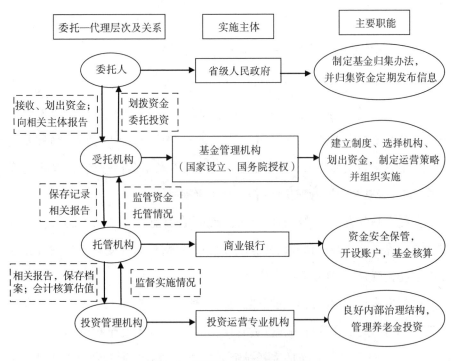

图 9-1　养老基金投资管理框架

(一)构建多主体参与的养老保险基金监管模式

按《国务院关于印发基本养老保险基金投资管理办法的通知》精神,四个主体都有管理责任,只是对象不完全相同。上述关系是一个权利体系,在该体系中,"所有权是所有制中基本的权利,它可以转让或被剥夺,也可以将派生出来的占有权、经营权、使用权等由他人代表或以交换方式交付他人行使,但不能由任何一种代表直接行使所有权"[1]。

―――――――――

① 刘永佶:《中国经济矛盾论——中国政治经济学大纲》,中国经济出版社 2004 年版,第211 页。

图 9-1 反映的是一种委托—代理关系,在该关系中,只有所有权主体才具有委托权。换言之,在养老基金投资委托—代理体系中,省级政府作为委托人,行使相应职责。但实际上省级政府并不具有对养老基金的所有权,对养老基金具有所有权的应是基金缴纳主体,根据基金来源不同,基金缴纳主体有职工、用人单位、农民、集体、政府等。因此,是这些缴纳主体拥有对养老基金的所有权,而省级政府只是代所有权主体行使对基金的占有权,并进行管理。由此可见,在养老基金投资管理框架中,省级人民政府作为“委托人”提升了其在所有权体系中的位置,是以“占有权”主体替代了“所有权”主体。

既然养老基金是由职工、用人单位、农民、集体、政府等主体缴纳的,他们是这些基金的当然主体,理应由他们来委托投资。但由于该主体人员数量庞大,产权本来十分清晰,但实际又可能发生产权模糊的不确定性公共领域,应由政府监管。[①] 这就需要从中选出一定数量的代表代行所有权职能,担当委托人角色,行使委托人职能,因此可以借鉴人民代表大会的形式,成立一个由基金缴纳主体代表构成的基金缴纳者代表委员会,行使委托权,然后授权省级人民政府行使委托人角色。由此,《国务院关于印发基本养老保险基金投资管理办法的通知》中的“委托人”——省级人民政府就成为基金缴纳者代表委员会的委托对象。在所有权体系中,全体基金缴纳者是养老基金的所有权主体,省级人民政府行使养老基金的占有权。其关系见图 9-2。

由图 9-1、图 9-2 可见,养老基金的管理主体由原先的四个变为五个,管理的核心也发生转移,行使真正委托人角色的由“省级人民政府”变为“基金缴纳者代表委员会”,省级人民政府接受“基金缴纳者代表委员会”的委托,由其对基金行使占有权。在此基础上,国家成立基金管理机构,进行基金托管,选取投资管理机构,实施投资运营。

---

① 王丙毅:《水权界定、水价体系与中国水市场监管模式研究》,经济科学出版社 2019 年版,第 145 页。

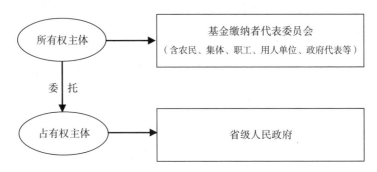

图9-2 养老基金所有权主体与占有权主体关系

（二）选择严格限量监管模式

如前所述,在基金监管上主要有审慎监管和严格限量监管两种模式。由于采用审慎监管模式须具备充分发育的资本市场、完善的法律和行政体系、相当数量的专业人才、丰富的基金运营和监管经验等条件。而我国目前并不完全具备这些条件,尤其是我国资本市场起步时间不长、法律法规尚不健全、专业人才缺乏。在这种情况下,采取规定明确、便于监督检查的严格限量监管模式更切合实际,以明确基金在各领域投资的比例。从《国务院关于印发基本养老保险基金投资管理办法的通知》的规定看,我国采取的正是这种监管模式。其投资比例限制如下:投资银行存款、中央银行票据、债券回购、货币市场基金等的比例,合计不得低于养老基金资产净值的5%。投资一定期限的国债,政策性、开发性银行债券,金融债,企业（公司）债,地方政府债券等的比例,合计不得高于养老基金资产净值的35%。投资股票等的比例,合计不得高于养老基金资产净值的30%。投资国家重大项目和重点企业股权的比例,合计不得高于养老基金资产净值的20%。

（三）加快中介机构的建设和发展

随着社会养老保险制度的不断健全,适时加快中介机构的建设和发展,确立第三方监管模式,是发展之需。养老保险基金监管的主要中介机构包括证券投资咨询机构、会计师、审计师、精算师等,主要任务是定期或不定期向监管人报告有关基金的任何问题,并对工作失误承担责任。尤其要建立完善的外部审计机构,加强对养老保险基金运营管理的监管。从国际看,几乎每个国家都要求对养老保险基金进行外部审计,我国自然也不例外,必须建立起一套完整的外部审计制度和机构。

（四）加大社会保障相关法律的实施力度

无论是基金运营、监管还是基金投资,都需要依法而行,这就需要相应的法律支持。2011年7月1日起,《中华人民共和国社会保险法》正式实施,其对社会保险相关领域,如养老、医疗、工伤、生育、失业等保险内容作出了具体规定,并就社会保险费征缴、社会保险基金、社会保险经办、社会保险监督等环节提出了明确要求。该法实施迄今不到10年,人们的行为方式、路径依赖还未完全脱离原有状态,其完善需要一个相当长的过程。

第十章　孝文化与家庭养老

第一节　孝文化的内涵

"孝文化是指中国文化与中国人的孝意识、孝行为的内容与方式，及其历史性过程、政治性归结和广泛的社会性延伸的总和。作为一种道德意识，宗教、哲学的形上价值理想，它们仍然属于狭义的精神文化或道德文化范畴，但其历史性过程，政治性归结，社会性延伸则已属于广义文化的范畴了。"[①]传统孝文化主要体现在《孝经》之中，其内容主要包含四点：

一、爱惜身体

儒家思想极为重视"所从出"，即人从哪里来。人是父母身体的组成部分，子女的身体并非完全属于个人，应是父母之"遗体"。正如曾子所言："身也者，父母之遗体也，行父母之遗体，敢不敬乎？"[②]正因如此，儒家思想对于"爱惜身体"又从不同方面做了诸多要求和规范：

一是不毁伤自己的身体。因为父母是子女身体的缔造者，所以子女的一切皆为父母所赐，因而也是父母生命的延续，故不得"毁伤"。

---

① 肖群忠：《孝与中国文化》，人民出版社 2001 年版，第 3 页。
② 胡平生、张萌译注：《礼记·祭义》（下），中华书局 2017 年版，第 914 页。

二是不涉及险境。因为登上高处、面临深渊都有可能会伤害自己的身体，甚至失去生命，这将会给父母带来痛苦，故为"孝"所不容。

三是不轻易与人争斗。作为子女，不应轻易与人争斗，否则可能受到凶险的威胁。孟子强调"好勇斗狠，以危父母，五不孝也"①。不与他人争斗，不危及自己的身体，是孝的表现；反之，则不孝。

四是不轻生。"死而不吊者三：畏、厌、溺。"②"畏"——轻身自杀，属于主观的范畴，当然属于不孝；而"厌"——被压死，"溺"——被淹死，则可能既有主观因素，又有客观因素。如属前者，则属于"轻生"之列，也不值得同情。

由上观之，"爱惜身体"不仅是子女保全自身，手、足、骸完整的体现，更是家庭伦理孝道的重要内容。

二、赡养父母

赡养父母是农业社会条件下对百姓"孝"的基本要求。从学科角度分析，至少可以体现为三点：一是生物学的要求，区别于其他动物。人作为生理性早产物，在幼小时需要家人，尤其父母的关爱才能生存与成长，在其长大并有能力照顾自己与家人，且父母又需要关照时，很自然地，子女理应扮演相应的角色以赡养父母，这既是人类社会存续的基本要求，也是生命个体对源出之体的回报。二是经济学的要求，是对父母付出的回报。父母养育子女期间，必然付出大量的财富和精力，前者是可以计量的、有限的；后者则是无从计量、无限的。当父母年事已高，需要子女付出金钱供养和精力照顾时，子女应责无旁贷，这是对父母以往付出的回馈，正所谓"养儿防老，积谷防饥"。三是社会学的要求，是社会秩序存续的保障。人表面上是个体，但其本质上是社会关系的总和，即任何个体都存于社会之中，而家庭作为社会的细胞，其安定与否，直接影响社会的稳定，因此子女对父母的良好赡养可以有效化解老年人的危机，有

---

① 方勇译注：《孟子·离娄下》，中华书局 2015 年版，第 166 页。"很"与"狠"为通假字。
② 胡平生、张萌译注：《礼记·檀弓上》（上），中华书局 2017 年版，第 115 页。

利于社会秩序的稳定。

事实上,仅就"养"而言,并非对子女的严苛要求,曾子曰:"孝有三:大孝尊亲,其次弗辱,其下能养。"因此,"养"仅是处于"下"的地位,也可理解为是对子女的最低要求。然而,即便"养"这一最低要求,有些子女也未必能做到,"不顾父母之养"是不孝的表现,"惰其四支,不顾父母之养,一不孝也;博弈好饮酒,不顾父母之养,二不孝也;好货财,私妻子,不顾父母之养,三不孝也"[①]。因此,子女懒惰、赌博酗酒、爱财及偏爱老婆、孩子,致使有意无意忽视了对父母的赡养,实属不孝。

三、敬顺父母

一方面,与赡养父母相比,尊敬和顺从父母(简称"敬顺父母")作为孝的重要内容,主要是从精神层面对子女更高层次的要求,也是人与其他动物的重要区别。孔子曰:"今之孝者,是谓能养。至于犬马,皆能有养。不敬,何以别乎?"[②]由此来看,"敬"是人区别于犬马等一般性动物的重要标志。二者也都可称为"养",但养的内容与途径不同,物质上的养重在养"口体",是对父母日常生活起居的关照;而精神上的养则为养"志",是能否顺从父母,从而使父母心情舒畅的重要环节,也反映了子女对父母的诚敬之心。

另一方面,作为孝的重要内容,"养"父母是外在的,也相对容易达到;而"敬"父母则是对子女内在的、更高层次的要求,相对更难达到,也因此弥足珍贵。正如《礼记·祭义》所言:"众之本教曰孝,其行曰养。养可能也,敬为难;敬可能也,安为难;安可能也,卒为难。"[③]由此来看,作为孝的重要内容,"敬"相对于"养"更难。"安"也是一种"敬",是内心的诚敬发乎于外在的快乐的容色。如果这难以做到,也很难说是孝。正如孔子所言:"色难。有事,弟子

---

① 方勇译注:《孟子·离娄下》,中华书局 2015 年版,第 166 页。"支"与"肢"为通假字。
② 鲍思陶译:《论语·为政篇第二》,崇文书局 2008 年版,第 10 页。
③ 胡平生、张萌译注:《礼记·祭义》(下),中华书局 2017 年版,第 914 页。

服其劳;有酒食,先生馔,曾是以为孝乎?"①

无论物质上的赡养,还是精神上的敬顺,作为儒家孝思想的重要内容逐步伦理化、道德化,甚至转化为一种礼教制度,影响至深。正所谓"礼者敬而已矣"②。

在儒家孝道中,敬顺父母的内容,除作为日常饮食起居时所表现出的恭敬之外,还有两点极为重要:

一是谏诤。作为子女,当意识到父母的确有错时,并非无条件地顺从父母,"从而不谏,非孝也"③,而应当进行劝谏。

二是容隐。也可称为"为亲者隐",具体又可分为"子为父隐"和"父为子隐"。就孝而言,主要表现为"子为父隐"。如果说前述"谏诤"是"谏诸内",而这里则是"隐诸外"。当然,这种"隐"的前提是父母或长辈所犯罪行较轻,罪不至死,对社会的危害相对较小。

四、葬祭以礼

"生,事之以礼;死,葬之以礼,祭之以礼。"④赡养父母、敬顺父母属于"生"的范畴;而入土为安、逝者安息等作为生者对死者的祈祷,体现了生者对逝去亲人的思念。作为儒家孝的重要内容之一,对逝者的"葬"和"祭"都有明确要求,并具有一定节制性。

比如,安葬时,要为逝者备好内棺和外椁,为其穿好衣服、盖好被子,入殓完毕方可安葬。送葬时,孝子捶胸顿足,号啕哭泣,占卜墓地,而后葬之。再如,对于孝子的守丧时间,主张"三年之丧",其原因在于"子生三年,然后免于

①　鲍思陶译:《论语·为政篇第二》,崇文书局 2008 年版,第 11 页。
②　(唐)李隆基注、(宋)邢昺疏、金良年校点:《孝经·广要道章第十二》,上海古籍出版社 2014 年版,第 67 页。
③　(清)孔广森撰、王丰先点校:《大戴礼记补注》(第五十三),中华书局 2013 年版,第 98—99 页。
④　鲍思陶译:《论语·为政篇第二》,崇文书局 2008 年版,第 9 页。

父母之怀。夫三年之丧,天下之通丧也……"①。作为子女出生之后要经过三年哺养才能脱离父母怀抱,具备生存的基本条件,因此子女在父母去世后为其守丧三年也就成为自然而然的事情。

对孝子形式上的规定是必要的,然而也是外在的,而其内在则为"敬",要求孝子具有诚敬之心,"敬为上,哀次之,瘠为下。颜色称其情,戚容称其服"②。

儒家之所以如此重视丧葬与祭祀,其目的在于纪念祖先与父母,强化孝亲意识,以淳化民风,使社会安宁。

第二节　孝文化的重塑及家庭养老的强化

当前,我国孝文化有所弱化,这既有传统孝文化自身的原因,也有随社会发展原有文化与现实不符的因素。总体上,孝文化弱化是经济、政治、文化等多方面因素共同影响的结果。

既然孝文化的弱化导致孝行的渐变,那么应以重塑孝文化为基础,突出和强化孝在家庭中的实践。

一、摒弃"纯经济"的孝观念

人是复杂的个体,同时又是社会群体中的一员,单从经济的角度对赡养老人作出价值判断是狭隘的。即便仅从经济角度分析,也应按个体一生的纵向链条思考,而不是仅从某个时间点上作投入与产出的比较。

个体出生后,经过发育、成长到开始具备劳动能力,其年龄界限虽在不同国家有所区别,但大体一致。国际上一般把 15—64 岁作为劳动年龄人口,15

---

① 鲍思陶译:《论语·阳货》,崇文书局 2008 年版,第 175 页。
② 胡平生、张萌译注:《礼记·杂记下》(下),中华书局 2017 年版,第 801 页。

岁以下为青少年,65 岁以后就要退休;我国目前规定 16 岁以上为劳动年龄下限,女 54 岁、男 59 岁为劳动年龄上限,但由于退休人员大多在 65 岁前从事一定的工作,所以我们国家在统计劳动年龄人口时也采纳了国际标准,即 15—64 岁为劳动年龄人口。据此可以推断,在劳动年龄下限和上限阶段,是其投入大而收益小的阶段,甚至一定时期只有投入而没有产出;而在劳动年龄下限和上限之间则是收益大于投入的区间。社会总是向前发展的,其发展动力即在于无数个体向社会贡献力量;按照国际标准,如果一个国家中劳动年龄下限与上限人口之和(即非劳动年龄人口)与劳动年龄人口之比,即总抚养比小于或等于 50%,则称为人口红利期。按照学者的研究,在人口红利期内,总抚养比的变化比率与经济增长之间有着密切联系,以中国改革开放以来的实际,总抚养比每降低 1 个百分点,经济增长速度则提高 0.115 个百分点。据测算,1982—2000 年,总抚养比下降推动人均 GDP 增长速度上升 2.3 个百分点,大约对同期人均 GDP 增长贡献了 1/4 左右。[①] 但"中国人口红利的最大化时期是抚养比 2013 年降到最低点之前达到的,并且于 2013 年之后迅速消失",并不会延续到 2030 年以后。[②]

由此看来,社会的发展是靠连续的劳动年龄人口实现的,而"群体是两个以上相互作用、相互联系的个体的组合;并且是个体有条件的特殊组合。群体成员之间有明确的成员关系、持续的互动关系、共同行动的能力、一致的群体意识"[③]。

由此我们可以得到这样的启示:当下的老年人是过去的青年人,即便今天他们不能有任何产出,只是纯粹消耗社会资源,社会也没有任何理由将之置于不顾,因为他们在劳动年龄时期为社会创造了财富、贡献了力量;就家庭而言,

①　蔡昉:《未来的人口红利——中国经济增长源泉的开拓》,《中国人口科学》2009 年第 1 期。

②　蔡昉:《中国的人口红利还能持续多久》,《经济学动态》2011 年第 6 期。

③　余凯成主编:《组织行为学》,大连理工大学出版社 2006 年版,第 192 页。

作为老年个体他们不仅与家庭成员之间有无法割舍的血缘关系,而且还有着浓浓的亲情关系,而血缘和亲情是无法纯粹用经济来衡量的。因此无论老年人个体、家庭成员,还是政府与社会都不能以"纯经济"视角来衡量老年人的投入与产出关系;退一步讲,即便需要衡量个体的经济贡献,也应将其放大到从出生、成长,到青年、中年、老年的全过程的比较,而不是仅局限于老年阶段。

摒弃从局部的、个体的、纯经济的视角分析老年人的投入与产出具有重要意义。一方面有利于整体上看待老年人、对待老年人,老年是每个正常人所必经的阶段,也是构成社会整体不可缺少的组成部分,每个阶段的人群都有其特点与存在的积极意义,不能以老年人身体健康状况、对社会资源的利用率、对社会的贡献率等作为衡量其存在的价值标准,而应一视同仁,这是社会公正自由、平等、合作理念的体现。另一方面则有利于全面理解老年人。俗话说:"家有一老,如有一宝。"其价值是多重的,既有生活的经验,教育年轻人如何看待人生、对待事业,立足当下,面对未来;又有生产经验,给人以生产实际的传承,虽然说由于科技的进步、社会的发展,老年人的生产经验有些已不能完全符合社会需求,但不能否认老年人的部分生产经验具有代际传承的价值,甚至具有不可替代性,并融入、渗透到各种生产实际之中,这就是文化的魅力与传承。

二、重建农村基层组织

社会与个体内在一体,个体是组成社会的细胞,是构建社会必不可少的基础;而社会则将诸多个体联系、整合于一个组织之中,凝聚各种要素于一体。单个个体可以自我行事,但社会成员必须按规矩做事,服从一定的规则,这就需要有整合个体于社会之中的基层组织。

改革开放以来,伴随着农村生产的个体化,新中国成立后逐步建立起来的"三级所有,队为基础"的组织结构逐渐瓦解,农村公共基础设施功能退化,农村基层组织功能弱化，其结果是农村公共物品、准公共物品缺乏实施的组织者及载体，丧失了其应有功能，致使孝文化的传承与功能发挥受阻。

重建基层组织，其实质在于树立基层组织权威。根据巴纳德的权威理论，权威若要对人们发生作用，就须得到人们的同意；而要得到人们的同意需满足四个条件："（1）他能够理解并且也确实理解了命令；（2）在他作出决定的时候，他认为这项命令与组织目的是没有矛盾的；（3）在他作出决定的时候，他认为从整体上而言，这项命令与他的个人利益是一致的；（4）无论在精神上，还是在肉体上，他都愿意并且有能力、有条件去执行这项命令。"①这四个条件是层层递进的，即由理解组织发布的命令，命令与个体的目的相同、利益一致，然后才会执行。相反，如果在前三个环节上存在任何的不一致，则执行的力度或效果将大打折扣。这就意味着民众对基层组织的认可与否，除组织本身是否具有合理性外，更重要的在于组织所作出的决定是否与民众的理解、利益息息相关，是否被民众所认可。由此，基层组织的权威并非由上级组织赋予的，而是来源于基层民众的认可。

基于此，重树基层组织的权威，关键在于民众对命令的认可与执行，而有效执行的前提是目的相同、利益一致。这就迫切要求基层组织关注民众利益，切实注重民生。当前的重点在于：一是对农村生产的有效整合。一家一户的小农生产方式可以解决温饱，但无法有效应对市场的强烈冲击，尤其是农民习惯式的、自发式的、跟风式的生产很难使其有较为稳定的收入，也难以实现跨越式发展，因此组织的功能之一在于实现信息的共享，实现有效发展。二是公共基础设施的积极提供。当前，许多农村基础设施年久失修、功能丧失殆尽，导致既存在较大隐患，又不利于农民发展。不得已，农民自行解决生产中所需的一系列条件，如灌溉、耕作、收割、销售等各环节，增加了成本，闲置了设备，降低了收益。三是对传统文化，尤其是孝文化的传承。文化是发展的基因，文

---

① ［美］切斯特·I.巴纳德：《经理的职能》，杜子建译，北京理工大学出版社 2014 年版，第121—122 页。

化的割裂必然导致基因变异,进而行为的蜕变。为此应重建基层组织,摒弃片面以经济衡量一切的原则,扩大其职责范围,尤其是扩充其公共服务功能,如对孝传承的教育、对邻里及家庭内部纠纷的调解、对公共物品的提供、对公共信息的处理、对公共生产的引导等,使农民摆脱目前原子化的状态,使其得以有效整合,以应对共同的风险。具体来说,基层组织的功能主要有:"决定兴办修桥补路之类的公益事业;调解村内的大小纠纷;主持村内的婚娶丧葬、节日庆典等活动;决定对村内的鳏寡孤独等特殊人群的照顾;组织对外的交往活动,特别是在与村外发生矛盾和冲突时动员和领导村民进行斗争等。"①

三、重视孝道教育

教育应遵循孩子成长规律,根据皮亚杰儿童认知发展理论,个体从出生至儿童期结束,其认知发展要经过四个阶段:感知运动阶段—前运算阶段—具体运算阶段——形式运算阶段。在前两个阶段,个体处于学龄前阶段,分别靠感觉与动作认识世界,或者开始运用简单的语言符号从事思考,具有表象思维能力,但缺乏可逆性。这两个阶段,教育的主体是家庭,教育的内容是感性的、具体的。而在后两个阶段,个体基本处于小学、初中阶段,也是重要的学校教育阶段,其特点为:在具体运算阶段(七岁至十一二岁),出现了逻辑思维和零散的可逆运算,但一般只能对具体事物或形象进行运算,儿童只能联系具体事物进行思考,思维的内容和形式尚未分离;在形式运算阶段(十一二岁至十四五岁),能在头脑中把形式和内容分开,使思维超出所感知的具体事物或形象,进行抽象的逻辑思维和命题运算。所以应根据孩子发展规律进行教育。

(一)小学阶段重在明人伦

对于孝道的教育,早在宋朝时期,朱熹就编辑《小学》一书对儿童进行修

① 徐勇:《乡村治理与中国政治》,中国社会科学出版社 2003 年版,第 203 页。

身齐家教育。正如他在序中所言:"古者小学,教人以洒扫,应对,进退之节;爱亲,敬长,隆师,亲友之道。皆所以为修身、齐家、治国、平天下之本,而必使其讲而习之于幼稚之时。"[1]由此可见,孝道教育对于儿童的重要性。其内容,主要包括立教、明伦、敬身、鉴古、嘉言、善行六部分,其中作为重点的"明伦"是指明人之伦,即明父子之亲、君臣之义、夫妇之别、长幼之序、朋友之信。

(二)中学阶段注重心理健康

中学阶段,孩子正处于形式运算阶段,他们能在头脑中把形式和内容分开,使思维超出所感知的具体事物或形象,能够进行抽象的逻辑思维和命题运算;其心理正好处于"第二反抗期",孩子常常表现出与父母的对抗、对父母的关心置之不理、很多心里话不愿向父母说出等。结合中学生的理解能力和心理特点,在这一时期很有必要对其进行抽象教育,尤其在"心理健康教育"中增设孝道教育内容,让他们感觉到父母教育的不易,理解父母苦口婆心的初衷,感受家庭的温暖。

(三)大学阶段注重孝文化

大学生具备完全的抽象思维,可以进行中国传统孝道文化教育。在大学课程中可开设《中国传统文化概论》必修课程,重点进行传统孝道教育。当前大学生复杂多样,如城乡来源的差别、男女性别的差别,其对孝道的理解也不完全相同。如从城乡来源看,由于城镇相对完善的社会保障,城镇学生较农村学生更注重对父母的精神赡养,而农村学生更加关注的是父母基本的生活起居、衣食住行有无保障,其次才是精神慰藉。从性别来看,男生对符合现代社会伦理观和价值观的孝道观念认同度比女生更高,但在具体践行孝道过程中,男生大多逊色于女生。

---

[1]　(宋)朱熹辑:《小学集注》,(清)高愈注,沈元起译,中国华侨出版社2012年版,第2页。

四、激发个体行孝机制

与传统家庭相比,现代家庭结构核心化已成常态,即家庭成员主要由父母及未成年或未成家子女构成,与传统大家庭三世、四世甚至五世同堂相比,核心家庭主要由两世即父母及子女构成。这种家庭具有以下特点:一是年龄上家庭成员相对年轻,父母大多具备劳动能力,子女未成年或未成家,因而更多是由父母照顾子女而不是相反;二是人员数量上大多以三至四口为主,规模相对较小;三是代际关系上只有父母与子女两代,所以二者之间关系简单、直接,交流相对顺畅。

当所有子女都独立成家并不再与父母共同居住时,就形成了"空巢"家庭。这种居住方式对养老的影响须辩证分析。一是在经济供养上,子女会或多或少供给父母一定的财物,因此与传统家庭结构相比,在经济供养层面并不会造成多大影响,尤其当父母尚年轻时,分开居住无论于父母、于子女都相对便利,也被家长与子女所认可。二是生活照料上,可能或多或少受到影响,尤其是当子女与父母居住相隔甚远,且父母亟须照顾时,必然受到一定影响;如果父母尚能自我照顾,则分开居住对父母的影响并不大。三是精神慰藉上,由于子女与父母居住的分离,不能时常在身边交流,与传统大家庭相比,影响是显而易见的。

由上分析,家庭结构的核心化与家庭规模的小型化对父母行孝方式有一定影响,且主要影响人的生活照料与精神慰藉方面。政府或基层组织应将工作重心置于外部条件的提供与机制的制定上,而不仅仅是经济的支持。尤其应触动个体的行孝机制,发挥个体的行孝功能,即激发个体的敬爱心、报恩心、功利心。

(一)敬爱心

"大孝,终身慕父母。"[1]个体始终不渝地爱慕自己的父母是至孝。人们之

---

[1] 方勇译注:《孟子·万章上》,中华书局 2015 年版,第 172 页。

所以对自己的父母行孝,首先来自对父母的敬爱之心。撇开人性善或恶不论,个体自出生后即与父母生活在一起,时时处处接受着父母的照顾与关爱,自然与父母有着至亲的情感,于是发自内心地敬爱自己的父母也就理所当然。在现实中,子女对父母的感情可从正反两个方面加以阐明,如果子女在成长过程中能得到父母的关爱,不但可以培养子女健全的人格,使其尊敬长者,敬爱他人,而且更容易成才,甚至即便子女与父母之间并无血缘关系,也能使子女懂得爱父母、爱他人;相反,如果子女与父母长期分离,尤其是子女长期不能感受到父母之爱,子女自然也难与父母有深厚的情感,对父母的行孝也就无从谈起。

（二）报恩心

这是出于子女对父母养育之恩的报答。人,作为特殊型动物、生理性早产物,其出生后,如果没有父母对其悉心呵护,则难以长大成人。即便出于对父母养育之恩的报答,子女也应对父母行孝。正如《诗经》所言:"父兮生我,母兮鞠我。拊我畜我,长我育我。顾我复我,出入腹我。欲报之德,昊天罔极。"①由此,父母对子女的精心养育,子女终生也难以报答完毕。子女对父母的孝敬,形式上是两代人之间的情感与哺育的互动,但由于每个人都经历幼年、青年、老年,当个体在青年之时,能够扶老携幼,这既是对自己年幼时受父母关爱的报答,也是为自己未来年老之时接受子女孝敬的储备,因此子女对父母的报答,既可看作两代人之间情感交流与抚育的互动,也可看作个体自我保护的伦理手段,是自己对自己的报答。

（三）功利心

儒家的孝道出于仁心,本不应功利;子女对父母的孝行出于情感而非功利。但无论在历史上,还是现实生活中,追逐名利与孝道之间依然有着密切的

---

①　王秀梅译注:《诗经》,中华书局 2016 年版,第 266 页。

关系。即便孔子在说到舜时也体现了孝的功利性:"舜其大孝也与！……故大德必得其位,必得其禄,必得其名,必得其寿。"①这里把行孝这样的大德与帝位、俸禄、功名、寿命等联系在了一起。荀子也说:"老老而壮者归焉,不穷穷而通者积焉,行乎冥冥而施乎无报,而贤不肖一焉。人有此三行,虽有大过,天其不遂乎?"②这里也把孝行与抵挡过失连在一起,讲求因果报应。可见,政府基层组织应将敬爱心、报恩心、功利心综合考虑,建立相应实现机制,发挥家庭孝功能。

---

① 高志忠译注:《论语大学中庸》,商务印书馆 2015 年版,第 237 页。
② 方勇、李波译注:《荀子》,中华书局 2015 年版,第 22 页。

第十一章　积极老龄化与个人养老

人,作为生命个体,"老"是必然的。对于这一环节,人们的认识经历了不同的发展阶段,形成了关于老年个体、群体的不同理论。从这些理论的逻辑进程可见,人们的认识逐步人性化、人际化、社会化。其中,影响较大的理论主要有脱离理论、成功老龄化、健康老龄化、积极老龄化等。

第一节　老龄化理论的逻辑进程

老龄化理论的逻辑进程既是将老年人由消极、负面的初步认识,逐步到注重成功、关注健康、走向综合的实践过程,也是理念逐步转变的过程。

一、脱离理论

传统观念上,人们对老年人的印象大多是消极和负面的,因此会将"老龄化"看作老年人全方位的衰减与退化。在形象上,他们是"丑陋的、无牙的、无性征的、失禁的、衰老的、糊涂的、无助的……"[1]。在社会关系上,老年人逐步退出社会,淡出视野。"脱离的过程可能由老年人也可能由社会启动。不管

---

[1]　Rubinstein,R.L.,Kilbride,J.C.& Nagy,S.,*Elders Living alone:Frailty and the Perception of Choice*,New York:Aldine de Gruyter,1992,p.x

脱离社会的过程如何开始,都可以假定是相互起作用的,对社会和个人都会产生积极的影响。社会服务——如果有的话——不应该谋求恢复老年人的生气,应该鼓励他们退出社会。"①该理论认为,老年人的退出与年轻人的进入是社会发展的规律,此消彼长;并且老年人的退出,无论对老年个体还是社会都是有益的。

这种理论对应的实践也普遍存在,如各国实施的强制性退休制度,实际上标志着从社会层面启动了老年人脱离社会的机制。这种脱离对老年人的影响是双重的:一方面,当达到一定年龄后,退出工作领域,以安享晚年,有利于其身心健康,尤其是对于以体力劳动为主的个体具有正向作用;另一方面这种强制脱离会使部分老年人对自我价值评价趋于下降,甚至产生寂寞感,对个体具有负向作用。

脱离理论所遵循的理念是老年歧视主义。老年歧视主义概念最早由巴尔特于1969年提出,并与种族主义和性别主义相联系。这种主义体现在三个层面:一是个人层面,即对老年人个体的偏见或歧视,如个体对年老的恐惧,或他人对老年人的过分关注;二是制度层面,即通过制度使老年群体脱离主流社会,如各国普遍推行的强制性退休制度;三是文化层面,即从文化上对老年群体形成偏见或歧视,如老年学家帕尔默在其《老年歧视主义:消极的与积极的》著作中关于老年人的10种典型的特征:有疾病、性无能、丑陋、心理衰减、心理疾病、无价值感、孤独、贫穷、沮丧、老年政治。这三个层面由个体到群体,由自然到制度,由物质到文化逐步深入,形成对老年人的刻板印象。②

二、成功老龄化

该理论产生于20世纪60年代,由美国心理学家哈维赫斯特(R.J.Havighurst)提出,意指"在个体和社会的生活中,个体能够取得最大限度

---

① [美]N.R.霍曼:《社会老年学》,社会科学文献出版社1992年版,第68—69页。
② 郭爱妹、石盈:《"积极老龄化":一种社会建构论观点》,《江海学刊》2006年第5期。

的满意感,以及社会可以维持老年、中年、青年和男女群体之间满意度的平衡"。这里包含两个层面:一是就个体自身而言,能在生活中获得自我认可的最大满意度,即自我感觉的成功;二是在社会层面上,不同年龄段和不同性别的人群也达到相对较为满意的程度。

关于成功老龄化的标准经历了不断发展的过程,由最初的单纯生物学模式或身体健康,如没有慢性病、基本日常生活及部分体力活动能自理且没有困难即可视为成功老龄化,发展到成功老龄化的多元化时代,主要从生理、心理、社会功能三个方面对老年人进行评价。后来研究发现,老年人的主观感受与健康认知同样重要。总体上,生活功能、社会参与度、生活满意度和主观幸福感成为衡量成功老龄化的主要指标。[①]

根据研究,"成功老龄化"的关键在于活动与经济成功。活动或者运动对于绝大多数老年人是有益的,也是实现成功老龄化的前提和基础。尽管也有许多个案显示运动对老年人无效,甚至具有副作用,但保持活动,尤其是增加与他人互动的理念"有助于反驳'退出论'和社会排斥所造成的消极影响,从而引起社会老年学者的理论兴趣"[②]。经济成功意味着老年人退休后在一定时间段内仍然可以工作,并鼓励老年人为社会、经济的发展作贡献。

三、健康老龄化

健康老龄化的前提或核心是健康,而健康的含义也在不断变化着,反映出人们对健康认识的不断深入。人类社会早期,健康就是"不生病",这显然只是生理上的健康;而1946年世界卫生组织(World Healthy Organization,WHO)章程明确提出"健康是每一个人最基本的人权,不论人们的种族、宗教、政治、经济或社会地位如何""实现每一个民族的健康目标是赢得全世界和平与安

[①]　任立山、骆宏:《成功老龄化判别标准研究进展》,《中华健康管理学杂志》2013年第4期。

[②]　陈社英:《积极老龄化与中国:观点与问题透视》,《南方人口》2010年第4期。

宁的最基本的保证";并指出"健康不只是没有疾病和虚弱现象,而是一种身体上、心理上和社会上的完满状态"。与最初的概念相比,这里拓宽了健康的范围,突出了个体生理、心理、社会的身心健康;1990年世界卫生组织又做了进一步补充,增加了道德健康内容,它包含着个体所具有的辨别是非、善恶、美丑、荣辱的能力。进而,世界卫生组织又提出了健康的十大标准:精力充沛、处事乐观、善于休息、应变力强、能抵御一般疾病、体重相当、眼睛明亮、牙齿清洁、发有光泽、肌肉丰满等。①

1987年5月,"健康老龄化"概念首次在世界卫生大会上被提出,强调应从躯体、经济、社会、心理和智力健康等五方面评估健康,并指出其影响因素有人口、社会经济、生物医学、心理行为、重大生活事件、信念、生活方式、卫生习惯、饮食营养、文化、文娱活动和环境等。1990年9月,世界卫生组织在丹麦哥本哈根召开的世界老龄大会上将"健康老龄化"作为应对人口老龄化的发展战略提出,其主旨在于使大多数老年人的健康预期寿命接近最高自然寿命,延迟伤残或功能丧失的出现,缩短功能丧失的时间长度。1995年10月,在全国老年医疗保健与社会发展研讨会上,邬沧萍教授明确了我国"健康老龄化"的目标:使老年人口群体的大多数人健康长寿,核心是提高寿命质量,为此应有相应的健康转变,并把健康概念引申到社会、经济和文化等方面。在内容上,健康老龄化包括老年个体健康、群体健康和社会文化制度健康三部分,前两者是基础,后者是保障;在时间上,健康老龄化应体现于中老年、高龄、老迈各个阶段,使其能达到自身需求与能力限制之间的平衡;在结构上,人口年龄结构合理,不能过度老化,行业、部门结构要协调,不能顾此失彼。② 2002年世界卫生组织在原有"健康"基础上,增加了"参与"与"保障"两个维度,将其发展为"积极老龄化"政策框架。

---

① 张伟新、王港、刘颂主编:《老年心理学概论》,南开大学出版社2015年版,第177—178页。

② 许淑莲、申继亮主编:《成人发展心理学》,人民教育出版社2006年版,第304页。

四、积极老龄化

2002 年 4 月世界卫生组织于西班牙召开的第二届世界老龄大会上,首次提出了"积极老龄化"概念。该概念承接"健康老龄化",且更进一步。其意为"在老年时为了提高生活质量,使健康、参与和保障的机会尽可能获得最佳机会的过程"①。该概念与"成功老龄化"相比,不再凸显其老年的成就,不再强化老年人个体和社会对老年人的满意感;与"健康老龄化"相比,在强调老年人健康基础上,又增加了老年人"参与"社会,以及社会对老年人的制度及政策"保障",凸显"老年友好环境建设"。因此,与前述概念相比,"积极老龄化"理念的提出,以及相应政策建设,是人类老龄观的重大变革,对人口老龄化、促进经济社会和谐发展具有重要意义。

"积极老龄化"的相关内容主要体现在世界卫生组织 2002 年提出的《积极老龄化政策框架》中,包括积极老龄化的概念和理论基础;积极老龄化的决定因素,如涉及卫生及社会服务体系的决定因素,行为决定因素,与个人、物质环境、社会环境相关的因素,以及经济方面的决定因素;老龄人口带来的挑战及政策回应等。具体而言,积极老龄化的核心内容为健康、参与和保障,这也是积极老龄化的三个维度或支柱。在三者关系上,"健康"是积极老龄化的根本追求,由过去主要重视老年人生理机体的健全与生理机能的正常发展,向生理、心理、社会等综合性机制过渡,使健康的范围与内容更加广泛与充实。"参与"是积极老龄化的实现途径,是在老年人退休后,根据自身实际与社会需求,在经济、政治、文化、社会等方面参加力所能及的活动,以实现自己的再社会化。需要强调的是,此时的"参与"是多方位的,生产性活动仅是其一,甚至对有些群体较为次要,而志愿性、服务性活动更凸显老年人参与的必要性及其现实意义。"保障"是积极老龄化的根本保证:一方面从正向看,就是通过

---

① 世界卫生组织:《积极老龄化政策框架》,华龄出版社 2003 年版,第 9 页。

社会制度或政策,以调节、整合社会资源,动用社会力量,满足老年人的基本权利和基本要求;另一方面从逆向看,就是面对不断变化的新形势、新问题、新挑战,在法律和道德层面为老年人编织"安全网",为他人对待老年人的行为划定"红线",并对触犯"红线"者予以相应惩罚,以确保老年人的权利。[①]

"积极老龄化"的理论基础是社会建构论。该理论认为:"老龄化"并非人的内在本质,而是话语建构的产物。事物并不具有先天的、客观的本质或结构,其"本质"是外界灌注的结果,是人对它的解释,是社会通过话语进行的建构。具体到"老龄化"来说,人类在本质上并不具有老龄化的过程,也不存在身体上的变化必须用年龄、衰减等概念来描述。不同的文化环境下,老年人所展现的智慧以及受尊重的程度不同,这并非老年人本质使然,而是话语长期影响的结果。社会建构理论力图证明老年生理与心理功能的衰减并非真理的反映,而是主流价值观的固化。也正因如此,老年阶段"没有必要因为不再年轻而充满着绝望,它可以是美丽的。同时积极的生活并不意味着追求财富、强壮与健康,而是完全地把握自己,甚至对于那些看起来残疾或生病的人也是这样"[②]。

综上,"积极老龄化"是一个逐步认识、清晰化的过程,基于对脱离理论的否定,历经成功老龄化、健康老龄化的过渡,到目前"积极老龄化"的发展脉络。其理论发展脉络见表11-1。

表11-1 积极老龄化理论发展脉络

年份	提出者	研究成果
1987	约翰、卡恩	在正常老龄化中增加成功老龄化类型的研究,"成功"即指生理健康
1987	世界卫生大会	首次提出"健康老龄化"概念,把"健康老龄化的决定因素"作为主要研究课题

---

① 王彦斌:《老龄化、社会资本与积极老龄化》,《江苏行政学院学报》2014年第3期。
② 郭爱妹、石盈:《"积极老龄化":一种社会建构论观点》,《江海学刊》2006年第5期。

续表

年份	提出者	研究成果
1990	世界卫生组织世界老龄问题大会	把"健康老龄化"作为应对人口老龄化的一项发展战略
1993	第十五届国际老年学大会	把"科学要为健康的老龄化服务"作为会议的主题
1982	罗伯特	提出"生产性老龄化",强调老年人既要健康,又要参与社会经济活动并有所贡献
1997	西方七国丹佛会议	首次提出"积极老龄化"概念
1999	欧盟召开"积极老龄化"国际会议	从理论上探讨了积极老龄化问题及其解决的现实可能性
2002	世界卫生组织健康发展中心	出版《积极老龄化:从论证到行动》,指出"积极老龄化"是"人到老年时,为了提高生活质量,使健康、参与和保障的机会尽可能发挥至最大效应的过程"
2002	联合国第二次世界老龄问题大会	通过《老龄化马德里政治宣言》《老龄问题国际行动计划》

资料来源:转引自刘文、焦佩:《国际视野中的积极老龄化研究》,《中山大学学报》2015年第1期,有删减。

积极老龄化的提出,有利于顺应老龄化社会发展的时代需要、更全面地满足老年人的基本需求、促进老年人的全面发展、老年保障系统的可持续发展、促进社会和谐。[①]

第二节 我国农民老龄化与积极老龄化的契合

契合,即为投合,意气相投。我国老年农民与积极老龄化的契合,主要表现为老年人活动的参与性,这也是老年人未退出主体社会的标志。"参与"是积极老龄化的核心,是老年人应有的基本权利。与其他老年群体相比,农民的参与具有天然性、广泛性,但同时也存在片面性。

---

① 耿爱生、杨文娴:《我国老年保障研究中的"健康老龄化"研究趋向及其价值》,《社会保障研究》2014年第2期。

一、农民参与行为具有天然性

"60岁作为老年人界线的这个概念是工业社会的产物,尤其可以算作工业社会早中期大机器生产的产物。男性60岁必须退休,是因为届时体力会下降到不能适合高强度劳动的需要。"①也就是说,之所以在工业社会早中期设定退休年龄并强制退出劳动,是基于劳动者不再适宜劳动的实际,是对劳动者的一种保护。而在传统农业社会中,劳动的内容、方式与工业社会的专业化、单一化不同,农业劳动具有纵向上"全链条"、横向上"全方位"的特点,即在劳动环节上存在先后、轻重、缓急之别;在劳动内容上既包括生产性劳动,也包括生活性劳动或家务性活动,以及公益劳动等。不同的劳动环节和劳动内容,对劳动的强度要求也就不同。换言之,农业劳动总体上也就不存在因劳动强度过大而不适应,且必须退出劳动领域之必要。综观老年农民的劳动实际,由于劳动环节与劳动内容的丰富性,一方面,总有一定劳动环节或内容适宜老年人的参与,如以农作物生产为例,一般经过土地翻耕、育苗、播种、管理、收获等环节,不同环节之间劳动强度的差异为老年人参与提供了可能;再者,一些劳动强度较小的家务活动也为老年人的参与提供了现实条件。另一方面,农作物的生产与工业生产不同,其受环境制约较大,因此农作物生产的地域性、季节性明显,气候、土壤、温度等自然条件变化对其影响较大,这些都需要丰富的应对经验,才能确保农业丰收,以保障家庭收入。这样,老年人丰富的劳动经验对于指导年轻人从事劳动具有重要指导意义。

二、农民参与范围具有广泛性

中国农居大多有院落,以围墙或围栏将家围在一个圈子里,这就意味着在农村人们生活在一个个"圈子"里。在农耕时代,家是基本的生产与生活单

---

① [英]菲利普·泰勒编著:《趋向老龄化的劳动力:期待与愿景》,于戈、秦龙等译,社会科学文献出版社2011年版,第1页。

位,人们活动的范围以自己的家为中心,向外延展至农田、山林、湖泊,从而形成一个生活圈。这个"圈子"内的人们,或者说家庭成员几乎要解决衣食住行、生老病死等所有事情,这就意味着家庭中有劳动能力的成员,无论对于生产性劳动,还是生活性活动都要尽心竭力。虽然家庭内也有"男主外,女主内"的分工,这是基于男女劳动力差别的需要,但事实上在农忙之时,尤其是春播、夏锄、秋收、冬藏之时,一个和谐的家庭仍需要所有成员全力以赴。

"圈子实际是一种社会交往关系",亲戚、熟人、朋友是分别基于血缘、地缘、业缘、情缘而结成的"家族社会""熟人社会""朋友社会"。其"本质是一种互利性的活动关系",但"这种互利的活动包含或装饰着一种温情、一种人伦、一种情感",不同于简单的商品买卖,也不存在生硬的权力支配。人们通过"圈子",可以满足自己利益需求,也可以满足非物质性的心理需求与社会需求。为了实现需求的最大化,"圈子"需要维护,亲戚需要"走动"、熟人需要"交往"、朋友需要"相处"。要想不被"边缘化",甚至被踢出"圈子",农民需要广泛参与。①

事实也证明,60 岁以上参与经济活动的老年人中主要以农民为主。据裴晓梅的研究,60 岁以上老年人中从事经济活动的占 33%,其中 91.2% 为第一产业的从业者②;另据,李翌萱的调查,82.1% 的老年人从事第一产业③,不足一成的老年人从事技术型岗位,其余的从事低收入的边缘服务行业。据此可以推断,在老年就业群体中,至少超过八成为第一产业从业人员,在户籍制度未实现根本改革以前,我们可将第一产业从业人员与农民等同,即八成老年农民依然参与经济活动。此外,老年农民即便不参与经济活动,也会参与自身及子女的家务活动,如打扫庭院、照顾子女等活动,留守老人甚至要照顾留守子女。

---

① 徐勇:《乡村治理与中国政治》,中国社会科学出版社 2003 年版,第 197—201 页。
② 裴晓梅:《人口·经济·政治·意识形态和老年保障——浅论老年保障制度建立和发展的社会因素》,《人口研究》2000 年第 4 期。
③ 李翌萱:《积极老龄化视域下中国老年人经济活动参与研究》,《兰州学刊》2016 年第 5 期。

三、农民参与目的具有片面性

衡量农民的参与,关键在于看其参与的目的,如果其目的主要是为增加收入,以贴补家用,即其目的主要出于经济上的考虑,在没有或较少的经济刺激情况下,老年人参与的积极性就不高涨或下降,这表明其具有被动性。相反,如果其参与目的在于自我价值的实现,主要为了社会组织或他人的利益考量,则可判断为主动性。如果是被动参与,为了达到经济目的,则参与的内容必然以生产性活动为主,其参与也是片面的;反之,则是主动参与,参与内容较为全面。

从相关研究看,参与社会活动的老年人中 89.8% 是出于经济目的,只有10% 左右是为了自己的爱好或自我价值的实现;而没有参与社会活动者其首要生活来源为离退休金或养老金收入。在参与活动的老年人中,47.3% 的农村老年人认为自己的劳动负担很重或较重(李翌萱,2016),但又不得不从事农业劳动。这也说明,随着农村青壮年劳动力的外流,农村中老年群体成为第一产业的就业主体,且几乎承担了全部生产内容和生产环节,失去了据年龄不同而作出选择劳动的可能性。

第三节　我国农民实现积极
老龄化的理念与路径

积极老龄化的实现首先是理念的转换,进而才是在这种理念之下的路径选择。理念的转换不仅是对老年群体的要求,同时也是对全体社会成员的要求。

一、理念转换——"以权利为基础"

在传统观念中,老年人是社会关爱的对象,他们的需求就是社会应当提供的内容。习近平总书记早在 2013 年就指出"让所有老年人都能老有所养、老有所依、老有所乐、老有所安"①,这无疑是十分必要的,尤其是对高龄老人,他们的"所养""所依""所乐""所安"不仅是其个体的需求,也是代际和谐、社会稳定、人心安宁的重要基石。这些需求也是老年人的基本权利。

由于老年人作为一个群体,其年龄段差距较大,且随着社会的进步,人均寿命也在不断延长。在战争时期或动乱年代,只有极少数人能活到老年,如新中国成立初期我国的人均寿命只有 40 岁左右,而在 2010 年第六次人口普查时已达 74.83 岁。对于部分人而言,老年包含了其 1/3 的生命时光,也正因如此,在法语中,"老年"即意味着第三次生命。而这 1/3 的生命时光,又可根据年龄差异分为三个阶段:中老年阶段(65—75 岁之前)、高龄阶段(76—85 岁之前)、老迈阶段(85 岁以上),美国则将之分别称为低龄老人、中龄老人和高龄老人(张国铎等,2008)。在老迈阶段或高龄老人,老年人需要更多的家庭、社区、社会的支持,因此维持其"老有所养、老有所依、老有所乐、老有所安"非常必要。而对于低龄、中龄老人,他们的权利不仅仅在于从社会获取,保持健康,成为社会保障的对象,还应有不脱离社会,参与经济、社会、文化事务的平等权利,大部分老年人仍然是社会与家庭的宝贵资源(世界卫生组织,2002)。作为积极老龄化的三个维度——健康、参与、保障——都应成为老年人的基本权利,尤其是作为积极老龄化的重要特质,以及核心内容的"参与"权的实现程度,直接影响着老年人的健康,也反映出社会的保障程度,是老年人基本权利的重要体现。并且有研究发现,"社会活动参与对身体健康状况有正向影响。社会活动参与得分每增加 1 个单位,身体健康状况增加 0.140 个单位";同时,"社会活动参与会显著降低老年人的失能风险,当老年人处在平均社会活动参与水平时,社会活动参与每增加 1 个单位,老年人身体失能风险降低

---

① 《让所有老年人都能老有所养老有所依老有所乐老有所安》,《法制日报》2013 年 12 月 29 日。

9.2%,工具性失能风险降低 11%"①。

由此看来,对于老年人这个庞大群体,仅仅具有满足其基本需求的理念是不够的,那样虽然容易使老年人格外受到关照,利于其"所养、所依、所乐、所安",但不利于低龄、中龄老人能力的发挥,容易形成社会脱离,构成事实上对老年人的歧视。因此应从社会权利的角度,"基于对老年人权利的承认以及联合国关于独立、参与、尊严、照料和自我实现的原则",赋予老年人健康、参与、保障等权利,以便将积极老龄化作为一项战略计划,"从'需要为基础'的政策和计划的观点(该观点设想老年人是消极对象),转变为'权利为基础'的观点,承认在增龄过程中老年人有机会均等和处理生活各个方面的权利"②。

二、积极老龄化的实现路径

健康、参与、保障是积极老龄化的三个维度,其中,健康为根本,参与为核心,保障为基础。实践积极老龄化,有核心支柱与辅助支柱之别。"核心支柱是塑造以社会活动参与为核心的积极老龄化格局""辅助支柱是完善社会保护制度与健康维护体系。"③

(一)"健康"为根本

1.健康的衡量标准

对于任何人,健康都是最为重要的,因此应以健康为根本。按照积极老龄化的理念,老年人并非与疾病、脆弱、衰老、失能等必然联系,即便个体衰老也并非不受干预的线性过程。但毕竟与其他年龄群体相比,老年人患病的概率、

---

① 胡宏伟、李延宇、张楚、张佳欣:《社会活动参与、健康促进与失能预防——基于积极老龄化框架的实证分析》,《中国人口科学》2017 年第 4 期。

② 世界卫生组织:《积极老龄化政策框架》,华龄出版社 2003 年版,第 11 页。

③ 胡宏伟、李延宇、张楚、张佳欣:《社会活动参与、健康促进与失能预防——基于积极老龄化框架的实证分析》,《中国人口科学》2017 年第 4 期。

风险要大得多,因此关注其健康尤其重要。衡量健康的基本要素有四个,即躯体健康、心理健康、认知效能和文体活动。躯体健康可从患病情况、就医情况、健康自评等进行主客观判断;心理健康主要从性格、情绪、适应能力、人际关系、认知自评等方面加以考量;认知效能主要由加工速度、心算、空间表象、工作记忆等要素确证;文体活动则在于对锻炼情况、锻炼项目、情趣项目方面的考察。①

相较于躯体健康,心理健康对人们的影响更大。心理健康者一般有四个共性:一是乐于工作,既能在本职工作中发挥自身的知识和技能,又能从工作中获得乐趣;二是乐于与人交往,能正面评价他人,建立和谐的人际关系;三是能清楚地认识到自己的能力与特点,能较充分地发挥自己的长处,并接纳自己的不足;四是不逃避工作或生活中所遇到的困难,并努力寻求解决之道。马斯洛也对心理健康提出了十大标准:具有充分的适应能力;充分了解自己并对自己的能力有适当的估价,制订的生活目标切合实际,与现实环境保持接触;保持人格的完整与和谐,具有从经验中学习的能力,能适应良好的人际关系,具有适当的情绪发泄方式(渠道)并能控制情绪发作,能进行有限度的个性发挥,能在不违背社会规范的前提下恰当地满足个人基本要求。

可见,老年人通过积极参与工作,获得与他人交往的机会,实现自己的价值,既是其心理健康的表现,也是其心理健康的保障。

2.不同主体的职责要求

在保障老年人的健康上,存在许多主体,如个体、政府、社区、社会等。不同的主体具有不同的职责。

(1)个体应明确"消极应对"对于心理健康的负向作用明显大于"积极应对"对于心理健康的正向作用。如果在人们进入老年之前,避免或减少有害于人体健康的消极因素,而增加健康的保护因素,就会大大推迟人体功能衰退

---

① 李德明、陈天勇、吴振云、李贵芸:《健康老龄化的基本要素及其影响因素分析》,《中国老年学杂志》2005年第9期。

和慢性疾病到来的时间。《积极老龄化政策框架》认为,"当慢性病和机能下降的风险因素(包括环境和行为)降低而保障因素提高时,人们将享受健康时间更长,质量更高的生活。他们进入老年后人仍能保持健康和生活自理,较少的老年人需要昂贵的医疗和照料服务"[1]。这就要求包括老年人在内的不同个体,应保持良好的积极心态,敢于正视自己,对自身有明确的认识,时刻关注自己的心理健康,以增强应对问题的能力。

(2)政府重在加强教育和制度建设。一方面开展持续的健康教育,让人们养成健康的生活方式。包括从饮食习惯、卫生改善、劳作行为等不同方面进行健康教育。有研究表明,教育是延缓老年痴呆的重要因素,通过锻炼脑功能、接触新事物、学习新知识,使老年人尽可能保持健康的心态与机体。除加强健康教育外,另一方面进行医疗保障制度建设,包括建立老年医疗卫生综合服务制度、长期照护体系、老年人健康评估监测系统。特别是通过长期照护保险制度的建设,可以为11%的轻度失能和中度失能的老年人,以及2%的重度失能老年人的生活照料和医疗护理提供服务。[2] 另外,通过"医养结合"的方式,以养老机构开设医疗机构、医疗机构开设养老机构、养老机构与医疗机构合作等合作模式,为老年人的健康与医疗提供保障。[3] 这就有必要借鉴发达国家的经验,尽快建立照护保险制度,以减轻人们的后顾之忧。

(3)社区发挥养老服务功能。我国《社会养老服务体系建设规划(2011—2015)》明确提出,构建"居家为基础、社区为依托、机构为支撑"的养老服务体系。其中,社区起着承上启下的作用,尤其是在照护上,当家庭成员难以实现充分照顾时,如果社区能起到重要补充,将对缓解家庭照护之困起到重要依托作用。目前,我国的社区养老发展得很不充分,且大多存在于城镇之中,农村

---

① 世界卫生组织:《积极老龄化政策框架》,华龄出版社2003年版,第48页。

② 陈坤、李士雪:《健康老龄化的理念演变与实现路径》,《理论学刊》2017年第5期。

③ 赵晓芳:《健康老龄化背景下"医养结合"养老服务模式研究》,《兰州学刊》2014年第9期。

的社区养老无论数量还是质量都亟须提高。

（4）社会实现医疗服务理念的转变。社会机构,尤其是医疗服务机构应实现三个理念的转变:一是从关注疾病到关注健康,要从"以患者为中心的"的治疗思维向"以大众为中心"的预防及康复思维转变;二是从泛泛的老年阶段到分年龄的精细化管理转变,将老年人分为低龄、中龄、高龄老人,并针对不同年龄段给予针对性指导;三是从关注患者本身拓展到注重社会和家庭支持,以家庭的温馨、社会的参与共同提高患者的满意度。①

（二）"参与"为核心

所谓参与,是指健康的、有能力工作的老年人继续参与经济、政治、文化、社会等方面的活动,有偿或无偿地提供服务,以使老年人继续生活在主流社会中。"当劳务市场、就业、教育、卫生及社会政策和项目根据个人的基本人权、能力、需要和喜好支持老年人参与社会经济、文化和精神活动,人们在进入老年以后还可以通过收入性的和非收入性的活动为社会继续作出生产性的贡献。"②从而使老年人成为国家和社会可持续发展的宝贵资源。

1. 人的社会属性决定了人需要参与社会

"人的本质不是单个人所固有的抽象物,在其现实性上,它是一切社会关系的总和。"③这就意味着人具有依赖性,在任何阶段都不可能脱离这种依赖性。在个体成长上,人由生命之初的完全依赖于他人,经历青春期的依赖与独立之间的平衡,进而青年、中年期的完全独立,而到达老年期后,则意味着依赖的复归。从中可见,人在青年、中年期貌似独立,其实不然,因为这一时期的人们依然需要依赖他人。只不过这种"成人式依赖"完全不同于老年人的"孩子

---

① 吴静雅等:《"健康老龄化"背景下"老有所医"的国际经验及启示》,《中国卫生事业管理》2015年第11期。
② 世界卫生组织编:《积极老龄化政策框架》,华龄出版社2003年版,第48页。
③ 《马克思恩格斯选集》第1卷,人民出版社1995年版,第60页。

气的依赖"。

老年人的依赖从内容上可包含经济依赖、身体与情绪依赖。这些依赖也因老年个体的差异,如国别、年龄、性别等的区别存在较大不同。在经济上,社会保障,尤其是老年社会保障比较完备的国家,人们主要依赖于国家或组织;而保障制度不完善的国家中,人们更多地依靠自身与家人。由于年龄的差异,人们在身体与情绪的依赖上起初并不大,即便 70—80 岁,身体功能的下降并没有想象得那么严重,在体力、脑力和日常生活能力等方面也只有中度的下降。相对于人们身体上的依赖,情绪依赖会随着年龄增长而加强,这也是老年时的最大恐惧之一,因为在老年阶段,人们会随着配偶、亲人的离世而感到寂寞,并且随着逐渐衰老,与友人的互动频率也会减少。在老年阶段,有些能力可能是下降的,而有些能力却随年龄增长而增长。前者如发散性的思维、容易改变的能力,后者如日常经验性的能力,尤其是利他主义和人文关怀方面的增强。① 并且参与也是老年人成功的标志之一,因为老年时期的成功与否取决于四个因素——在成人早期所获得的受尊敬程度、知识、参与的要求、控制的财产数量。社会参与能使人愉悦,形成开朗性格,正如罗曼·罗兰所说:"开朗的性格不仅可以使自己经常保持心情的愉快,而且可以感染你周围的人们,使他们也觉得人生充满了和谐与光明。"

2. 老年人参与的内容及要求

老年人的社会参与是指"老年人通过各种形式与社会保持联系,参加社会活动、参与社会发展"②。其内容主要包括经济活动、娱乐休闲活动、公共秩序与公共道德的维护、社会公益事业四个方面。满足社会对人才的需求,可通过扩大学校培养、加强在职培训、从国外吸收,以及开发老年人才资源来实现。综合比较,开发老年人才资源的成本最低,收效最快,因为他们有很好的知识、

① [美]K.W.夏埃、S.L.威里斯:《成人发展与老龄化》,华东师范大学出版社 2003 年版,第 67—92 页。
② 张恺悌、郭平:《老年社会工作实务》,中国社会出版社 2009 年版,第 335 页。

经验的积累,因此,让老年人主动参与经济活动,既有利于我国的经济发展,又有利于增加老年人的经济收入,缓解老年人及其家庭经济负担,进而缓解代际矛盾。由于老年人作为一个庞大群体,其年龄差距较大,有低龄、中龄、高龄老人之别;这就要求应根据不同年龄而应有不同的应对之策。

(1)对有丰富经验的低龄老人,达到退休年龄后仍希望工作的,应鼓励身体健康者继续留在工作岗位上,仍以经济参与为主,这既是维持其自身生存、保持身心健康、家庭代际和谐的重要途径,也是农业社会典型的存在方式。

(2)对中龄老人,应鼓励他们在社区内发挥作用,实现互动。一方面可实现老年人与儿童的互动,既让孩子高兴,又让老年人实现其价值。另一方面也可实现同龄人之间的互动,甚至还可以前延后展,即与低龄老人和高龄老人的互动,以使其保持乐观的心态。同时,在互动内容上,应拓展为更好地维持村级公益事业,如本村重大事项的建议、邻里纠纷的协调、社会公德的教育等。

此外,低龄、中龄老人,还可参与维护公共秩序与公共道德。老年人积极参与到公共秩序与公共道德的维护中来,既有利于通过实际行动维护公共道德,也有利于通过对自身的严格约束,以言传身教的方式实现维护目的。他们还可参与社会公益事业。传统观点认为,老年群体是公益服务的对象,事实上,很多老年人也是社会公益事业的参与者。尤其是低龄老年人拥有较好的身体素质,有时间、有耐心、有爱心及意愿去从事社会公益事业。

经验表明,人对人文关怀的态度会随年龄增长而有所增强,他们通过参加志愿活动和社区活动,缓解寂寞感,也可避免由依赖和无助而导致的情感问题。"帮助他人能产生一种生命富有意义的感觉,并导致自身能力感的产生和自尊的增强"。在这一时期,"关于世界的知识更为清楚。好像某个人年轻时有很多的小铜币和银币,为了变得更好而不断地进行交换,现在他年轻时拥有的财产已经变成金币"①。所以无论是哪个年龄段的老年人,他们都有以不

---

① [美]K.W.夏埃、S.L.威里斯:《成人发展与老龄化》,华东师范大学出版社2003年版,第90页。

同方式参与社会的内趋力,这既有利于社会的进步发展,也有利于丰富个人的价值,更是老年人权利的实现。

(3)对高龄老人,主要在于其个人心态的调整,心理健康的维持;应重在提供服务,尤其是对于其中有病的老年人提供更加便利的护理服务。[1]

(三)"保障"为基础

所谓保障,是指政府"在政策和项目解决人们在年老过程中的社会、经济、人身安全上的保障需要和权利的同时,保障老年人在不能维持和保护自己情况下受到保护、照料和有尊严。支持家庭和社区通过各种努力照料其老年成员"[2]。

从中不难看出,积极老龄化理念下老年人保障的主体是政府、社区和家庭,所提供的保障主要为经济供养、医疗、安全、权益等,目的是使老年人受到保护、照料和有尊严。养老的内容包括经济支持、生活照顾、精神慰藉,在"保障"上三者都应有一定制度安排。

1. 实行梯度普惠制养老金,为老年人提供经济支持

根据老年人的年龄和地域差别实施有差别的普惠制养老金,这不仅是基于老年农民的生活需要,更是农民公民权的体现。低龄、中龄、高龄老人其"健康"程度不同,"参与"社会的内容和方式也有区别,进而其收入也就不同,且随着年龄的增长,用于医疗方面的支出也会相对增加。在这种情况下,应该不仅以老年人的需求为基础,而且应上升到权利的高度为老年人提供有差别的经济保障,即对不同年龄段的老年人由中央和地方政府提供能满足老年人基本需求的养老保障收入;同时为了让不同发展地区的农民分享城镇化、工业化、信息化等成果,尤其是经济发展较快的地区还应提供与全国性普惠制养老金有区别的补充性养老金,这同样不仅是农民生活的需要,同时也是其基本权

---

① 丁英顺:《日本推动健康老龄化的经验及启示》,《河南社会科学》2014年第8期。
② 世界卫生组织:《积极老龄化政策框架》,华龄出版社2003年版,第48页。

利的体现(内容详见本书第六章)。

2.建立自助互助为基础、社区照顾为依托、机构照顾为补充的养老照护体系

生活照顾是养老内容的重要组成部分,尤其是对于中度、重度失能者的照护,是其他制度无法替代的。对于不同年龄段的老年人应建立依托不同主体的照护体系。一是发挥低龄老人自助互助功能。低龄或自理能力较强的老年人,通过相互沟通交流、聊天倾诉、相互安抚、排解烦恼,实现精神上的相互慰藉,这对于丰富他们的生活、延缓衰老、陶冶情操具有重要作用。低龄老人也可以通过照顾中龄、高龄老人的方式为他人提供帮助,获得一定收入和满足感。二是推进社区照护建设。社区通过养老服务网络建设,或综合性老年福利中心建设,为老年人建档立卡,提供服务;在社区内可为自助互助老人提供活动空间,也可为生活不能完全自理的老人提供呼叫服务终端,以根据老年人的需求提供上门服务。三是建立养老机构,如农村敬老院等为需求者提供服务。能够进驻敬老院者大多为低保人员或"五保"人员。这类机构既要有适宜的生活设施,同时又要有相对较为专业的护理人员,加之志愿者提供思想交流、精神慰藉和心理支持,可较好地满足高龄老人的照护需求。通过自助互助、社区、养老机构三个层次的建设,构成"居家为基础、社区为依托、机构为补充"的养老照护体系,为老年人的生活照顾提供制度保障。

3.履行政府责任,为积极老龄化提供宏观保障

实现积极老龄化,政府除进行养老、医疗制度建设外,还应履行其法律责任和政治责任。法律责任要求政府以法律确保老年人的基本权利,如《中华人民共和国老年人权益保障法》《中华人民共和国残疾人保障法》《农村五保供养工作条例》等法律的颁布与实施就为老年人、残疾人、孤寡老人和孤儿提供了切实的保障。为了更好地保障老年人的权益,政府还应充实《中华人民共和国老年人权益保障法》,为老年人提供可操作性的服务,如家政、交通、健康、心理、法律等服务。政治责任要求政府制定符合民意的公共政策并推动其实施。实现政治责任要求责任主体按法律、法规、程序行使权力,使民众了解政策产生的背景、过程并进行监督,以使政策更好地符合老年人的实际需求。①

---

① 顾栋:《政府在促进健康老龄化方面的责任》,《中国党政干部论坛》2008 年第 8 期。

参 考 文 献

1. 鲍思陶译注：《论语》，崇文书局 2008 年版。

2. 蔡昉：《未来的人口红利——中国经济增长源泉的开拓》，《中国人口科学》2009 年第 1 期。

3. 蔡昉：《中国的人口红利还能持续多久》，《经济学动态》2011 年第 6 期。

4. 曹凤岐：《从七大方面发展和完善多层次资本市场》，《证券日报》2014 年 12 月 13 日。

5. 曹信邦：《农村社会养老保险政府责任供给机制的构建》，《社会保障研究》2012 年第 4 期。

6. 曹信邦：《社会保障制度的政治属性》，《学海》2014 年第 2 期。

7. 曹信邦：《新型农村社会养老保险制度构建——基于政府责任的视角》，经济科学出版社 2012 年版。

8. 陈川雄：《论孝》，《孔子研究》1998 年第 3 期。

9. 陈共编著：《财政学》，中国人民大学出版社 2015 年版。

10. 陈坤、李士雪：《健康老龄化的理念演变与实现路径》，《理论学刊》2017 年第 5 期。

11. 陈明星、唐志鹏、白永平：《城市化与经济发展的关系模式——对钱纳里模型的参数重估》，《地理学报》2013 年第 6 期。

12. 陈社英：《积极老龄化与中国：观点与问题透视》，《南方人口》2010 年第 4 期。

13. 陈锡文：《中国特色农业现代化的几个主要问题》，《改革》2012 年第 2 期。

14. 陈耀、周洪霞：《中国工业化与城镇化协调性测度分析》，《经济纵横》2014 年第 6 期。

15. 成志刚、曹平:《新型农村社会养老保险满意度研究》,《湘潭大学学报(哲学社会科学版)》2014 年第 9 期。

16. 党秀云、彭晓祎:《我国基本公共服务供给中的中央与地方事权关系探析》,《行政论坛》2018 年第 2 期。

17. 邓大才:《村民自治有效实现的条件研究——从村民自治的社会基础视角来考察》,《政治学研究》2014 年第 6 期。

18. 邓大松、刘昌平:《受益年金化:养老金给付的有效形式》,《财经科学》2002 年第 5 期。

19. 邓大松、薛惠元:《新型农村社会养老保险替代率的测算与分析》,《山西财经大学学报》2010 年第 4 期。

20. 丁建农、田勇泉:《医疗机构完全市场化改革的风险及其控制》,《中南大学学报(医学版)》2014 年第 1 期。

21. 丁凌华:《中国丧服制度史》,上海人民出版社 2000 年版。

22. 丁英顺:《日本推动健康老龄化的经验及启示》,《河南社会科学》2014 年第 8 期。

23. 董云展:《我国农村土地征用制度的缺陷及完善》,《中州学刊》2004 年第 3 期。

24. 董志凯:《土地改革与我国的社会生产力》,《中国经济史研究》1987 年第 3 期。

25. 杜飞进、张怡恬:《中国社会保障制度的公平与效率问题研究》,《学习与探索》2008 年第 1 期。

26. 段成荣:《中国人口受教育状况分析》,《人口研究》2006 年第 1 期。

27. 段家喜:《养老保险制度中的政府行为》,社会科学文献出版社 2007 年版。

28. 段江波:《友善价值观:儒家渊源及其现代转化》,《社会科学》2015 年第 4 期。

29. 段玉恩、郭斌:《农村居民最低生活保障制度实证研究——以山东省自然村为例》,《山东社会科学》2011 年第 10 期。

30. 方福前、吕文慧:《从社会福利函数的演进看我国公平问题》,《天津社会科学》2007 年第 3 期。

31. 方勇译注:《孟子》,中华书局 2015 年版。

32. 方勇、李波译注:《荀子》,中华书局 2015 年版。

33. 高鹏、李文华:《"分税制"财税体制综合改革:历史性回顾与思考》,《财经政法资讯》2010 年第 6 期。

34. 耿爱生、杨文娴:《我国老年保障研究中的"健康老龄化"研究趋向及其价值》,《社会保障研究》2014 年第 2 期。

35. 高志忠译注：《论语大学中庸》，商务印书馆 2015 年版。

36. 公维才、薛兴利：《农保新构想："梯度"普惠制养老金》，《山东社会科学》2012 年第 8 期。

37. 公维才、薛兴利：《西方社会保障理念的嬗变及其启示》，《中国特色社会主义研究》2011 年第 4 期。

38. 公维才、薛兴利：《做实新农保"自愿性"个人账户的前提与思路》，《农村经济》2011 年第 10 期。

39. 公维才：《"五位一体"：我国城乡低保制度一体化的基本架构》，《中国特色社会主义研究》2010 年第 1 期。

40. 公维才：《中国农民养老保障论》，社会科学文献出版社 2007 年版。

41. 公维才：《失地补偿安置制度改革：保障农民利益、保护土地资源的关键》，《人口与经济》2005 年第 5 期。

42. 公维才：《"第三条道路"——城市农民工的社会养老保险模式》，《人口与经济》2006 年第 2 期。

43. 公维才：《我国社会保障制度城乡二元结构形成及固化原因分析》，《甘肃理论学刊》2008 年第 3 期。

44. 公维才：《新型农村社会养老保险个人账户基金管理创新分析》，《聊城大学学报（社会科学版）》2010 年第 3 期。

45. 辜正坤：《中西文化比较导论》，北京大学出版社 2007 年版。

46. 顾栋：《政府在促进健康老龄化方面的责任》，《中国党政干部论坛》2008 年第 8 期。

47. 顾伟列：《中国文化通论》，华东师范大学出版社 2005 年版。

48. 郭爱妹、石盈：《"积极老龄化"：一种社会建构论观点》，《江海学刊》2006 年第 5 期。

49. 胡平生、张萌译注：《礼记》，中华书局 2017 年版。

50. 贺雪峰：《"农民"的分化与土地利益分配问题》，《法学论坛》2010 年第 6 期。

51. 贺雪峰：《为谁的农业现代化》，《开放时代》2015 年第 5 期。

52. 胡宏伟、李延宇、张楚、张佳欣：《社会活动参与、健康促进与失能预防——基于积极老龄化框架的实证分析》，《中国人口科学》2017 年第 4 期。

53. 黄建伟：《失地农民的概念问题研究》，《调研世界》2009 年第 3 期。

54. 黄健莉：《中学生"孝"教育存在的问题及对策研究》，《当代教育论坛》2008 年第 1 期。

55. 黄锟:《城乡二元制度对农民工市民化影响的理论分析》,《统计与决策》2011年第22期。

56. 贾康、苏京春:《现阶段我国中央与地方事权划分改革研究》,《财经问题研究》2016年第10期。

57. 姜长云:《试论我国工业化与城市化的协调发展》,《经济与管理研究》1999年第2期。

58. 景天魁:《创建和发展社区综合养老服务体系》,《苏州大学学报》2015年第1期。

59. 康芸、李晓鸣:《试论农业现代化的内涵和政策选择》,《中国农村经济》2000年第9期。

60. 孔祥智、何安华:《新中国成立60年来农民对国家建设的贡献分析》,《教学与研究》2009年第9期。

61. 劳动和社会保障部社会保险研究所组织翻译:《贝弗里奇报告——社会保险和相关服务》,中国劳动社会保障出版社2004年版。

62. 李宾、孔祥智:《工业化、城镇化对农业现代化的拉动作用研究》,《经济学家》2016年第8期。

63. 李德明、陈天勇、吴振云、李贵芸:《健康老龄化的基本要素及其影响因素分析》,《中国老年学杂志》2005年第9期。

64. 李克强:《协调推进城镇化是实现现代化的重大战略选择》,《行政管理改革》2012年第11期。

65. 李美玲:《城乡居民社会养老保险制度研究》,聊城大学2014年硕士论文。

66. 李强:《农民工与中国社会分层》,社会科学文献出版社2004年版。

67. 李溦、冯海发:《农业剩余与工业化的资本积累》,《中国农村经济》1993年第4期。

68. 李文静、杨琳:《老年过程观:对积极老龄化的回应》,《学术交流》2014年第6期。

69. 李翌萱:《积极老龄化视域下中国老年人经济活动参与研究》,《兰州学刊》2016年第5期。

70. 李迎生:《社会保障与社会结构转型——二元社会保障体系研究》,中国人民大学出版社2001年版。

71. 李珍、孙永勇:《多元化——养老社会保险基金管理的合理选择》,《经济评论》2001年第6期。

72. 李珍、王海东、王平:《中国农村老年收入保障制度研究》,《武汉大学学报(哲学社会科学版)》2010 年第 5 期。

73. 李珍、周艺梦:《社会养老保障制度的"瑞典模式"——瑞典名义账户制度解决了什么?》,《经济学动态》2010 年第 8 期。

74. 列宁:《列宁全集》第 21 卷,人民出版社 2017 年版。

75. 林后春:《当代农民阶级、阶层分化研究综述》,《社会主义研究》1991 年第 1 期。

76. 刘波、周敏凯:《战后英国社会保障思想的变迁》,《当代世界社会主义问题》2005 年第 1 期。

77. 刘畅:《制度排斥与城市农民工的社会保障问题》,《中国社会报》2003 年 6 月 28 日。

78. 刘翠霄:《天大的事——中国农民社会保障制度研究》,法律出版社 2006 年版。

79. 刘东华:《"新农保"中的"捆绑机制"批判》,《广西政法管理干部学院学报》2010 年第 6 期。

80. 刘洪仁:《世纪初农民分化的实证追踪研究——以山东省为例》,《农业经济问题》2009 年第 5 期。

81. 刘敏、白塔:《我国农业现代化"短板"之辩》,《西北师大学报(社会科学版)》2017 年第 3 期。

82. 刘奇:《处理好脱贫攻坚十大关系》,《北京日报》2015 年 12 月 14 日。

83. 刘万、庹国柱:《基本养老金个人账户给付年金化问题研究》,《经济评论》2010 年第 4 期。

84. 刘文、焦佩:《国际视野中的积极老龄化研究》,《中山大学学报》2015 年第 1 期。

85. 刘晓越:《中国离农业现代化有多远》,《中国信息报》2004 年 3 月 3 日。

86. 刘怡主编:《财政学》,北京大学出版社 2016 年版。

87. 刘永佶:《中国官文化批判》,中国经济出版社 2000 年版。

88. 刘永佶:《中国经济矛盾论——中国政治经济学大纲》,中国经济出版社 2004 年版。

89. 卢海元:《走进城市:农民工的社会保障》,经济管理出版社 2004 年版。

90. 陆学艺、张厚义:《农民的分化、问题及对策》,《农业经济问题》1990 年第 1 期。

91. 陆娅楠:《第七次全国人口普查数据公布人口总量保持平衡增长》,《人民日报》2021 年 5 月 12 日。

92. 罗云力:《西方国家的一种新治理方式:社会民主主义第三条道路研究》,重庆出版社 2003 年版。

93. 吕大吉:《宗教学通论新编》下卷,中国社会科学出版社 1998 年版。

94. 马莉:《退休年龄对女性养老金的影响分析及政策调适》,《聊城大学学报(社会科学版)》2016 年第 6 期。

95. 马雁军、孙亚忠:《农村社会基本养老保障的公共产品属性与政府责任》,《经济经纬》2007 年第 6 期。

96. 梅哲:《浅论毛泽东、邓小平的社会保障思想》,《社会主义研究》2004 年第 2 期。

97. 孟艳:《国外养老基金管理运作模式比较分析》,《经济工作导刊》2003 年第 8 期。

98. 民政部、全国老龄办养老服务体系建设领导小组办公室:《全国养老服务基本情况汇编》,中国社会出版社 2010 年版。

99. 穆怀中:《社会保障国际比较》,中国劳动社会保障出版社 2007 年版。

100. 穆瑞卡:《道德意义地图:环境伦理的新价值论模型》,《环境价值论》2011 年第 20 期。

101. 倪健民:《信息化发展与我国信息安全》,《清华大学学报(哲学社会科学版)》2000 年第 4 期。

102. 宁佰超:《对我国资本市场发展历程的简要梳理与评价》,《产权导刊》2012 年第 10 期。

103. 潘寅茹:《智利养老金如何从典范落到人人诟病》,《第一财经日报》2016 年 9 月 30 日。

104. 裴晓梅:《人口·经济·政治·意识形态和老年保障——浅论老年保障制度建立和发展的社会因素》,《人口研究》2000 年第 4 期。

105. 齐瑞宗:《保险性质新论》,《保险研究》2000 年第 4 期。

106. 秦跃群、吴巧生:《中国工业化与城市化的协同性分析》,《决策参考》2005 年第 12 期。

107. (清)孔广森撰,王丰先点校:《大戴礼记补注》,中华书局 2013 年版。

108. 青连斌:《社区养老服务的独特价值、主要方式及发展对策》,《中州学刊》2016 年第 5 期。

109. 曲兆鹏、赵忠:《老龄化对我国农村消费和收入不平等的影响》,《经济研究》2008 年第 12 期。

110. 冉萍:《社保基金投资的国际比较及对我国运营的借鉴》,《经济问题探索》2008 年第 1 期。

111. 任浩主编:《组织行为学——现代的观点》,清华大学出版社 2011 年版。

112. 任立山、骆宏:《成功老龄化判别标准研究进展》,《中华健康管理学杂志》2013 年第 4 期。

113. 任祥君、韩俊生:《我国农村社区养老机构存在的问题及对策研究》,《劳动保障世界》2011 年第 12 期。

114. 尚芳:《"互联网+"时代到来,如何用信息化手段提升经办服务?》,《中国社会保障》2015 年第 6 期。

115. 史柏年:《国家社会保险制度理论探源》,《中国青年政治学院学报》1999 年第 3 期。

116. 世界卫生组织:《积极老龄化政策框架》,华龄出版社 2003 年版。

117. 宋士云:《中国农村社会保障制度结构与变迁(1949—2002)》,人民出版社 2006 年版。

118. 孙光德、董克用主编:《社会保障概论》,中国人民大学出版社 2004 年版。

119. 孙慕梓:《多媒体技术在信息化养老服务中的应用》,《社会福利》2016 年第 2 期。

120. 孙淑云:《新型农村合作医疗制度自愿性与强制性》,《甘肃社会科学》2013 年第 2 期。

121. 佟新主编:《人口社会学》,北京大学出版社 2010 年版。

122. (唐)李隆基注、(宋)邢昺疏、金良年校点:《孝经》,上海古籍出版社 2014 年版。

123. 万朝林:《失地农民权益流失与保障》,《农业经济导刊》2004 年第 5 期。

124. 万能、原新:《1978 年以来中国农民的阶层分化:回顾与反思》,《中国农村观察》2009 年第 4 期。

125. 王丙毅:《水权界定、水价体系与中国水市场监管模式研究》,经济科学出版社 2019 年版。

126. 王海艳主编:《保险学》,机械工业出版社 2010 年版。

127. 王坚红:《托马斯·迈尔谈第三条道路》,《当代世界与社会主义》2000 年第 1 期。

128. 王倩、毕红霞:《我国农村最低生活保障标准研究》,《调研世界》2016 年第 10 期。

129. 王晓光主编:《财政与税收》,清华大学出版社 2015 年版。

130. 王秀梅译注:《诗经》,中华书局 2016 年版。

131. 王旭东:《20 世纪下半叶"信息化"概念及用词历史源流考释》,《史学理论研究》2008 年第 3 期。

132. 王旭东:《社会信息化概念的历史考察及其厘定》,《安徽师范大学学报(人文社会科学版)》2008 年第 4 期。

133. 王彦斌:《老龄化、社会资本与积极老龄化》,《江苏行政学院学报》2014 年第 3 期。

134. 王勇、闫光:《剖析"100 元"参保现象的农民心理》,《中国农民保障报》2012 年 11 月 6 日。

135. 韦樟清:《马克思主义社会保障基金理论及其当代意蕴》,《社会主义研究》2008 年第 1 期。

136. 卫兴华:《怎样准确把握"效率与公平"的演变与内涵》,《人民论坛》2013 年第 1 期。

137. 魏建、魏安琪:《新型城镇化、农民分化与农民权益保障》,《理论学刊》2015 年第 1 期。

138. 吴敬琏:《信息通信技术与经济社会转型丛书》总序。转引自阿尔弗雷德·D. 钱德勒等编:《信息改变了美国:驱动国家转型的力量》,万岩等译,上海远东出版社 2008 年版。

139. 吴静雅等:《"健康老龄化"背景下"老有所医"的国际经验及启示》,《中国卫生事业管理》2015 年第 11 期。

140. 吴忠民:《社会公正论》,山东人民出版社 2012 年版。

141. 习近平:《习近平在农村改革座谈会上强调:加大推进新形势下农村改革力度,促进农业基础稳固农民安居乐业》,《人民日报》2016 年 4 月 29 日。

142. 习近平:《习近平总书记系列重要讲话读本》,学习出版社、人民出版社 2016 年版。

143. 项丽萍:《我国社区养老服务方式探析》,《青海社会科学》2007 年第 5 期。

144. 肖金萍:《农村老年人最低生活保障水平的测量及实施》,《人口与经济》2010 年第 6 期。

145. 肖群忠:《孝与中国文化》,人民出版社 2001 年版。

146. 新华社:《守住管好"天下粮仓"协调推进"新四化"建设》,《人民日报》2013 年 1 月 16 日。

147. 徐强、周杨:《保障水平视角下"新农保"公共投入优化研究》,《经济与管理》2015 年第 3 期。

148. 徐赛嫦:《农民工社会养老保险制度探析》,《社会》2003 年第 7 期。

149. 徐勇、赵德健:《找回自治:对村民自治有效实现形式的探索》,《华中师范大学学报(人文社会科学版)》2014 年第 4 期。

150. 徐勇:《乡村治理与中国政治》,中国社会科学出版社 2003 年版。

151. 许淑莲、申继亮主编:《成人发展心理学》,人民教育出版社 2006 年版。

152. 薛惠元:《新农保个人筹资能力可持续性分析》,《西南民族大学学报(人文社会科学版)》2012 年第 2 期。

153. 徐正英、常佩雨译注:《周礼》,中华书局 2014 年版。

154. 杨立雄:《"进城",还是"回乡"?——农民工社会保障政策的路径选择》,《社会保障制度(人大复印资料)》2004 年第 6 期。

155. 杨立雄:《贫困线计算方法及调整机制比较研究》,《经济社会体制比较》2010 年第 5 期。

156. 杨善华、贺常梅:《责任伦理与城市居民的家庭养老——以"北京市老年人需求调查"为例》,《北京大学学报(哲学社会科学版)》2004 年第 1 期。

157. 杨思远:《中国农民工的政治经济学考察》,中国经济出版社 2005 年版。

158. 姚东旻、李嘉晟:《"一刀切"还是"差异化"——养老金计划的最优合约设计》,《当代经济科学》2016 年第 3 期。

159. 尤琛:《我国部分积累制养老保险制度析》,《武汉理工大学学报》2006 年第 1 期。

160. 于潇、孙悦:《"互联网+养老":新时期养老服务模式创新发展研究》,《人口学刊》2017 年第 1 期。

161. 余凯成主编:《组织行为学》,大连理工大学出版社 2006 年版。

162. 岳家声、徐沙沙、赵凤、赵伯瑞、胡欣然、彭艳斌:《新型农村社会养老保险政策满意度调研报告》,《沈阳农业大学学报(社会科学版)》2016 年第 7 期。

163. 张成福:《责任政府论》,《中国人民大学学报》2002 年第 2 期。

164. 张岱年、方克立主编:《中国文化概论》,北京师范大学出版社 1994 年版。

165. 张德主编:《组织行为学》,清华大学出版社 2000 年版。

166. 张帆:《我国虚拟养老院的问题及对策研究》,安徽大学 2017 年硕士学位论文。

167. 张洪波:《胶东农村劳动力年龄结构分析》,《河北农业科学》2009 年第 10 期。

168. 张洪芹:《农村家庭养老与子女支持愿望》,《东岳论丛》2009 年第 9 期。

169. 张恺悌、郭平:《老年社会工作实务》,中国社会出版社 2009 年版。

170. 张丽:《新 24 孝引争议:有比教人尽孝更重要的事情》,《北京晚报》2012 年 8 月 16 日。

171. 张丽雅、宋晓阳:《信息技术在养老服务业中的应用与对策研究》,《科技管理研究》2015 年第 5 期。

172. 张培刚:《农业与工业化》上卷,华中科技大学出版社 2002 年版。

173. 张启春:《谈谈进城务工人员的社会保障问题》,《江汉论坛》2003 年第 4 期。

174. 张寿正:《关于城市化过程中农民失地问题的思考》,《中国农村经济》2004 年第 2 期。

175. 张学亮:《原始文化:新石器时代文化遗址》,现代出版社 2014 年版。

176. 张伟新、王港、刘颂主编:《老年心理学概论》,南开大学出版社 2015 年版。

177. 张永生:《政府间事权与财权如何划分》,《经济社会体制比较》2008 年第 2 期。

178. 张元庆:《城镇化、农民工内生性市民化与制度激励》,《财经科学》2016 年第 1 期。

179. 张占斌、冯俏彬、黄锟:《我国农民工市民化的成本测算与时空分布》,《内部文稿》2012 年第 11 期。

180. 赵殿国:《积极推进新型农村社会养老保险制度建设》,《经济研究参考》2008 年第 32 期。

181. 赵晓芳:《健康老龄化背景下"医养结合"养老服务模式研究》,《兰州学刊》2014 年第 9 期。

182. 郑功成:《从国家—单位保障制走向国家—社会保障制——30 年来中国社会保障改革与制度变迁》,《社会保障研究》2008 年第 2 期。

183. 郑功成:《农民工的权益与社会保障》,《中国党政干部论坛》2002 年第 8 期。

184. 郑功成:《社会保障》,高等教育出版社 2007 年版。

185. 郑功成:《社会保障学》,商务印书馆 2000 年版。

186. 郑功成:《社会保障学——理念、制度、实践与思辨》,商务印书馆 2000 年版。

187. 郑功成:《中国社会保障改革与发展战略——理念、目标与行动方案》,人民出版社 2008 年版。

188. 郑莹、高源:《政府购买社区养老服务的法学审视》,《辽宁大学学报(哲学社会科学版)》2017 年第 3 期。

189. 朱海龙、欧阳盼:《中国人养老观念的转变与思考》,《湖南师范大学社会科学学报》2015 年第 1 期。

190. [德]黑格尔:《逻辑学》(上卷),商务印书馆 2001 年版。

191. [德]马克思:《资本论》第 3 卷,人民出版社 2009 年版,第 657、658 页。

192.《马克思恩格斯全集》第 39 卷,人民出版社 1974 年版。

193.《马克思恩格斯全集》第 42 卷,人民出版社 1979 年版。

194.《马克思恩格斯选集》第 1 卷,人民出版社 1995 年版。

195.《马克思恩格斯选集》第 3 卷,人民出版社 1995 年版。

196. [德]马克思:《哥达纲领批判》,人民出版社 2018 年版。

197. [荷]斯宾诺莎:《政治论》,商务印书馆 1999 年版。

198. [英]威廉·配第:《赋税论》,伦敦出版社 1667 年版。

199. [英]安东尼·吉登斯:《第三条道路——社会民主主义的复兴》,郑戈译,北京大学出版社 2000 年版。

200. [法]H.孟德拉斯:《农民的终结》,李培林译,社会科学文献出版社 2005 年版。

201. [法]卢梭:《社会契约论》,何兆武译,商务印书馆 1980 年版。

202. [法]孟德斯鸠:《论法的精神》上册,张雁深译,商务印书馆 1961 年版。

203. [法]皮埃尔·勒鲁:《论平等》,王允道译,商务印书馆 1988 年版。

204. [美]K.W.夏埃、S.L.威里斯:《成人发展与老龄化》,华东师范大学出版社 2003 年版。

205. [美]N.R.霍曼:《社会老年学》,社会科学文献出版社 1992 年版。

206. [美]道格拉斯·C.诺思:《制度、制度变迁与经济绩效》,杭行译,韦森译审,格致出版社、上海三联书店、上海人民出版社 2014 年版。

207. [美]道格拉斯·C.诺思:《经济史中的结构变迁》,上海人民出版社 2002 年版。

208. [美]肯尼思·布莱克、哈罗德·斯基珀:《人寿保险》,北京大学出版社 1999 年版。

209. [美]曼昆:《经济学原理》,梁小民、梁砾译,北京大学出版社 2009 年版。

210. [美]切斯特·I.巴纳德:《经理的职能》,北京理工大学出版社 2014 年版。

211. [美]约翰·罗尔斯:《正义论》,何怀宏等译,中国社会科学出版社 1988 年版。

212. [美]约翰·罗尔斯:《政治自由主义》,万俊人译,译林出版社 2000 年版。

213. [苏]贡恰连科:《精神文化:进步的源泉与动力》,戴世吉等译,求实出版社 1988 年版。

214. [意]阿尔贝蒂:《论家庭》,西安出版社 1998 年版。

215. [印]阿马蒂亚·森:《贫困与饥荒》,商务印书馆 2000 年版。

216. [英]Neil Gilbert、Paul Terrell:《社会福利政策导论》,沈黎译,华东理工大学出版社 2003 年版。

217. [英]庇古:《福利经济学》,麦克米伦出版公司 1932 年版。

218. [英]菲利普·泰勒:《趋向老龄化的劳动力:期待与愿景》,于戈、秦龙等译,社会科学文献出版社 2011 年版。

219. Rubinstein, R. L., Kilbride, J. C. & Nagy, S., *Elders Living alone: Frailty and the Perception of Choice*, New York: Aldine de Gruyter, 1992.

策划编辑：郑海燕

封面设计：石笑梦

封面制作：姚　菲

版式设计：胡欣欣

责任校对：周晓东

图书在版编目（CIP）数据

农村社会养老保险制度创新研究/公维才 著. —北京：人民出版社,2021.8
ISBN 978 - 7 - 01 - 023490 - 8

Ⅰ. ①农…　Ⅱ. ①公…　Ⅲ. ①农村-社会养老保险-养老保险制度-研究-
中国　Ⅳ. ①F842. 612

中国版本图书馆 CIP 数据核字（2021）第 110879 号

农村社会养老保险制度创新研究

NONGCUN SHEHUI YANGLAO BAOXIAN ZHIDU CHUANGXIN YANJIU

公维才　著

人民出版社 出版发行

（100706　北京市东城区隆福寺街 99 号）

北京盛通印刷股份有限公司印刷　新华书店经销

2021 年 8 月第 1 版　2021 年 8 月北京第 1 次印刷
开本：710 毫米×1000 毫米 1/16　印张：19.75
字数：280 千字

ISBN 978 - 7 - 01 - 023490 - 8　定价：88.00 元

邮购地址 100706　北京市东城区隆福寺街 99 号
人民东方图书销售中心　电话（010）65250042　65289539